인천 연안 도서지역 주민들의
삶과 공동체

덕적면·자월면을 중심으로

인천학연구총서 53

인천 연안 도서지역 주민들의 삶과 공동체

덕적면·자월면을 중심으로

조봉래·신진식·원재연·남동걸
이희환·백정미·남승균

보고사
BOGOSA

/ 제1장 /

총론 ··· 9

/ 제2장 / 역사적 인물과 지역 정체성

I. 소정방을 통해 보는 동아시아 접경성의 연결고리, 덕적도 ················ 17

　　1. 들어가는 말 ··· 17

　　2. 소정방의 당군과 신라군의 덕적도 회합 배경과 결과 ···························· 20

　　3. 소정방 수군의 황해 횡단 연결고리인 덕적도 ···································· 32

　　4. 마무리 지으며 ··· 43

II. 20세기 후반 이후 덕적면 섬마을 공동체의 변화와 최분도의 활동 ··· 47

　　1. 2016년 덕적도 좌담회를 통해 본 덕적도 주민의 삶과 공동체 ············· 47

　　2. 20세기 후반 이후 덕적군도 일대의 생태환경과 사회경제적 변화 ········· 58

　　3. 최분도 신부의 섬마을 활동과 덕적도의 변화, 덕적면 주민의 변화 ······ 73

　　4. 기후 위기 시대 덕적도의 생태환경 변화와 공동체의 활로 모색 ········· 97

　　5. 최분도 활동의 현재적 의미와 덕적면 섬마을 공동체의 과제 ············· 128

/ 제3장 / 문학으로 보는 도서민의 삶

I. 설화로 보는 주민의 삶과 공동체 ····································· 133

　　1. 들어가며 ··· 133

　　2. 인천 연근해 설화의 유형 및 특징 ··· 135

　　3. 나가며 ·· 156

II. 근대문학으로 찾아보는 덕적군도 ……………………… **171**

   1. 덕적군도의 심상지리를 찾아서 ………………………… 171

   2. 덕적군도의 승경(勝景)과 근대민요 …………………… 174

   3. 함세덕의 리얼리즘 어촌희곡 …………………………… 182

   4. 소설로 기록된 덕적군도의 삶 ………………………… 187

   5. 시로 표백된 덕적군도의 정서 ………………………… 197

   6. 인천해양문학 연구를 기약하며 ……………………… 205

/ 제4장 / 행정 및 인구 변화와 공동체 활동

I. 덕적면과 자월면의 행정구역과 인구 …………………… **209**

   1. 들어가며: 행정구역과 인구의 의미 …………………… 209

   2. 행정구역과 공간적 현황 ………………………………… 215

   3. 인구구조로 본 특성 ……………………………………… 235

   4. 마무리하며 ………………………………………………… 255

II. 격랑의 섬 굴업도, 다시 찾은 평화 …………………… **261**

   1. 굴업도의 특성 …………………………………………… 261

   2. 격랑의 섬 굴업도 이야기 ……………………………… 268

   3. 평화를 기원하며 ………………………………………… 288

참고문헌 / 294

찾아보기 / 303

제1장
총론

총론

　인천학의 가장 큰 목표는 인천의 역사와 문화 그리고 사회를 인문학과 사회과학이라는 학문의 틀에서 체계적인 연구를 통해 인천의 정체성을 정립하는 것이다. 인천학연구원은 2019년 9월 이후로 한국연구재단의 연구소 지원을 받아 공동체(Community)를 통한 도시회복력에 대한 연구를 진행 중이다. 그러나 인천과 같은 인구 300만에 가까운 거대도시에서 주민 공동의 유대감과 상호 의무감 등을 추동할 수 있는 공동체를 선명하게 규정하는 것은 단순한 일이 아니다. 더구나 인천은 토박이 인구에 비해 외지에서 유입된 인구 비중이 현격히 높은 도시이므로 고려할 부분이 타 도시에 비해 훨씬 더 많다.

　인천광역시라는 행정구역은 비단 도시적 성격으로만 채워져 있는 것이 아니라 농어촌의 성격이 온전히 남아있는 곳 역시 혼재되어 있다. 이 중에서 도서 지역의 경우 유입 인구 비중이 그다지 높지 않은데다 장소적 고립성으로 인해 전통적인 정체성을 기반으로 한 공동체의 흔적이 비교적 많이 남아있는 곳이라 할 수 있다. 도서 지역으로 이루어진 강화군 옹진군을 뺀 인천의 8개 구 중에서 도서 지역이 포함된 구는 중구밖에 없다. 중구 안에서도 가장 큰 섬인 영종도가 이미 영종대교와 인천대교로 육지와 연결된 지 오래고 신도시가 건설되며 유입 인구가 많아져 전통적인 공동체가 서서히 해체되고 있다.

영종도와 강화도를 제외하면 섬 지역의 인구는 인천 전체 인구의 1%에도 미치지 못한다. 이 때문에 인천과 관련한 주된 연구는 육지의 도시지역에 편중되어 있었던 것이 사실이다. 그러나 최근 인천이 우리나라의 대표적인 항구도시임에도 불구하고 인천은 "늘 '바다'를 등지고 '서울'을 바라보고 있다"[1]는 반성 속에 해양 도서 지역에 대한 관심이 촉구되고 있다. 특히 최근 코로나19로 인해 해외여행이 자유롭지 못한 데 대한 대안으로 수도권에서 가까운 인천의 섬들이 짧은 여행코스로 각광을 받고 있고 각종 SNS나 비디오 플랫폼에서도 많이 소개되고 있다.

인천학연구원은 이미 2015년에 『서해 5도민의 삶과 문화』라는 제목으로 백령도, 대청도, 소청도, 연평도, 우도의 역사와 문화, 설화와 민속, 정치와 경제에 관련된 연구총서를 발간한 바 있다. 이후 8년이 지난 지금 눈을 조금 더 가까이 연근해로 돌려 옹진군 덕적면을 중심으로 도서 지역의 삶과 문화를 다시 정리해 볼까 한다. 다만 지난 총서와의 차이점은 외부 연구자를 필진으로 모셔 섬의 세세한 방면을 전방위적으로 다루지 않고 인문사회연구소지원사업단 내에서 연근해 도서 지역 사회의 공동체와 연관된 주제를 중심으로 각자의 전공에 따른 시각을 모아보기로 하였다.

크게는 역사와 문학 그리고 행정과 인구 및 생태환경의 분야로 나누었다. 역사 분야는 덕적도가 문헌에 중요하게 등장한 7세기 무렵과 현대사의 격랑이 고스란히 반영된 20세기 후반으로 나누어 덕적도의 고대사와

---

1) 권기영 외, 『바다를 등진 해양도시』, 도서출판 다인아트, 2021, 6쪽.

현대사를 각각 소정방(蘇定方)과 최분도(Fr.bendict A.Zweber) 신부라는 인물을 중심으로 엮어보았다. 문학 분야는 설화와 근대문학에 나타난 섬마을 공동체로 다시 나누었다. 행정학 분야에서는 연근해 도서의 대부분을 차지하는 덕적면과 자월면의 행정구역과 인구를 분석하였으며 마지막으로 덕적면 굴업도에서 벌어진 핵폐기장 건설 논란, 섬 자체가 대기업에 매각되어 대규모 관광개발 사업을 둘러싼 이슈를 생태환경적 시각으로 다루었다.

먼저 7세기 한반도에서 벌어진 삼국통일 과정에서 덕적군도가 가진 지정학적인 특징을 외부 세력과 처음으로 맞닥뜨리는 '접경성'과 외부와의 '소통'을 위한 바다 길목이라는 이중적인 가치를 보여주려 하였다. 황해바다에서 한반도를 바라볼 때 정중앙에 자리 잡은 덕적군도는 소정방이 이끈 당나라 함대의 주요 경유처가 되기도 했고 이곳에서 신라군과 회합을 가지기도 하였으나 통일 후 나당전쟁 때는 또한 주요한 전투의 장이기도 하였다. 전후 8세기 이후에는 다시 동아시아 3국의 문물교류가 활성화되는 평화적 소통의 장으로 변모하였다. 한국전쟁에서의 상륙작전과 이후 항구와 공항을 가지고 국제적인 소통의 관문 역할을 하는 현재 인천의 접경 역할이 과거에는 덕적군도를 중심으로 이루어졌다는 점을 확인할 수 있다.

이후부터는 본격적으로 섬마을 공동체에 대해 다루었다. 덕적도의 섬마을 공동체를 보다 구체적으로 보기 위해 1960년대 중반 덕적도에서 마을 공동체 활동의 모범적인 전형을 보여주었던 최분도 신부의 족적(足跡)을 따라가며 덕적도에서 마을 공동체가 어떻게 현실적으로 작용하고 이 공동체 활동이 구성원 모두에게 이로움을 가져다주는지 살펴보았다. 최분도 신부는 당시 열악했던 섬 주민들의 의료문제를 해결하기 위하여 병원선을 띄우는 것으로부터 시작하여 1966년 덕적도 성당의 초대 주임 사제로 건너온 이후 섬에 종합병원을 설립하였다. 이후 덕적도에 전기와 상하수도 시설을 보급하였고 주민들의 생계문제를 해결하기 위해 김 양식과 개간사업을 주도하는 등의 과정을 살펴봄으로써 비단 한 미국인 신부의 전기(傳記)에 그치는 것이 아니라 섬마을 공동체의 긍정적인 작동 원리를 충분히 되짚어 볼 수 있으리라 생각한다.

3장에서는 문학을 통해 주민들의 삶과 공동체를 살펴보았다. 먼저, 덕적면의 설화(說話)를 중심으로 섬 주민들의 삶과 그들의 공동체의 원형을 추적하였다. 이 지역의 설화 유형으로는 〈풍수 설화〉, 〈아기 장수 설화〉, 〈산 이동 설화〉, 〈인물 설화〉, 〈바위 설화〉 등으로 분류되는데, 인천의 육지 설화와 큰 틀에서는 차이가 없으나 연근해 도서의 특징이 나타나고 있다. 우리나라에 널리 퍼져 있는 비슷한 유형의 설화들 가운데 이 지역의 특징이 특별히 뚜렷하게 나타나는 것은 〈아기 장수 설화〉와 〈인물 설화〉이다. 〈아기 장수 설화〉의 경우 결말이 성공형과 실패형의 중간 형태를 보이고 있는데 이는 육지와 닿아있지도 아주 멀리 고립되지도 않은 중간의 정서가 반영된 것이라 추측할 수 있고, 〈인물 설화〉의 경우에는 임경업, 소정방과 관련된 설화가 전승되고 있는데 이는 한반도와 중국을 잇는 등주항로의 경유지로서의 덕적군도의 지리적 기능이 잘 나타났다고 볼 수 있다.

다음으로 근대 이후의 격랑 속에 덕적도 사람들에 의해 불렸던 근대민요, 이들이 등장하는 희곡, 소설, 시 등을 수집하여 덕적군도의 심상지리를 느껴보려 했다. 어업노동 민요의 경우 황해바다의 풍요로운 혜택을 거둬들이는 즐거움이 배어 있으며 이는 '덕적도 아리랑'에도 반영되어 있다. 그러나 함세덕이 희곡에서 다룬 어촌의 모습은 위험한 바다 가운데서 살아남기 위한 투쟁으로 그려진다. 해방 이후 조수일과 김창흡의 소설에서도 뱃사람과 고기잡이 이야기가 기본적인 배경으로 깔려있다. 인천을 배경으로 한 문학작품 속에서 덕적군도의 바다와 어부들의 삶은 그야말로 **빼놓을** 수 없는 것이었다. 한편 1987년 이후의 몇몇 작품에서는 덕적군도에서 벌어진 민간인학살 문제가 등장하며 분단의 아픈 역사를 통해 덕적군도의 '접경성'이 다시 한번 부각 되었다.

지금까지 덕적군도를 비롯한 인천의 연근해 도서지역에 관한 인문학적 시각이었다면, 4장에서는 사회과학의 시각으로 현재 이 지역의 행정 및 인구에 관한 분석 연구를 진행하였다. 섬 주민들의 소득을 보장하기 위한 연근해 섬들의 관광 자원의 개발과 생태 및 환경보전의 균형을 어떻게 설정할 것인지, 특히 인구소멸의 위기 상황에 대해 어떻게 대처할 것인지 이 연구를 통해 어느 정도의 방향이 제시되었으면 하는 바램이다.

마지막으로 앞에서 제기되었던 개발과 환경보전을 놓고 이견이 생겨 섬마을 공동체의 뜨거운 현안으로 등장했던 매우 구체적인 사례로서 덕적군도의 하나인 굴업도를 살펴보았다. 핵폐기장 건립에 대한 반대운동과 대기업의 골프장과 레저시설 개발 계획을 놓고 벌어진 이견과 갈등은 인천 연근해의 어느 섬에서도 유사한 문제가 발생할 수 있는 것이다.

이 책의 기획 자체가 인천의 연근해 섬마을의 공동체가 초점이었으므로 덕적군도에 관한 모든 주제를 종합적으로 다루지는 않았다. 인천항 연안여객터미널에서 배를 타고 한 시간이면 닿을 수 있는 섬이다. 그렇지만 언제든지 원하는 시간에 드나들 수 있는 곳도 아니다. 실제로 우리 집필진도 가을 풍랑으로 인해 배가 운행되지 않아 계획했던 답사가 무산되기도 했었다. 손에 닿을 듯이 가까이 있지만 마음대로 갈 수 없는 곳, 이렇게 가까이에 이처럼 평소에 잘 볼 수 없는 비경(祕境)과 생태자원이 널려있다는 것을 깨닫게 되는 곳이 바로 인천 연근해의 섬들이다. 그러면서 접경의 역사를 고스란히 간직하고 있는 곳이다. 모쪼록 이 책이 새로이 주목받는 인천 연근해의 섬을 바라보는 데 조그마한 도움이 되었으면 한다. 마지막으로 갑작스러운 기획으로 인해 집필 시간이 매우 짧게 주어졌음에도 최선을 다해 성실한 연구를 해주신 인천학연구원의 연구진에 감사를 드린다.

제2장
역사적 인물과 지역 정체성

I.
소정방을 통해 보는
동아시아 접경성의 연결고리, 덕적도

1. 들어가는 말

이 글에서는 해양 융성기[1]에 접경성의 특징으로 인해 나타나는 '인천 해역'[2]의 대립과 갈등, 그리고 갈등의 해소과정을 거쳐 문화교류의 통로로 기능하게 되는 양태들에 대해 소정방의 첫 기착지였던 덕적도(德積島)

---

1) 한국해양사는 크게 태동기와 융성기와 쇠퇴기와 부흥기로 구분할 수 있다. 태동기는 주로 연안해로에 의존하는 삼국시대까지를, 융성기는 연안해로는 물론이고 다양한 황해 횡·사단해로가 활성화되고 세계 해양실크로드와 연결되는 통일신라~고려의 시대를, 쇠퇴기는 해금(海禁)정책과 공도(空島)정책으로 상징되는 조선시대를, 그리고 부흥기는 개항 이후 오늘날까지 해양활동이 다시 활기를 띠는 근·현대의 시대를 말한다. (강봉룡, 『바다에 새겨진 한국사』, 한얼미디어, 2005; 강봉룡, 「바다로 보는 한국사」, 『역사학보』, 역사학회, 2016, 232쪽 참조.)

2) 오늘날 경기도 및 인천광역시 앞바다의 섬들은 대부분 인천광역시에 소속되어 있고, 그 섬들이 해역을 관할하는 만큼, '경기해역'이 아닌 '인천해역'이라 부르기로 한다. 현재 인천광역시 중구와 옹진군과 강화군에 속한 관내의 섬은 유인도 38개(전국 464개 대비 8.2%; 행정안전부 2020년 12월 기준), 무인도 153개(전국 2,918개 대비 5.2%; 해양수산부 홈페이지)로 집계되고 있다.

를 통해 살펴보고자 한다.

'덕적면' 즉 '덕적군도'는 좁은 의미의 행정적 범위로는 현 인천광역시 옹진군 관내의 섬들을 의미하지만, 광의의 문화적 개념으로 보면 좀 더 넓은 해역의 의미를 포괄할 수 있다. 인천해역에 속한 덕적도는 그 지정학적 위치로 인해 역대로 접경성[3]의 특징을 지닐 수밖에 없었으니, 이는 어쩌면 이 섬의 숙명일지도 모르겠다.

7세기 삼국의 상호 다툼이 당과 왜의 참전으로 인해 '동아시아대전'으로 확전됨에 이르러서 인천해역의 덕적도는 참전을 위해 황해를 횡단해오는 당 함대의 주요 경유처가 되었고, 신라와 당이 최후 결전을 벌이는 '나당전쟁'의 단계에 이르러서는 한강 하구의 천성(泉城)이 신라와 당 사이에 치열한 해양 전투를 벌인 접경성의 상징이 되기도 하였다. 그리고 이윽고 전쟁이 종료되어 '접경성'의 대립과 갈등이 해소됨에 따라, '인천해역'은 상당 기간 동아시아를 소통시키는 바닷길의 길목으로 기능하였다.

나당전쟁이 신라의 승리로 귀결되어 전쟁은 끝난다. 그리고 일정한 숙려 기간이 지난 8세기부터는 당-신라-일본 사이에 평화적 문물교류

---

3) '인천해역'은 행정구역상으로는 오늘날 인천광역시 소속의 중구와 강화군과 옹진군 관내의 섬들이 분포하는 해역에 국한되지만, 문화적으로는 황해남도 옹진반도와 충청 남도 태안반도 사이에 만입해 있는 보다 넓은 '경기만 해역'을 포괄한다고 할 수 있다. 이러한 인천해역의 위치는 고조선과 한(韓)의 경계 해역, 고구려와 백제의 경계 해역, 현재 남한과 북한의 경계 해역, 그리고 넓게는 중국과 한반도의 경계 해역이라는 '접경성'을 그 특징으로 한다. 인천 해양사의 뿌리라 할 대진(大津)과 능허대(凌虛臺)에 대하여 "고구려에 의해 백제의 조천로(朝天路)가 경색되었으므로 중국으로 들어가는 사신이 이곳에서 배를 띄워 산동반도에 도착했다."(『仁川府邑誌』古跡)고 한 기술은 태동기 인천해역의 '접경성'을 예고한 것이고, 4세기 말 관미성(關彌城)을 둘러싸고 고구려와 백제가 치열한 각축전을 벌인 것은 고대 인천해역 '접경성'의 갈등과 대립상을 명증해주는 인상적인 사례이다.

가 활성화되었다. 인천해역은 이전 접경성의 갈등과 대립의 흑역사에서 벗어나 동아시아 해양교류의 중핵으로 떠올랐다. 가탐의 바닷길('高麗道') 에 의하면, 덕적도는 황해 횡단해로와 서해 연안해로가 교차하는 바닷길 의 핵심 길목으로 자리 잡았고, 산동반도에서 당은포(唐恩浦)에 이르는 연안해로의 거점 섬으로서 상당한 역할을 담당했던 것으로 나타난다.[4]

660년 7월 백제에 대한 전면 공격을 앞두고 당군과 신라군의 수뇌부는 덕물도에서 미리 회합을 가진 바 있었다. 그 회합에서 양군은 백제에 대 한 공격 전략을 논의 결정하였고, 당군은 수로로 신라군은 육로로 진격 하는 수륙 양공 작전을 전개하여 사비성 남쪽 지점에서 합군하고 사비성 을 포위·함락시켰으며, 결국 의자왕을 사로잡고 백제를 멸망시키는 전과 를 올리게 되었던 것이다. 이런 측면에서 덕물도 회합은 백제 멸망 전쟁 에서 중요한 의미를 가진 사건으로 평가할 수 있다. 하지만 종래의 선행 연구에서는 왜 하필 덕물도가 회합의 장소로 선택되었으며, 그 회합에서 수륙 양공 작전이 기본 전략으로 채택된 이유나 양군이 사비성 남쪽 지점 에서 합군하기로 한 까닭 등에 대해서는 만족할만한 설명이 이루어졌다 고는 보기 어렵다.

이 글에서는 해양 융성기로 분류되는 시기의 당군과 신라군이 각기

---

4) 당의 재상 賈耽(730~805)이 기술한『登州海行入高麗渤海道』중의 '高麗道'에는 산동 반도 등주에서 출발하여 동으로 발해만의 여러 섬을 거쳐 요동반도의 마석산(노철산)에 이르고, 다시 여러 포구를 거쳐 압록강(오골강)을 거치며, 여기에서 남으로 방향을 틀어 서해안의 여러 섬과 포구들을 경유하여 당은포에 이르는 서해 북부의 연안해로가 구체 적으로 기술되어 있다. 가탐의 皇華四達記 전문은 소실되었고, 지리에 관한 내용의 일부인 국내외를 잇는 7개 통로만이 신당서 지리지 말미에 남아 전한다.『登州海行入高 麗渤海道』는 그 7개 통로 중의 하나로서, 이중 '高麗道'(海路)가 이에 해당한다(정수일 편,『해상실크로드사전』, 창비, 2014, 398쪽; 정수일,「동북아 海路考－羅唐해로와 麗宋해로를 중심으로－」,『문명교류연구 2』, 한국문명교류연구소, 2011, 44쪽 참조).

출병하여 하필 덕물도에서 회합하게 된 이유를 먼저 살펴보고자 한다. 그 단서가 될 수 있는 것이 당군이 성산에서 출발하여 덕물도에 도착했던 경로가 신라군이 제공한 정보에 의거했을 것으로 추정되는 점이다. 이와 더불어 신라군이 백제 영역보다 훨씬 북쪽인 남천정까지 진군한 이유를 덕물도 회합에서 결정된 백제 공격 전략과 관련지어 검토해 볼 것이다. 아울러 이 과정에서 소정방에 의해 개척된 '성산-덕물도-금강'으로 이어지는 황해 횡단해로가 어떻게 이후 하나의 정례 루트('소정방 해로'라 칭하기로 하자)가 되어가는지에 대해 고문헌 자료를 중심으로 살펴보고자 한다. 이를 통해 덕적도가 지니는 동아시아적 접경성의 의미를 확인하고자 한다.

2. 소정방의 당군과 신라군의 덕적도 회합 배경과 결과

7세기 통일전쟁기에 이르면 인천해역의 덕적도가 동아시아로 확대된 접경성의 중심 섬으로 떠오른다. 그 발단은 6세기에 신라가 비약적으로 발전하고, 그로 인해 7세기에 이르러 고구려와 백제의 협공을 받아 최대의 위기에 처하게 되자, 이를 타개하기 위해 당에 구원을 요청하면서 비롯되었다. 이렇게 나당연합군의 결성과 더불어 동아시아대전으로 확전된다. 인천해역의 덕적도는 당 수군이 황해를 횡단하는 핵심 경유처로 부상하면서 동아시아적 접경성의 긴박감을 대변하게 된다. 660년 소정방이, 662년(혹은 663년) 손인사가 당 수군을 거느리고 황해를 횡단하여 덕적도에 경유, 주둔하였으니, 덕적도는 나당연합군 결성의 매개처이자 백제를 공파하는 교두보였던 것으로 보인다.

당 고종은 660년 3월 10일 소정방을 신구도행군총관(神丘道行軍摠管)으로 삼아 13만 대군을 이끌고 황해를 횡단하여 백제를 치게 하고, 신라 무열왕을 우이도행군총관(嵎夷道行軍摠管)으로 삼아 이에 응원하도록 하였다. 나당군사동맹이 체결된 지 무려 12년 만이었다. 소정방은 당 수군을 거느리고 황해를 횡단하여 첫 기착지 덕물도(德物島)에 도착하였는데, 덕물도가 바로 현 인천광역시 옹진군의 덕적도를 지칭한다.

이 장에서는 당이 백제 공격 결정을 하고 이를 신라에 통보한 뒤 양국군의 수뇌부가 덕물도에서 만나는 과정까지의 몇 가지 문제를 먼저 검토할 것이다. 첫 번째로 생각해 보아야 할 문제가 왜 하필 당군은 덕물도에서 신라군과 만나기로 한 것인가 하는 점이다. 이 문제를 해명할 수 있는 단서가 될 수 있는 것이 당군의 백제 공격 경로와 이 경로가 신라군이 제공한 지리 정보에 의한 것이라는 점이다. 이와 관련해서, 주로 양국군이 덕물도에서 만나는 과정에 대해 고대 사료를 중심으로 살펴볼 것이다.

우선 양국군이 덕물도에서 만나는 과정에 대한 사료를 살펴보면 다음과 같다.

> A-① 여름 5월 26일에 왕이 유신(庾信), 진주(眞珠), 천존(天存) 등과 함께 군사를 거느리고 서울을 출발하여 6월 18일에 남천정(南川停)에 다다랐다. 정방(定方)은 래주(萊州)에서 출발하여 배들이 꼬리에 꼬리를 물고 천리에 이어져 흐름을 따라 동쪽으로 내려왔다. 21일에 왕이 태자 법민(法敏)을 보내 병선 100척을 거느리고 덕물도(德物島)에서 정방을 맞이하였다.[5]

---

5) 『삼국사기』 권 제5 신라본기 권 제5 태종 무열왕 7년.

〈그림 1〉 래주(성산) 덕적도간 서해중부 횡단항로

A-② 태종대왕 7년 경신(660) 여름 6월에 대왕은 태자 법민(法敏)과 더불어 백제를 치기 위하여 대군을 동원하여 남천(南川)에 와서 주둔하고 있었다. 그때 당에 들어가 군사를 청한 파진찬 김인문(金仁問)이 당나라 대장군 소정방, 유백영(劉伯英)과 함께 13만 군사를 거느리고 바다를 건너 덕물도(德物島)에 도착하였고, 부하 문천(文泉)을 보내 알려왔다. 왕은 태자와 장군 유신, 진주, 천존 등에게 명하여 큰 배 100척으로 군사를 싣고 만나게 하였다.[6]

사료 A-①을 통해 당군은 660년 6월 18일 래주(성산)[7]에서 출발하여

---

6) 『삼국사기』 권 제42 열전 제2 김유신(중).

7) 김영관, 「나당연합군의 백제공격로와 금강」, 『백제와 금강』, 서경문화사, 2007, 235~

6월 21일에 덕물도에 도착하였음을 알 수 있다. 이것이 사서에 기록된 최초의 서해 중부 횡단항로[8]를 이용한 사례이다.[9] 기록상으로는 당군이 최초로 이용한 것이지만 당군이 이때 처음으로 이 항로를 개척했다고 보기는 어렵다. 13만이라는 대군을 파병하는데 아직 안전성이 입증되지 않은 항로를 이용했다고 볼 수는 없기 때문이다. 이미 상당한 경험을 통해 서해 중부 횡단항로의 안전성이 입증되어 있었을 것이다.[10] 이러한 서해 중부 횡단항로의 개설 시기와 주체에 대해서는 여러 견해가 있지만,[11] 이 글에서는 누가 이 항로에 대한 정보를 당에 제공한 것인지에 초점을 맞추어 논의를 진행하고자 한다.

> B. 고종이 소정방(蘇定方)을 신구도(神丘道) 대총관(大摠管)으로 임명하여 군사를 거느리고 백제를 치게 하였다. 황제가 인문(仁問)을 불러서 도로의 험하고 평탄한 곳과 가는 길이 어디가 좋은가를 묻자, 인문이 매우 자세히 대답하니, 황제가 기뻐하여 제서(制書)를 내리어 [인문을] 신구도(神丘道) 부대총관(副大摠管)에 임명하고 군중에 나갈 것을 명하였다.[12]

238쪽에서 내주의 성산에서 당군이 출병한 것으로 보았다.

8) 정진술, 『한국의 고대 해상교통로』, 韓國海洋戰略研究所, 2009, 191~196쪽에서 고대 한중 해상교통로의 명칭에 대해 검토하였는데, 이 글에서는 정진술이 사용한 용어를 따른다.

9) 고경석, 「신라의 對中 해상교통로 연구-중부횡단항로와 남부사단항로 개설 시기를 중심으로-」, 『新羅史學報』 21, 2011, 114~115쪽.

10) 고경석, 「신라의 對中 해상교통로 연구-중부횡단항로와 남부사단항로 개설 시기를 중심으로-」, 115쪽.

11) 정진술, 『한국의 고대 해상교통로』, 252~254쪽 참조.

12) 『삼국사기』 권 제44 열전 제4 김인문.

사료 B를 통해 659년 당에 청병한 김인문이 당 고종에게 백제 공격을
위한 지리 정보를 제공하자 당 고종이 기뻐하면서 김인문을 신구도 부대
총관으로 임명하였음을 알 수 있는데, 이때 김인문이 제공한 정보에는
서해 중부 횡단항로에 대한 정보도 포함되어 있다고 생각된다.[13] 당군이
서해 중부 횡단항로를 이용하여 백제 공격에 나서게 된 데에는 신라의
지리 정보 제공이 중요한 역할을 하였다는 것이다. 필자 역시 사료상 확
실하게 서해 중부 횡단항로를 이용한 것이 660년 당군이 처음이기 때문
에 이 정보는 신라 측에서 제공했을 가능성이 높다고 생각한다. 중국에
서 이전부터 서해 중부 횡단항로를 알고 있었다면 그러한 사례가 660년
에 처음 기록되었을 가능성이 낮고, 중국에서는 굳이 안전한 서해 북부
연안항로를 벗어나 새로운 항로를 개척할 필요성이 별로 없었기 때문이
다. 고구려 역시 그런 면에서는 마찬가지였을 것이다. 다만 백제는 여러
면에서 필요성도 있고, 실제 이 항로를 미리 개척했다고 볼 수 있는 정황
들도 많다. 하지만 645년 이후 당과의 관계가 원만하지 못했던 백제가
이 항로에 대한 정보를 당에 제공했을 리는 없다고 생각된다. 또한 이
항로를 개척한 것이 신라였다고도 볼 수 있는 사료가 있어 주목된다.

> C. 당에 보낸 압사(押使) 대금상(大錦上) 고향사현리(高向史玄理), 대사
> (大使) 소금하(小錦下) 하변신마려(河邊臣麻呂), …… 2척의 배에 나
> 누어 타고 여러 달 (신라에) 머물다가 신라도(新羅道)를 통하여 내주
> (萊州)에 이르렀다. 마침내 서울에 이르러 천자를 받들어 뵈었다.[14]

---

13) 권덕영, 「황해 개척과 진출」, 『신라의 바다 황해』, 일조각, 2012, 85쪽.
14) 『일본서기』 권25 효덕천황 백치 5년 2월.

사료 C는 654년 왜의 견당사에
대한 기사인데, '신라도(新羅道)'
를 통해 래주에 이르렀다고 기록
하고 있다. 이 때 신라도는 바로
서해 중부 횡단항로를 말하는 것
으로 볼 수 있다.[15] 그 이전까지
일반적으로 이용되던 서해 북부
연안항로는 고구려가 장악하고
있어 이용하기 어려웠고, 실제 7
세기 중반까지 신라의 사신들이

〈그림 2〉 고대 황해 항로의 구분

고구려군의 방해를 받고 있음이 기록되고 있다.[16] 따라서 이 '신라도'를
서해 북부 연안항로로 보기는 어려우며, 그 경로가 아닌 새로운 경로를
신라인들이 개척하였기에 왜에서는 '신라도'라고 불렀다는 것이다. 설령
그 이전부터 서해 중부 횡단항로가 이용되었다고 하더라도 황해도의 백
령도 근처에서 서해를 횡단하던 항로였다가 이 무렵 고구려의 방해를
피하기 위해 신라인에 의해 현재 덕적도 인근에서 서해를 횡단하는 항로
가 개척된 것이 아닌가 한다.[17] 또한 개설 시점을 생각해 보면 648년

---

15) 고경석, 「신라의 對中 해상교통로 연구-중부횡단항로와 남부사단항로 개설 시기를
    중심으로-」, 115~116쪽.
16) 『삼국사기』 권 제4 신라본기 제4 진평왕 47년, 신라본기 제5 진덕왕 2년.
17) 전덕재, 「신라의 대중·일 교통로와 그 변천」, 『역사와 담론』 65, 2013, 161~165쪽에서
    이러한 견해를 피력하였고, 필자도 이것이 가장 타당한 견해라고 생각한다. 한편 이
    항로 역시 백제에 의해 5세기경에 개척된 것으로 보는 연구들도 있다(문안식, 「백제의
    동아시아 해상교통로와 기항지」, 『사학연구』 119, 2015, 132~134쪽 ; 박순발, 「백제의
    해상 교통과 기항지-對 中國 航路를 중심으로-」, 『百濟學報』 16, 2016, 7~11쪽).

당 태종을 만나 나당동맹을 성사시킨 김춘추가 돌아오는 길에 고구려 순라병을 만나 사로잡힐 뻔한 기사[18)]가 주목된다. 이 시기 이후에는 신라 사신이 고구려군의 방해를 받은 기록이 나오지 않는다. 상식적으로도 김춘추와 같은 고위 인물이 사로잡힐 뻔한 일은 충격이 컸을 것으로 보인다. 따라서 이 시점 이후 새로운 항로를 모색하여 고구려의 방해를 피하고자 하였고, 이렇게 신라인에 의해 개척된 항로였기에 '신라도'라 불린 것이라 하겠다. 하여간 신라인들은 7세기 중반 무렵부터 서해 중부 횡단 항로를 이용하기 시작하였고 659년 당에 청병하러 간 김인문도 이 항로에 대한 정보를 제공하였다. 당 고종이 크게 기뻐하여 김인문을 부대총관으로 임명한 것은 당군을 서해 중부 횡단항로로 안내하라는 의미였을 것이다. 이처럼 서해 중부 횡단항로를 이용하게 되면 당은 고구려의 영토나 영해를 거치지 않고 백제를 바로 공격할 수 있기 때문에 좀 더 쉽게 백제 공격 결정을 내릴 수 있었을 것으로 보인다. 이처럼 신라에 의해 서해 중부 횡단항로에 대한 정보가 당에 제공되었고, 당은 이를 수용하여 이 경로를 통한 백제 공격을 결정하였기 때문에 자연스럽게 당군이 도착할 덕물도가 양국군 수뇌부의 회합 장소로 선택되었던 것이다. 그리고 이 항로를 이용한 것과 관련된 부수적인 문제로, 당군이 서해 중부 횡단항로를 통해 대규모 수군을 파견할 수 있었던 것은 많은 함선이 미리 준비되어 있었기 때문에 가능한 것이었다. 이때 당은 1,900척의 배를 동원하였는데, 갑자기 이렇게 많은 함선을 준비하기는 어려웠을 것이다. 당은 645년의 경험을 통해 육로 중심의 고구려 공격에 한계를 느끼고 648년부터 해상 작전의 비중을 높이는 쪽으로 고구려 공격 전략을 수정

---

18) 『삼국사기』 권 제5 신라본기 제5 진덕왕 2년.

하고 그것을 위한 배를 건조하고 있었다.

> D-① 6월에 황상은 고려가 곤란하고 피폐하였기 때문에 명년에 30만
> 명의 무리를 발동하여 한 번에 이를 없애는 것을 논의하였다. 어떤
> 사람이 대군이 동쪽으로 정벌을 하는 데는 반드시 한 해를 넘길 만
> 큼의 양식이 준비되어야 하니, 가축으로 실을 수 있는 정도가 아니
> 고 의당 배를 갖추어서 수운으로 하여야 한다고 생각하였다. 수 말
> 기에 검남도(劍南道)에만 오직 노략질하는 도적이 없었고, 마침 요
> 동의 전역을 치를 때에도 검남도에는 다시 영향이 미치지 않아서,
> 그 백성들은 부유하니 의당 그들로 하여금 배를 만들게 하여야 한다
> 고 하자, 황상이 이를 좇았다. …… 8월 정축일에 월주도독부와 무
> 주·홍주 등에 칙령을 내려서 해선(海船)과 쌍방선(雙舫船) 1천 척을
> 건조하게 하였다.[19]

> D-② 8월 무신일에 황상은 해동(海東)에서 여러 해 계속하여 전쟁을
> 하여서 백성들이 물건을 납부하는 것으로 곤란하게 되었고, 사졸들
> 은 싸우다가 물에 빠져 죽은 사람이 아주 많으니, 조서를 내려서
> 36개의 주에서 배 만드는 일을 철폐하게 하고 사원태상백(司元太常
> 伯) 두덕현(竇德玄) 등을 파견하여 열 개의 도(道)로 나누어 가서 사
> 람들의 질고(疾苦)를 묻게 하고 관리들을 내쫓거나 승진시켰다.[20]

사료 D-①처럼 당 태종은 645년 고구려 정벌 실패 이후 648년부터
검남도 등지에서 대규모 선박을 건조하도록 하였는데, 이때 만들어진
배는 길이 100척, 너비 50척이나 되는 큰 배들이었고[21] 이런 배들은 장

---

19) 『資治通鑑』 권199 당기15 태종 정관 22년.
20) 『資治通鑑』 권201 당기17 고종 용삭 3년.

거리 원정용으로 만들어진 것이었다.[22] 당 태종 때뿐만 아니라 당 고종 때에도 함선 건조가 지속되었음은 사료 D-②에 나타난다. 사료 D-②에서 663년 당 고종이 전쟁으로 인해 백성들이 조세를 내느라 힘겹고 전사자가 많으므로 36개주에서 선박 건조하는 것을 중단시키는 조서를 내렸는데, 이를 통해 이때까지 선박 건조가 지속되고 있음을 알 수 있다.[23] 이처럼 당은 고구려 공격을 위해 수많은 함선을 건조하고 있었기 때문에 이 배들을 이용하여 백제를 공격할 수 있었던 것이다. 두 번째로, 660년 신라군이 백제 영역보다 훨씬 더 북쪽인 남천정까지 진군한 이유를 살펴보자. 신라군이 남천정으로 진군한 이유에 대한 기존의 견해를 보면, 첫째, 당군을 영접하면서 신라군의 위세를 보여주기 위한 것이라는 견해,[24] 둘째, 신라군이 당군과 원활한 연락을 취하고 백제가 고구려에 구원을 요청하는 통로를 차단하기 위한 것이라는 견해,[25] 셋째, 백제 공격의 일환으로 백제의 방어주력을 분산시키고 교란시키려는 의도로 본 견해,[26] 넷째, 신라군 5만이 모두 남천정으로 이동한 것이 아니라 주력군은 삼년산성 등에 남겨두고 왕과 태자, 김유신 등의 지휘부만 당과의 작전 숙의를 위해 남천정으로 이동한 것이라는 견해,[27] 다섯째, 무열왕이

21) 윤명철, 「고구려 해양교섭사 연구」, 성균관대학교박사학위논문, 1993, 239쪽.

22) 김용만, 「2次 高句麗·唐 戰爭(661~662)의 進行 過程과 意義」, 『民族文化』 27, 2004, 171쪽.

23) 김용만, 「2次 高句麗·唐 戰爭(661~662)의 進行 過程과 意義」, 173쪽.

24) 이상훈, 「나당연합군의 군사전략과 백제 멸망」, 『역사와 실학』 59, 2016, 110쪽에서 이런 가능성이 있지만 무리한 가정임을 밝히고 있다.

25) 洪思俊, 「炭峴考」, 『歷史學報』 35·36합집, 1967, 66쪽.

26) 李昊榮, 「三國統合戰爭의 展開」, 『新訂 新羅三國統合과 麗濟敗亡原因研究』, 書景文化社, 2001, 186쪽.

27) 李昊榮, 「삼국통일 과정」, 『한국사 9 통일신라』, 국사편찬위원회, 1998, 34쪽; 이상훈,

각 지역의 군사동원 체제를 점검하려는 목적으로 보는 견해,[28] 여섯째, 당군과 신라군이 백제 북쪽에서 합군하는 것처럼 백제군을 속이기 위한 것으로 보거나[29] 결과적으로 백제군이 기만당했다고 보는 견해[30] 등으로 매우 다양하다.

최근에는 신라 주력군은 삼년산성 등에 남겨두고 지휘부만 남천정으로 이동하였다는 견해와 백제군을 기만하기 위한 기동이었다고 보는 견해에 동조하는 경우가 많다. 그러나 이 두 견해는 사전에 신라군이 수륙양공 작전을 알고 있었다는 전제 아래 가능한 것이다. 그럼 과연 660년에 당이 신라에 백제 출병 결정을 알릴 때 구체적인 작전 계획까지 함께 전한 것인지를 검증해보자. 이 문제는 일단 당이 백제 공격을 결정하고 이를 신라에 알리는 과정을 통해서 추정할 수 있다. 660년 3월에 당은 백제 공격군의 지휘부를 임명하고 이 사실을 신라에 통보하였다.[31] 659년 4월에 신라에서 백제 공격의 지원을 요청하는 사신을 파견하였으니[32] 11개월 만에 백제 공격 결정의 회신을 받은 것이다. 그런데 당이 백제 공격을 최종적으로 결정한 시점은 659년 10월경으로 생각된다.[33] 이때

「나당연합군의 침공과 백제의 멸망」, 111~112쪽.

28) 노중국, 『백제부흥운동사』, 일조각, 2003, 46~47쪽.

29) 박노석, 「백제 황산벌 전투와 멸망 과정의 재조명」, 『인문과학연구』 27, 2010, 360~367쪽 ; 「나당연합군의 군사전략과 백제 멸망」, 53쪽.

30) 이재준, 『백제멸망과 부흥전쟁사』, 景仁文化社, 2017, 37~39쪽.

31) 실제 신라에 이 사실이 알려진 것은 사신이 파견되어 오는 시간을 감안하면 660년 4월 경이었을 것이다(김영관, 「나당연합군의 백제공격로와 금강」, 232~233쪽).

32) 『三國史記』 권 제5 신라본기 제5 태종 무열왕 6년.

33) 김영관, 「나당연합군의 백제공격로와 금강」, 230~231쪽에서 『삼국사기』 권 제5 신라본기 제5 태종 무열왕 6년 10월조에 장춘과 파랑이 와서 당의 출병 소식을 알렸다는 기사와 『일본서기』 권 제26 제명천황 4년 이길련박덕서에 당에 간 왜사신들이 감금당한 기사를 통해 당의 파병 결정 시점을 659년 10월로 제시하였다.

부터 당은 백제 출병 준비를 시작하였을 것임에도, 동맹국인 신라에 이 사실을 알리지 않은 채 기밀 유지에 신경을 쓰고 있었던 것이다. 이렇게 백제 공격 결정을 신라에 늦게 알린 것은 신라와의 연합작전이 처음이라서 아직까지 신라를 완전히 믿지 못하고 있었기 때문이라 할 수 있다.[34] 백제 공격 결정도 출병이 거의 임박한 시점에 알려주었는데, 아주 구체적인 군사 전략까지 미리 통보했다고 보기는 어렵다. 그리고 645년 고구려를 공격할 때 신라에 내린 당 태종의 조서를 통해서도 660년의 상황을 유추할 수 있다.

> E. 황제는 주국(柱國) 낙랑군왕(樂浪郡王) 신라왕(新羅王) 김선덕(金善德)에게 안부를 묻노라. …… 이어서 앞서 광록대부(光祿大夫) 형부상서(刑部尙書) 장량(張亮)으로 하여금 군선을 총괄하여 거느리게 하고, 또 특진(特進) 태자첨사(太子詹事) 영국공(英國公) 이적(李勣)으로 하여금 또한 대총관(大總管)이 되어 군사와 말을 감독하고 이끌게 하여, 모두 수륙으로 함께 나아가서 적의 궁정에 곧바로 나아가게 하였다. 계획상으로는 4월 상순까지 마땅히 고구려의 경역에 들어갈 것이다. …… 좌효위장사(左驍衛長史) 임의방(任義方)과 서로 도모하여 빨리 행군시킬 병마를 모집하게 하고, 그 군대는 장량의 처분을 받도록 함이 마땅하다고 판단한다. …… 원표(元表) 등이 도착하는 날에 왕은 곧 사신을 파견하여 장량 등의 군영에 도착하게 하고, 함께 군대의 기일을 정하도록 하라.[35]

---

34) 신라 자체를 의심한다기보다 신라에서 보안 유지를 제대로 하지 못하여 백제 공격 정보가 누설될까 우려한 것이 아닐까 한다.

35) 『문관사림』 권664 〈정관년중무위신라왕조(貞觀年中撫慰新羅王詔)〉.

　사료 E는 645년 당 태종이 고구려를 공격할 때 신라왕에게 내린 조서
이다. 당 태종은 고구려 공격에 출정하는 전체적인 군사동원조직을 설명
하고 신라도 군대를 파견하여 장량의 지휘를 받도록 하였고, 구체적인
군기(軍期)는 사신을 장량의 군영에 보내 정하도록 하고 있다. 이와 같은
645년의 사례를 볼 때 660년에도 당은 신라에게 덕물도에서 소정방을
만나 구체적인 작전 지시를 받도록 하였을 가능성이 높다. 실제 당의 소
정방은 660년 6월 21일 덕물도에서 신라 태자 김법민을 만나 당군과 신
라군이 수륙 양공 작전을 펼치자는 구체적인 작전 계획을 전하고 있다(사
료 A-②). 미리 세부적인 작전 계획이 신라에 통보된 상황이라면 굳이
이때 다시 만나서 회담을 할 필요가 없었고 덕물도 회담에서 소정방이
구체적인 작전 지시를 한 내용이 기록으로 남았을 리 없었을 것이다. 만
약 신라가 사전에 당군이 수륙 양공 작전을 펼 계획임을 알았다면 굳이
남천정까지 진군할 필요도 없었다. 특히 당시 무열왕이 남천정까지 함께
이동한 점에 주목해야 한다. 덕물도 회합에 참석하지도 않은, 당시 58세
로 젊지 않은 무열왕[36]이 남천정까지 북상할 하등의 이유가 없었던 것이
다. 미리 당으로부터 수륙으로 나누어 따로 진공할 계획임을 통보받았다
면 무열왕이 남천정까지 갔다가 다시 금돌성으로 되돌아오는 수고를 할
필요 없이 처음부터 금돌성에 머물러 있었을 가능성이 더 높다고 하겠
다. 신라는 당군이 덕물도로 와서 경기도 일대에 상륙하면 당군과 합류
하여 육로로 백제를 공격할 계획이었거나[37] 당군과 신라군이 별도로 진

---

36) 『삼국유사』 권1 기이1 태종춘추공조에서 무열왕이 661년 신유년에 사망할 당시 59세라
　　고 하였으므로 660년에는 58세임을 알 수 있다.
37) 임기환, 「삼국의 각축과 통일전쟁의 격화」, 『한국군사사2 고대Ⅱ』, 육군본부, 2012,
　　84쪽. 특히 무열왕이 남천정까지 출정하였다는 점에서 신라군은 경기도 남부 일대에서

군할 경우도 상정하여 중간 지점인 남천정까지 북상한 뒤 당군의 구체적
인 작전 계획을 듣고자 한 것이 아닐까 한다. 따라서 신라군 및 지휘부는
향후 백제 공격 계획을 알지 못한 채 남천정까지 진군하였고 덕물도 회합
을 통해 소정방으로부터 구체적인 수륙 양공 작전 계획을 전달받고 신라
군을 다시 남하시켜야 했다고 하겠다. 다만 이렇게 당군과 신라군 수뇌
부가 덕물도에서 회합을 하고 신라군이 남천정까지 진군한 결과, 백제는
당군과 신라군이 백제 북쪽의 당항성이나 경기 지역에서 합군하여 남하
할 경우와 당군과 신라군이 나뉘어져 양쪽으로 공격할 경우 등 다양한
공격 경로를 생각해야 했을 것이기 때문에 백제의 대응을 혼란스럽게
만든 효과는 있었다고 하겠다.[38] 즉 결과적으로는 당군과 신라군이 덕물
도에서 회합을 한 것은 백제의 방어 전략 수립을 혼란스럽게 만드는 효과
가 있었지만 그렇다고 신라군이 처음부터 그런 목적을 가지고 남천정까
지 이동했다고 보기는 어렵지 않을까 한다.

3. 소정방 수군의 황해 횡단 연결고리인 덕적도

이상과 같이 660년 당군과 신라군의 양국군의 수뇌부가 덕물도에서
만나는 과정까지의 연합작전에 대한 몇 가지 문제를 검토해 보았다. 이
를 통해 확인할 수 있는 소정방이 개척한 '성산-덕물도-금강'으로 이어
지는 황해 횡단해로는 이후 하나의 정례 루트('소정방 해로'라 칭하기로 하
자)가 되어 갔다. 예컨대 660년 사비성 함락 이후 점차 백제 부흥 세력이

당군과 연합하여 육로로 진격할 계획이었음을 추측할 수 있다고 하였다.
38) 김영관, 「나당연합군의 군사전략과 백제 멸망」, 53쪽.

득세하고 왜가 참전하여 이들과 연대하게 되면서, 백제 경내에 주둔해 있던 당군이 점차 수세에 몰리게 되자, 웅진도독 유인궤 등은 당에 원군을 요청하기에 이르렀으니, 이때 당 장수 손인사(孫仁師)가 원군을 이끌고 예의 '소정방 해로'를 통해서 당도한 것이다. 인천해역의 덕적도와 그 군도는 소정방과 손인사 등의 황해 횡단작전에서 중간 기착지 내지 징검다리로 활용함에 따라, 그 동아시아적 접경성의 의미는 적지 않게 되었다 할 것이다.

앞서 살펴보았듯이 660년 7월 백제에 대한 전면 공격을 앞두고 당군과 신라군의 수뇌부는 덕물도에서 미리 회합을 가진 바 있었다. 그 회합에서 양군은 백제에 대한 공격 전략을 논의 결정하였고, 당군은 수로로 신라군은 육로로 진격하는 수륙 양공 작전을 전개하여 사비성 남쪽 지점에서 합군하고 사비성을 포위·함락시켰으며, 결국 의자왕을 사로잡고 백제를 멸망시키는 전과를 올리게 되었던 것이다.

648년 신라는 김춘추를 정사로 하는 사절단을 당에 파견하여 원군을 요청하였다. 당시만 하여도 동아시아의 바닷길은 연안해로에 주로 의존하고 있었으므로, 김춘추 일행은 고구려와 백제의 연안해로 감시망을 피해 목숨을 건 항해를 하여야 했다. 천신만고 끝에 당에 무사히 도착한 김춘추의 외교적 성과는 기대 이상이었다. 신라 측의 군사동맹 제안을 당 태종이 기꺼이 수용한 것이다. 당시 당은 645년, 647년, 648년에 고구려를 잇따라 공격하였으나 번번이 패퇴하여 고심하던 중 648년에 신라 사절단이 찾아와 군사동맹을 요청하였으니, 당 태종이 이를 기꺼이 받아들인 것은 고구려를 제압하기 위하여 신라를 활용하려는 심산이었을 것이다.

그러나 지금부터가 걱정이었다. 먼저 고구려와 백제의 감시망을 피해야 했던 김춘추 일행의 귀국로가 염려되었다. 과연 우려했던 바대로, 연안해로를 통해 귀국하던 중에 고구려의 순라군에 발각되었다. 김춘추는 일행의 한 사람인 온군해(溫君解)라는 자의 요청에 따라 그에게 자신의 의관을 입혀 적의 눈을 속이고 자신은 작은 배로 바꿔 타고 겨우 탈출하여 돌아올 수 있었다.[39] 고구려의 순라군에게 발각된 지점은 알려지지 않았으나, 아마도 인천해역 어디였지 않았을까 한다. 어쨌든 이 사건은 당시 연안해로의 경색 국면이 얼마나 심각한 상황이었는지 보여주는 하나의 사건으로서, 앞으로 봉착하게 될 더 큰 난관을 예고하고 있었다.

나당군사동맹은 오랫동안 실행에 옮겨지지 못하고 세월만 허송하였다. 동맹의 당사자인 당 태종이 649년에 갑자기 세상을 떠나고 뒤를 이은 고종은 하릴없이 고구려 원정에만 집착하고 있었다.[40] 신라는 신라대로 나당군사동맹의 당사자였던 김춘추가 654년에 왕위(태종무열왕)에 올랐지만 백제와 고구려의 공격에 시달리며[41] 위기감만 팽배해 가고 있었다. 이렇듯 신라와 당이 군사동맹을 체결하고도 오랜 세월 연합작전을 실행에 옮기지 못한 것은 그럴만한 또 다른 이유가 있었다. 당시 서해 연안해로는 고구려와 백제에 의해 차단되어 있었고 황해 횡단해로는 일상화되지 못한 상황이었기 때문에,[42] 당과 신라가 군사적으로 합류하여 연합작전을 펼 수 있는 방법이 없었던 것이다. 당 고종은 결국 단독으로 고구려를 굴복시킬 수 없다는 것을 깨닫고 신라와 연합작전을 펴기 위한

---

39) 『삼국사기』 권5, 신라본기5, 진덕왕 2년.
40) 당은 655년, 658년, 659년, 660년 고구려에 대한 대규모 원정에 나섰지만 번번이 패퇴했다.
41) 655년에 고구려와 백제가 협공해 왔고, 659년에는 백제가 공격해 왔다.
42) 강봉룡, 『바닷길로 찾아가는 한국고대사』, 경인문화사, 2016, 33~39쪽.

특단의 방도를 모색하였다. 그것은 소정방에게 '황해횡단'이라는 비상
작전의 감행을 명하는 것이었다. 고종은 660년 3월 10일[43] 소정방을 신
구도행군총관(神丘道行軍摠管)으로 삼아 13만 대군을 이끌고 황해를 횡단
하여 백제를 치게 하고, 신라 무열왕을 우이도행군총관(嵎夷道行軍摠管)
으로 삼아 이에 응원하도록 하였다.[44] 나당군사동맹이 체결된 지 무려
12년 만이었다. 소정방은 당 수군을 거느리고 황해를 횡단하여 첫 기착
지 덕물도 즉 덕적도에 도착하였다. 『삼국사기』와 『삼국유사』의 관련
기사를 통해 당시 덕물도의 상황에 대해 다시 좀 더 자세히 살펴보기로
하자.

> F-① 6월 18일에 (무열왕이) 南川停에 이르렀다. 소정방은 萊州에서
> 출발하여 많은 배들이 꼬리를 물고 1,000리를 이어 흐름을 따라 동쪽
> 으로 내려왔다. 21일에 왕이 태자 법민을 보내 병선 100척을 거느리
> 고 덕물도에서 소정방을 맞이하게 하였다. 정방이 법민에게 말하기
> 를, "나는 7월 10일에 백제의 남쪽에 이르러 대왕의 군대와 만나서
> 의자왕의 都城을 무찔러 깨뜨리고자 한다."라고 하였다. 법민이 말하
> 기를, "대왕께서는 지금 大軍을 초조하게 기다리고 계십니다. 대장군
> 께서 오셨다는 것을 들으시면 필시 이부자리에서 새벽 진지를 드시고
> 오실 것입니다."라고 하였다. 소정방이 기뻐하며 법민을 돌려보내
> 신라의 병마를 징발케 하였다. 법민이 돌아와서 정방의 군대 형세가
> 매우 성대하다고 말하자 왕이 기쁨을 이기지 못하였다. 또 태자와
> 대장군 유신, 장군 품일과 흠춘 등에게 명하여 정예군사 50,000명을
> 거느리고 그에 호응하도록 하고, 왕은 금돌성에 머물렀다.[45]

---

43) 『구당서』 본기4, 고종 상, 현경 5年 3月 신해.
44) 『삼국사기』 권5, 신라본기5, 태종무열왕 7년 3월.

F-② 태종대왕 7년 경신 여름 6월에 대왕과 태자 법민이 장차 백제를 정벌하고자 크게 군사를 일으켜 南川에 이르러 진영을 설치하였다. 그때 당나라에 들어가 군사를 요청하였던 파진찬 김인문이 당나라 대장군 소정방, 유백영과 함께 군사 13만을 거느리고 바다를 건너 덕물도에 이르렀는데, 우선 수행하던 종자 문천을 보내와 고하였다. 왕은 태자와 장군 유신, 진주, 천존 등에게 명하여 큰 배 100척에 군사들을 싣고 그들과 만나게 하였다. 태자가 장군 소정방을 만나니 정방이 태자에게 "나는 바닷길로 가고 태자는 육지길로 가서 7월 10일 백제의 왕도인 사비의 성에서 만납시다."라고 말하였다.[46]

F-③ 당 고종이 좌무위대장군 형국공 소정방을 신구도행군대총관으로 삼아 좌위장군 유백영과 좌무위장군 풍사귀, 좌효위장군 방효공 등을 거느리고 13만의 군사를 이끌고 가서 (백제를) 치게 했다.(鄕記에 이르기를 군사는 122,711명이며, 배는 1,900척이라고 했는데 唐 史에는 자세히 말하고 있지 않다.)[47]

먼저 F-①의 신라본기 기사에 의하면 소정방이 래주(萊州)를 출발했다는 것, 무열왕이 태자 법민으로 하여금 병선 100척을 거느리고 덕물도에 가서 소정방을 맞이하도록 하였고, 법민은 덕물도에 이르러 소정방과 덕담을 나누고 차후 군사작전을 논의한 것으로 나온다. 그런데 B-2)의 김유신 열전 기사에는 이와 좀 다른 정보가 포함되어 있다. 태자 법민의 아우 김인문이 소정방과 함께 종군하여 덕물도에 도착한 직후에 종자를 보내 도착 사실을 알려왔다는 것, 덕물도 방문은 법민 이외에 유신과 진

---

45) 『삼국사기』 권5, 신라본기5, 태종무열왕 7년.
46) 『삼국사기』 권42, 열전2, 김유신 中.
47) 『삼국유사』 권1, 기이1, 태종춘추공.

주와 천존 등이 수행했다는 것, 병선을 '큰 배'로 표기한 것 등이 그것이
다. 그리고 F-③의『삼국유사』기사에는 향기(鄕記)를 인용하여 소정방
의 군대 규모를 122,711명으로, 선단의 규모를 1,900척으로 적기하였다.

　이러한 기사들은 몇 가지 조율이 필요하다. 먼저 소정방이 출항한 지
점이다. F-①에서는 소정방이 래주에서 출항했다고 하나, 중국 측의 구
당서에 의하면 성산(成山)에서 출항한 것으로 나온다.[48] 래주와 성산은
모두 산동반도에 위치하지만 내주는 산동반도 북안의 중부 해안에 위치
한 오늘날 봉래(蓬萊)에 해당하고, 성산은 오늘날 산동반도 동단인 성산
각(成山閣) 인근의 포구로 생각되어, 각기 그 지점이 다르다. 13만 대군이
황해를 횡단할 만한 적지로는 성산각 인근 남쪽에 위치한 비교적 넓은
영성만(荣成灣) 해안가로 보는 것이 타당할 것 같다. 다음에 여러 시점에
대한 조율이다. 먼저 소정방이 성산을 출항한 시점에 대해서는 F-① 기
사에 의거하여 6월 18일로 보아, 3일 만인 21일에 덕물도에 도착한 것으
로 파악한 견해가 있다.[49] 그러나 이는 문맥상 받아들이기 어렵다. 구당
서에 의하면 소정방이 고종으로부터 출정의 명을 받은 시점은 3월 10일
이고, 6월 18일은 소정방 함대가 덕물도에 도착했다는 전갈을 신라가
듣고 무열왕이 행차하여 남천정(지금의 경기도 이천)에 도착한 시점이다.
따라서 소정방의 출항은 3월 10일 이후 출정 준비를 마친 어느 시점에
이루어졌을 것이고, 소정방이 덕물도에 도착한 것은 신라가 덕물도로부
터 전갈을 받게 되는 기간을 염두에 두면 6월 18일보다 다소 이른 시점(6
월 15일경?)이 될 것이다. 무열왕이 6월 18일 남천정으로 행차하면서 법

---

48)『구당서』권83, 열전33, 소정방.

49) 이상훈,「백제멸망기 신라 수군의 성격과 역할」,『한국고대사탐구』27, 한국고대사탐
　　구학회, 2017, 220쪽.

민에게 덕물도로 가서 소정방을 맞이하도록 하명했고 법민이 덕물도에 도착한 시점이 21일이었다고 한다면, 법민이 덕물도까지 이르는데 3일 정도 소요되었다고 할 수 있다. 그리고 유신, 진주, 천존 등이 법민을 수행하여 덕물도를 방문했다는 F-② 기사 내용의 진위 여부다. 이 경우 적어도 김유신은 법민의 덕물도 방문을 수행한 것으로 보기는 어렵고, 김유신이 별도의 신라군을 인솔하여 소정방군과 합류한 사실을 착오한 것으로 보는 것이 합당하다.[50] 마지막으로 F-③의 삼국유사에서 인용한 향기(鄕記) 발신의 구체적인 수치에 대한 신뢰 문제이다. 이는 어디에서도 찾아볼 수 없는 자료로서, 일단 유의미한 가능성으로 받아들이기로 한다.

이렇게 조율한 바를 가능성까지 포함하여 다시 정리하면 다음과 같다. ①소정방은 13만(122,711) 대군을 1,900척의 배에 분승한 대함대를 거느리고 660년 3월 10일 이후 어느 시점에 성산을 출항하여 6월 15일경에 덕물도에 도착하였다. ②무열왕은 김인문으로부터 전갈을 받고 18일 남천정으로 행차하면서 태자 법민에게 소정방 영접을 하명하였고, 법민은 100척의 병선(큰 배)을 거느리고 21일 덕물도에 도착하였다. ③여기에서 소정방과 법민은 나당군의 합류 시점('軍期')을 7월 10일로 정하였다. 이로써 나당연합군의 연합작전 준비는 완료되었다. 이후 연합작전의 전개 과정을 『삼국사기』의 기록에 의거하여 정리하면 다음과 같다.[51]

- 7월 9일, 김유신이 황산벌에서 백제 계백 장군과 대치하며 기일을 지체함. 이날 소정방은 기벌포에 도착하여 백제군을 격파함.

50) 이상훈, 「백제멸망기 신라 수군의 성격과 역할」, 2017, 220쪽.
51) 『삼국사기』 권5, 신라본기5, 태종무열왕 7년.

- 7월 12일, 나당연합군이 백제 사비성으로 진격함.
- 7월 13일, 의자왕은 웅진성으로 도피하고, 왕자 隆이 사비성에서 항복함.
- 7월 18일, 의자왕이 웅진으로부터 나와서 항복함.

　여기에서 또 하나 조율할 사항이 있다. 위의 『삼국사기』에서는 7월 9일 소정방이 기벌포에 도착(상륙)한 것으로 되어있으나, 일본서기에 의하면 소정방이 도착한 지점이 기벌포가 아니라 미자지진(尾資之津)으로, 그리고 도착 시점도 7월 9일이 아니라 7월 10일로 나온다.[52] 앞서 B-2) 기사에서 소정방과 법민이 약속한 군기(軍期)가 7월 10일로 확인된 만큼 일단 상륙 시점은 일본서기가 타당하다고 여겨진다.[53] 다음에 상륙 지점의 경우 구당서에서는 강의 '동안(東岸)'으로,[54] 신당서에서는 '좌안(左岸)'으로 되어있어,[55] 금강 하구의 남안, 즉 지금의 군산 쪽을 지칭하는 것이 분명한데, 위의 『삼국사기』에서는 금강 하구의 북안인 기벌포(지금의 장항)로 되어있어 뭔가 착오가 있는 것으로 여겨진다. 삼국사기에서 기벌포 운운한 것은 676년 신라와 당이 혈전을 벌인 기벌포 해전의 사실이 660년 소정방의 상륙 지점으로 와전된 결과가 아닐까 한다. 따라서 상륙 지점 역시 기벌포가 아니라 일본서기에 따라 군산 쪽을 지칭하는

---

52) 『일본서기』 권26, 제명천황 6년 9월, 或本云 今年七月十日 大唐蘇定方 率船師 軍于尾資之津….
53) 김유신이 이끈 신라군은 황산에서 계백장군이 이끈 백제군에 막혀 지체되는 바람에 결과적으로 軍期를 어기게 되었고, 이로 인해서 김유신과 소정방 사이에 심각한 갈등이 빚어지기도 하였다. 사비성 공격 시점이 10일에서 12일로 늦춰진 것도 이 때문이 아닐까 한다(『삼국사기』 권5, 신라본기5, 태종무열왕 7년 참조).
54) 『구당서』 권83, 열전33, 소정방.
55) 『신당서』 권111, 열전36, 蘇烈.

〈그림 3〉 소정방 유래지 안내판   〈그림 4〉 소정방 유래지 전경

자료: 인천광역시청 홈페이지   자료: 인천광역시청 홈페이지

미자진으로 보는 것이 타당하겠다.[56]

이렇듯 소정방이 덕물도를 떠나 7월 10일 금강 하구의 군산 지역('미자진')으로 상륙했다면 덕물도를 출발한 시점은 7월 7일경이 될 것이고, 그렇다면 소정방은 20여 일(6월 15일경~7월 7일경) 덕물도에 머물렀던 셈이 된다. 그렇다면 덕물도, 즉 현 덕적도에 1,900척에 달하는 소정방의 대함대가 20여 일 정박할 수 있는 공간은 있는가? 덕적도는 주위에 소야도, 문갑도, 대이작도, 승봉도, 선갑도, 자월도, 굴업도 등 크고 작은 섬들이 모여 있어 군도(덕적군도)를 이룬다. 우선 눈에 띄는 곳으로는 서로 인접해 있는 덕적도와 소야도 사이의 해협인데, 아마도 이곳은 대장선 등 중요 함선의 정박처로 활용되었을 것이다. 법민이 인솔하여 방문한 100척의 병선 역시 이곳에 정박했을 것이다. 이와 관련하여 소야도(蘇爺島)의 '야(爺)'는 남자 존칭의 의미를 내포하여 '소야'는 '소정방님'의 뜻으로 풀이할 수 있고, 실제 소야초등학교 동남방 30m 지점이 소정방 유허

---

56) 군산 쪽의 미자진이 소정방의 상륙 지점이라는 것에 대한 논증은 강봉룡, 「'새만금 바다', 고대 동아시아의 해양 허브」, 『한국학논총』 50, 국민대 한국학연구소, 2018, 43~47쪽 참조.

지로도 전승되며 적지 않은 유물도 수습되었다고 하니[57] 예사롭지 않다.

그렇지만 1,900척에 달하는 대함대가 정박하기에는 덕적도와 소야도 사이의 해협만으로는 감당하기 어려웠을 것이고, 아마도 대다수의 함선들은 군도 여러 섬들의 주위에 널리 흩어져 정박했을 것으로 보여지니,[58] 당시 덕적군도에 정박해 있었을 당 대함대의 위용이 눈에 선하다. 소정방 대함대의 황해 횡단작전 성공은 이제껏 주로 연안해로에 안주해오던 동아시아 해로 운용의 관행을 일거에 뒤바꾼 해양사적 의미가 있다고 할 수 있다. 그만큼 소정방의 황해 횡단작전의 위력은 엄청났으니, 12년 간 지체해오던 나당연합군의 합동작전이 가능해졌고, 그 나당연합군의 공격을 받은 지 단 하루 만에 사비성이 함락된 것이 이를 방증한다.

앞서 언급했듯이 이후 소정방이 개척한 '성산-덕물도-금강'으로 이어지는 황해 횡단해로는 이후 하나의 정례 루트가 되어 갔다. 예컨대 660년 사비성 함락 이후 점차 백제 부흥세력이 득세하고 왜가 참전하여 이들과 연대하게 되면서, 백제 경내에 주둔해 있던 당군이 점차 수세에 몰리게 되자, 웅진도독 유인궤 등은 당에 원군을 요청하기에 이르렀으니, 이때 당 장수 손인사(孫仁師)가 원군을 이끌고 예의 '소정방 해로'를 통해서 당도한 것이다. 다음 기사가 그것이다.

> 유인궤는 유인원과 합친 뒤 갑옷을 벗고 군사들을 쉬게 하며 병력의 증원을 요청하였다. (당 황제는) 조서를 내려 우위위장군(右威衛將軍) 손 인사를 보내 군대 40만 명을 거느리고 덕물도에 이르렀다가 웅진부성으로 나아가게 하였다.[59]

57) 김광현, 『덕적도사』, 덕적도사편찬위원회, 1985, 37쪽.
58) 김영관, 「나당연합군의 백제공격로와 금강」, 2007, 240쪽.

『삼국사기』 신라본기에 나오는 위 기사는 663년에 손인사가 40만을 거느리고 덕물도를 거쳐 웅진부성에 이르렀다는 것이다. 그런데 동 백제본기와 구당서 백제조에 의하면 손인사의 도착 시점이 662년으로, 거느린 군대의 규모가 7,000명으로 나온다. 도착 시점은 확정할 수 없으나 40만의 군대 규모는 너무 크게 느껴지고 백제본기와 구당서에 공히 7,000명이라 하므로 후자에 따르는 것이 순리가 아닐까 한다. 어쨌든 여기에서는 그 시점과 규모에 상관없이 손인사가 '소정방의 해로'를 따라 황해를 횡단함으로써 그 해로가 정례화되어 갔음과 덕적도가 그 횡단해로의 중간 기착지로 자리잡아 갔음을 확인하는 데 만족하고자 한다.

이렇듯 인천해역의 덕적도와 그 군도는 소정방과 손인사 등의 황해 횡단작전에서 중간 기착지 내지 징검다리로 활용함에 따라, 그 동아시아적 접경성의 의미는 적지 않게 되었다 할 것이다. 실제로 무열왕의 뒤를 이어 즉위한 문무왕 김법민은 671년에 당의 장수 설인귀에게 보낸 서신('답설인귀서')에는 다음과 같은 내용이 있다.

> 현경 5년에 이르러 聖上(당 고종)께서는 先王(무열왕)의 뜻이 끝나지 않았음을 유감으로 여기시고 지난날에 남겨둔 실마리를 풀고자 배를 띄우고 장수에게 명령하여 수군을 크게 일으키셨습니다. 선왕께서는 연세가 많으시고 힘이 쇠약해져서 군사를 이끌기 어려웠으나 이전의 은혜를 좇아 생각하셔서 힘써 국경에 이르러서 저를 보내어 군사를 이끌고 대군을 맞이하게 하였습니다.[60]

---

59) 『삼국사기』 권6, 신라본기6, 문무왕 3년.
60) 『삼국사기』 권7, 신라본기7, 문무왕 11년 답설인귀서.

이렇게 자신의 덕물도 방문 경험을 언급하며 덕적군도가 내포하는 동아시아적 접경성의 의미를 회고하고 있다.

4. 마무리 지으며

이상에서 살펴본 바와 같이, 당은 660년 3월 백제 공격의 지휘부를 임명하고 이 사실을 신라에 알렸고 이에 따라 당군 13만과 신라군 5만이 각기 출병을 하여 덕물도에서 만났다. 이때 당군이 신라군과 덕물도에서 만나기로 한 이유는 당군이 신라에서 제공한 지리 정보에 따라 래주의 성산에서 출발하여 덕물도에 도착하는 서해 중부 횡단항로를 이용하였기 때문이었다. 그리고 당이 대규모 수군으로 백제 공격에 나설 수 있었던 것은 당 태종 대부터 고종 대에 이르기까지 고구려 공격을 위한 수많은 함선들을 건조하고 있었기 때문에 가능한 것이었다. 한편 신라군은 경주를 출발하여 남천정에 머물러 있다가 태자 법민을 보내 덕물도에서 소정방을 만났는데, 신라군이 남천정까지 북상한 이유는 당이 구체적인 군사 전략을 알려주지 않고 덕물도에서 만나기로만 하였기 때문이었다. 즉 신라군은 군사 전략을 알지 못한 상황에서 남천정까지 이동하였다가 수륙 양공 작전을 통보받고 다시 남하하여야 하였던 것이다.

7세기에 이르면 삼국 사이에 통일을 향한 쟁투가 치열하게 전개되고, 여기에 당과 왜가 잇따라 참전하면서 '동아시아대전'의 양상으로 확전되었으니, 이에 따라 인천해역의 접경성은 동아시아적 범주로 확대된다. 이 시기 인천해역의 덕적도는 당 수군이 황해를 횡단하는 핵심 경유처로 부상하면서 동아시아적 접경성의 긴박감을 대변하게 된다. 660년 소정방이, 662년(혹은 663년) 손인사가 당 수군을 거느리고 황해를 횡단하여 덕적도에 경유, 주둔하였으니, 덕적도는 나당연합군 결성의 매개처이자 백제를 공파하는 교두보였다 할 것이다. 이 동아시아대전은 급기야 7세기 후반에 나당전쟁으로 전환되었으니, 천성은 상륙하려는 당 수군과 이를 저지하려는 신라의 해안수비대 사이에 혈전이 벌어지면서 동아시아적 접경성의 갈등이 최고조에 달하는 현장이 되었다. 천성을 4세기 말 관미성과 동일 지점인 오두산성에 비정하였다. 그리고 당 수군이 천성 상륙에 실패함으로써 임진강 변의 매초성에 주둔해 있던 20만의 당 육군은 군수물자의 보급을 받지 못해 결국 신라에게 대패 당하는 수모를 감수해야했던 것으로 파악하였다. 결국 나당전쟁이 신라의 승리로 귀결되어 전쟁은 끝났다. 그 과정에서 삼국은 신라로 통일되었고, 왜는 국호를 일본으로 개칭하였으니, 일정한 숙려 기간이 지난 8세기부터는 당-신라-일본 사이에 평화적 문물교류가 활성화되었다. 인천해역은 이전 접경성의 갈등과 대립의 흑역사에서 벗어나 동아시아 해양교류의 중핵으로 떠올랐다.

이상은 접경성의 관점에서 살펴본 해양 융성기, 즉 소정방이 이끄는 당군이 참전으로 확전된 동아시아대전 시기의 덕적도를 중심으로 하는 인천해역의 양상을 다시 간추려 본 것이다. 이제 그 이후에 펼쳐진 덕적도를 포괄하는 전체 인천해역의 여러 양상에 대해 역시 '접경성'의 관점에서 간략히 전망해 보는 것으로 마무리 지으려 한다. 먼저 1231년에 몽골이 대대적으로 침략해옴에 따라 '인천해역'에 다시금 동아시아 접경성의 갈등과 대립의 국면이 조성되었다. 1232년 고려조정이 강화도로 천도하면서 강화도 해역은 전운이 감돌기 시작했고, 1270년 몽골과의 협상을 통해 개경으로 환도한 이후에는 삼별초가 일어나 남으로 이동하는 과정에서 영흥도 등에서 몽골 및 개경의 고려조정 측과 대립각을 세우기도 하였다.[61] 삼별초는 진도에 안착한 이후에도, 혹은 제주도로 재차 이동한 이후에도 개경 고려정부의 정통성을 부정하면서 때때로 인천해역을 침범하여 접경성의 긴장감을 인천해역에 지속적으로 불러일으켰다.

조선시대에 들어 인천해역의 상황은 새로운 국면으로 접어든다. 몽골과의 대립은 해소되었지만 여말선초에 경계를 넘어오는 왜구의 침탈이 전해역에 미쳤으니, 인천해역도 예외가 아니었다. 새로 출범한 조선왕조는 문득 '해금(海禁)'과 '공도(空島)'의 정책을 내세워 바다를 통한 월경을 금하고 섬에서 사람을 살지 못하게 했다. 섬과 바다에 대한 대대적인 통제정책에 나선 것이다. 그러나 양란 이후 통제만이 능사가 아님을 깨닫게 된 조선조정은 17세기 중반 이후 섬에 수군진을 추진 배치하거나 설군(設郡)을 논의하면서 외세의 해양 침략에 대비했으니,[62] 인천해역 역시 강화도를 중핵으로 하여 영종도, 주문도, 장봉도, 대부도, 덕적도 등의 주요 섬에 수군진을 설치함으로써 해방체제를 강화하였으며,[63] 이로 인해 인천해역의 섬들도 사람이 사는 공간으로 변해갔다.[64]

---

61) 『고려사절요』 권18, 원종 11년 6월.

62) 고석규, 「설군 논의를 통해 본 조선후기 섬의 변화」, 『도서문화』 15, 목포대 도서문화연구소, 1997; 김경옥, 『수군진─물고기 비늘처럼 설치하라─』, 민속원, 2019 참조.

63) 임학성, 「조선 후기 경기 도서지역의 수군진 설치와 주민 생활 양태─水軍防禦營이 설치된 永宗島의 호족자료 분석 사례─」, 『역사민속학』 57, 한국역사민속학회, 2019, 33쪽.

64) 조선 후기 수군진 설치 이후 인천해역의 섬에서 일어난 변화의 양상에 대해서는 다음 논고들을 참고할 것. 임학성, 「19세기 서해 設鎭 도서지역의 호적자료를 통해서 본 戶政 및 주민의 특성─국사편찬위원회 소장 德積島 안동김씨가의 準戶口를 중심으로─」, 『인하사학』 10, 인하대 인하사학회, 2003; 임학성, 「조선전기 경기 도서지역의 공간인식 변화─국영목장 설치(조선 전기)에서 수군진 설치(조선 후기)로─」, 『도서문화』 43, 목포대 도서문화연구원, 2014; 임학성, 「조선 후기 경기 도서지역의 수군진

이후 근현대 인천해역의 '접경성'은 동아시아의 범주를 넘어섰다. 세계열강들이 인천해역을 통해 침투를 시도하여 '해금'의 경계를 무너뜨리고자 했다. 인상적인 몇몇 사건들만을 일별해 보면, 1866년 프랑스함대가 강화도를 침탈한 병인양요, 1871년 미국함대가 강화도를 침탈한 신미양요, 1875년 일본 군함 운양호가 강화 해협을 불법 침입한 운양호사건, 1876년 조선과 일본 사이에 강화도에서 체결한 조일수호조규(일명 강화도조약), 1883년 인천 개항, 1894년 풍도(현 안산시 소속) 앞 바다에서 일본군 함대와 청군 함대가 충돌하며 청일전쟁의 기폭제가 된 풍도해전 등이다. 이러한 사건의 목록들은 인천해역이 한말 조선의 경계를 넘어 침투해오는 세계 열강들의 주요 해양 통로였고, 패권 다툼을 벌인 전략 해역이었음을 증언해준다.

또한 1950년 영흥도를 전초기지 삼아 감행한 인천상륙작전은 인천해역이 한국전쟁에서 남북의 전세를 전환시킨 남북 접경성의 최후 보루였음을, 2001년 영종도 인천공항 개항은 경계를 넘어 세계와 이어지는 하늘길의 최대 관문임을 보여준다. 이는 곧 근현대 인천해역이 조선시대 '쇠퇴기'의 해양사를 근현대의 '부흥기'로 전환시키는 도약대의 역할을 수행했음을 의미한다. 이렇듯 인천해역이 조선시대의 해양 쇠퇴기에서 근현대의 '부흥기'로 도약시키는 역할을 감당했다고 한다면, 이는 '접경성'의 긴박성과 역동성에서 연원하는 바가 크다 할 것이다. 그리고 그 원천과 뿌리는 마땅히 태동기 및 융성기의 그것에서 찾지 않으면 안 될 것이다.

설치와 주민 생활 양태−水軍防禦營이 설치된 永宗島의 호족자료 분석 사례−」, 역사민속학 57, 한국역사민속학회, 2019.

II.
20세기 후반 이후 덕적면 섬마을 공동체의 변화와 최분도의 활동

1. 2016년 덕적도 좌담회를 통해 본 덕적도 주민의 삶과 공동체

옹진군에서 2번째로 큰 섬 덕적도와 4번째로 큰 섬 자월도

인천광역시 옹진군에 속한 서해 도서 중에서, 덕적도(德積島)는 여의도 면적(2.9㎢)의 12배가 넘는 큰섬(36.6㎢)으로, 백령도에 이어 2번째로, 자월도는 영흥도에 이어 4번째로 큰섬(17.7㎢)이고, 위도상 인천광역시의 남쪽에 위치하고 있다. 2020년 12월 현재 인천광역시 옹진군 덕적면에는 대략 1,900여 명이, 자월면에는 대략 1,300여 명이 거주하고 있다.

2022년 현재 덕적도가 처한 시대적 과제

20세기 후반 이후 급격한 지구온난화로 인한 기후 위기가 점차 실감 나게 다가오고 있는 요즘 덕적도는 '지속 가능한 자립적 생계의 영위'와 '생태환경의 건강한 보존'이라는 두 가지 과제를 동시에 수행하면서, 다가올 홍수와 가뭄, 지진과 해일 등 각종 자연 재난을 심화시킬 천연자원

의 훼손과 이로 인한 섬 주민 간의 이해관계 갈등의 심화로 초래될 사회
적 재난 예고에 효과적으로 대응할 수 있는 역량[Resilience]을 길러야 할
시대적 과제에 직면하고 있다. 2016년 2월 22일에 김의기, 이세기, 송은
호, 장정구, 조강희, 최인숙, 허선규 등이 참여한 덕적도 관련 인사들의
좌담회는 이같은 덕적도 주민의 시대적 고민을 잘 드러내 보여준다.

최분도 신부와 덕적면 공동체 대응 역량의 관계에 대한 고찰

본고는 이러한 주민들의 고민을 해결하는 데에 필요한 실마리의 한
가닥을 미국 뉴욕에 본부를 둔 메리놀 외방선교회 소속의 최분도(Fr.
benedict A. Zweber, 1932~2001) 신부가 1960년대 초부터 1990년대 후반까
지 30여 년간 덕적도와 인천 일대에서 시행한 다양한 지역사회 활동에서
찾아볼 수 있다고 보고,[1] 그의 활동 중에서 몇 가지 교훈을 정리하여
'시대적 대응 역량[Resilience]의 강화'라는 차원에서 제시해보고자 한다.
이와 관련하여, 1994~1995년 덕적도의 주민들과 인천의 시민운동 단체
들이 단합하여 이루어낸 굴업도 핵폐기장 반대운동의 승리는 최분도 개
혁 사상을 효과적으로 계승한 덕적면 살림공동체의 대응 역량이 강화되
고 있음을 잘 보여주는 모범적 사례라고 할 수 있을 것이다.

---

1) 최분도(베네딕도 즈베버) 신부가 한국 선교를 결심한 것은 그의 작은 형 매달도 즈베버
  가 한국인을 헌신적으로 사랑한 것에 감동하였기 때문이라고 한다. 『경향신문』 1959.
  8.12. 「형제가 이어 쌓는 사랑의 성(城)」 매달도 즈베버는 한강 광나루에서 익사 직전의
  한국인 아이들 2명을 구해주고 대신 목숨을 잃은 의인이었다.

최분도 신부의 활동에 대한 공적 평가의 시작

최분도 신부의 섬마을 활동과 업적에 대해서 최초로 공적인 언급을 한 것은 『덕우회보』 창간호(1975.4.5.)였다. 덕우회는 1933년 덕적도 출신의 인사들이 조직한 향우회로서 인천을 중심으로 경기, 서울 일원 및 미국, 캐나다 등 해외에 거주하는 인사들까지 포함한 광범위한 조직을 갖춘 친목 단체이다. 덕우회는 일제강점기 출범 당시부터 덕적 출신 자제들의 교육 장려 및 덕적도민 삶의 개선과 도서 개발 및 보존을 위해서 노력해온 단체이다. 『덕우회보』 창간호 제6면에는 당시 덕우회장 김광현(金光鉉) 개신교 장로가 가톨릭의 최분도 신부에게 수여한 〈감사패(感謝牌)〉가 게재되어 있다. 이에 의하면, 최분도 신부는 "1966년 3월 23일 덕적도에 입도하여 포교사업을 하면서 의료사업과 문화사업에 막대한 사재(私財)를 희사하여 도민의 복지향상과 문화발전에 이바지한 공로가 지대하다"고 기록되어 있다.[2]

최분도 신부 공덕비(전문, 1976.5.8.)

최분도 신부에 대한 계속된 평가는 그가 1966년 4월부터 1976년 1월까지 약 10년간의 덕적도 본당 주임사제 생활을 마치고 인천으로 사목지를 전임한 직후인 1976년 5월 8일 덕적면 서포리 운동장 성당마을 앞 입구에 세워진 〈최분도 신부 공덕비〉에 그대로 드러났다.[3]

---

2) 덕적도사편찬위원회 편, 『덕적도사(德積島史)』 1985, 288쪽에서 재인용.

3) 김옥경, 『가거라 내가 너를 보낸다 : 서해의 빛나는 별 최분도 신부』, 다인아트, 2016, 216~218쪽 참고. 본문에 인용한 부분은 공덕비 전문의 내용이고, 비석 측면에는 최신부의 간단한 약력이 연도순으로 기록되어 있다. 이 약력에 의하면 덕적도에 온 최분도 신부는 가장 먼저 '복자 유 베드로 병원'을 개원하였고(1966년), 이어서 전기, 수도사업

최분도 신부(Benedict Zweber)는 1932년 1월 7일 미국 미네소타 주에서 노벨 즈웨버 씨의 삼남으로 태어나 그곳 신학대학을 졸업하고 1959년에 뜻한 바 있어 한국의 선교사업에 종사하는 한편 지역개발에 관심을 가지고 1962년 3월에 이 고장을 찾아 … 면민의 복지를 위하여 헌신적 노력을 기울여 왔던 것입니다. … 복자 유 베드로 종합병원을 세워 가난한 섬 사람들에게는 무료 봉사와 저렴한 약값으로 모든 악조건을 극복하면서 보건 혜택을 주어왔고 근해 도서에서 발생하는 환자수송을 위하여 '바다의 별'이란 병원선을 건조하여 환자수송에 만전을 기하였던 것입니다. … 전기시설 공사 중에는 신부님 자신이 손수 전주를 메고 나르고 구덩이를 파며 험한 산을 이웃집 다니듯 불철주야 노력의 결정으로 이 공사를 완공케 하여 면민의 부담 없이 전기시설 및 상수도 시설을 완비하여 문화생활의 터전을 마련해 주셨습니다. … 우리 면내의 농토로서는 겨우 삼 개월 식량밖에 유지 못하고 있는 실정을 알게 된 신부님은 간척사업 적지로 서포2리에 막대한 자재를 투자하여 이것이 완공되면 자급자족할 수 있다고 보아, 이 간척사업에 전력을 경주한 것이 기반이 되어 오늘날 새마을 사업으로 정부에서 이 공사를 하게 되었던 것입니다. … 영세 어민에게 해태 양식 장려에 물심양면으로 지원하여 섬 영세민의 생활 터전을 만들어 지금은 해태하면 덕적도를 손꼽게 되었다는 사실도 부인 못할 것입니다. … 전 면내의 소하천 공사에도 물적 지원은 물론 솔선 공사장에 나가 노동력을 아끼지 않아 오늘날 이 하천공사로 인하여 우기에는 막대한 피해를 가져왔던 것이 지금에는 그 피해를 방지케 되어 신부님의 지혜로운 공이 현저하며 … 어려운 사람을 보면 눈물과 자비로운 마음으로 도와준 일은 일일이 헤아릴 수 없을 만큼 허다하며 신부님의 행동으로서 사랑의 철학을 우리들에게 가르쳐주었고 그 씨앗을 가슴 속

을 하였으며(1967년), 그 다음으로 해태 양식을 시범 개발하고 서포2리(벗개) 간척사업을 실시하였다(1969년)고 되어 있다. 그리고 이러한 성과를 바탕으로 1971년 국민훈장 동백장을 수훈하였다고 되어 있다.

깊이 심어준 투철한 봉사를 하신 공헌을 길이 후세에 빛내기 위하여 우리
면민은 이 공덕비를 세우게 된 것입니다.

최분도 신부가 못다 이룬 소망

최분도 신부는 1976년 1월 인천의 송림동 본당 보좌를 거쳐 1976년
10월 송현동 본당 주임, 1982년 2월 부평3동 본당 주임, 1986년 9월 산곡
2동 본당 주임 등을 역임한 후 1990년 미국 뉴욕에 있는 메리놀회 본부로
부터 본국으로 발령 명령을 받고 귀국했다. 최분도 신부는 한국을 떠나
는 귀국 미사에서 30여 년 전 자신의 고향인 미국을 떠날 때는 눈물 한
방울도 안 나왔는데, 30년 동안 사목한 한국을 떠나려고 하니 눈물이
하염없이 흐른다고 소감을 말하면서 3년간 미국에 가서 한국에서 헌신할
젊은 선교사들을 양성하고 모아서 다시 한국으로 돌아와 한국에서 선교
사업을 계속하다가 한국 땅에 묻히고 싶다는 소감을 피력했다. 이에 미
사에 참석한 신자들은 우렁찬 박수로 화답했다. 그러나 그의 뜻과는 달
리 그는 한국에서 다시 활동하지 못하고 1998년 사할린에 가서 그곳에
거주하는 한인 교포들을 위한 성 야고보 성당을 건립하다가 골수암으로
다시 미국으로 귀국하여 2001년 3월 26일 미국 메리놀 신학 대학교 내
성 데레사 양로원에서 만 69세로 선종했다.

2016년 덕적 주민의 좌담회를 전후하여 다시 회고되는 최분도 신부

그의 선종 15주기인 2016년 덕적도 주민의 좌담회에서는 다시 한번
최분도 신부의 섬 개혁운동과 관련된 긍정적인 평가가 나왔다.

같은 해 문인 김옥경에 의해 최 신부의 활동은 『가거라 내가 너를 보

낸다 : 서해에 빛나는 별 최분도 신부』
(2016. 12, 다인아트)라는 생생한 삶의 현장
활자로 정리되었다. 책 제목인 "가거라
내가 너를 보낸다"는 말은 신약성경 사도
행전(22,21)의 말씀으로 최분도 신부가
1959년 6월 가톨릭 사제로 서품될 당시
의 성구(聖句)이다.[4] 저자 김옥경은 이 책
을 펴내기에 앞서 이미 1983년 8월『신동
아』복간기념 제19회 넌픽션 작품공모에
서 「덕적도의 코신부」로 최우수작에 당
선된 적이 있는데 그 넌픽션의 주인공이
바로 최분도 신부였다.

〈그림 1〉 최분도 신부
공덕비 전면

자료: 옹진군청 홈페이지

한편 2018년 최분도 신부와 덕적도에서부터 인천 이임 후까지 30여
년 동안 함께 활동한 서재송(徐載松 비오, 1929~2020) 회장의 구술(口述)
회고담을 책으로 엮은 『옆에서 함께 한 90년 徐載松』(2018.4. 다인아트)이
나와서 최분도의 활동과 업적에 관해 자세히 언급했다.

2021년 인천교구 내 한중합동 성당인 해안성당 신자들은 최분도 신부
20기 추도미사를 갖고 최분도 신부의 활동에 관한 영상을 관람했다. 이
처럼 최분도 신부에 대한 회고는 현재 진행형이다. 그러나 아직 그의 업
적에 대한 학계의 본격적인 연구성과는 나오지 않고 있다.

---

4) 영어로 된 베네딕도 즈베버 신부의 사제성품 성구는 다음과 같다. Go ! for to the
   nations far away I will send † thee † (김옥경, 앞의 책, 195쪽에서 전재)

학문적 연구의 측면에서 최분도 활동을 검토해보다

2016년 10월 민속원에서 간행된 단행본 『덕적도』에는 최분도 신부에 대해 매우 구체적으로 언급되는 최초의 종합적인 평가가 나왔다. 최중기 교수를 대표 저자로 하는 총 18명의 저자가 공동으로 집필한 이 책은 두 곳에서 최분도 신부에 대해 구체적으로 언급했다. 그 한 곳이 바로 시인(詩人)으로 인천 섬 연구모임에 참여한 이세기가 쓴 「섬사람 최분도 신부」이고,[5] 다른 한 곳이 바로 본 장에서 다루는 덕적도 좌담회 중의 한 부분인 「최분도 신부와 덕적도 섬 개혁운동」이다.

이세기 시인이 본 최분도 신부 : 섬 개혁운동가, 자립공동체 실천가

이세기 시인은 「섬사람 최분도 신부」를 1. 섬으로 온 이방인, 2. 섬마을의 구원자, 3. 자립 공동체의 실천, 4. 중국인 이주민과 인혁당 등 4개의 장으로 구성했다. 제1장에서는 최분도 신부의 일생을 그의 연보로 간략히 서술하고 이어서 1976년 서포리 소나무밭 입구에 세워진 최분도 신부 공덕비에 언급된 내용을 다음과 같이 소개했다.

"스스로 자원하여 온 한국 땅에서 30년간 사랑과 봉사를 실천하여 온 천주교 신부. 덕적도 본당의 주임 재임 시에는 본당 설립과 함께 복자 유 베드로 병원을 개원, 현대 의료기구를 신설하고, 1967년 전기사업에 착수, 종합병원의 개설 운영 및 도민들의 문화적 혜택을 위해 전력공급에 힘썼다. 이외에도 해태양식시험사업에 착수, 성공을 거두고 덕적도 서포

---

5) 저자는 이 글이 동일한 제목으로 『흔들리는 생명의 땅 섬』(2015)에 게재되었던 것을 덕적도 주민 서재송 씨의 구술을 통해서 내용을 보강한 것이라고 진술했다.

1리, 진1리, 북1,2리에 호안공사를 실시하여 어민들의 통로와 물양장을 완공, 1971년 상수도 증설사업을 실시 완공하였다.["6)]

위 내용은 최분도 신부가 10년 동안 덕적도에서 활동한 지역사회 개발의 성과를 잘 요약한 것이다. 2장에서 저자는 최분도 신부가 가장 먼저 시작한 것이 의료사업임을 서술하였다. 병원선 '바다의 별'을 타고 다니면서 서해안의 낙도 주민들을 방문 진료하던 일, 복자 유 베드로 병원을 덕적도에 설립한 일, 병원을 가동하기 위해 또 주민들의 문화생활을 위해 '덕적도 전기조합'을 세워 발전기를 가동하던 일, 상하수도 개설운동 등을 기술했다. 특이한 점은 이같은 최분도 신부의 일련의 활동들을 '덕적도의 섬 개조 운동'[7)]이라고 표현했다는 것이다. 그러면서 이를 지역사회개발 운동의 일종인 1970년대에 전국적으로 시작된 새마을운동보다 앞선 것이었다고 했다.

제3장에서 저자는 최분도의 활동이야말로 덕적도에서 자립공동체를 건설하는 것이었다고 규정하였다. 그 내용은 빈곤퇴치를 핵심으로 하는 생계 대책이었다. 어선 3척을 구입해서 무상으로 기증하고 어민들 스스로 협동조합을 만들어 운용하도록 했으며, 김 양식장을 만들어 1972년에 김 2천 속을 생산했다고 한다. 벗개 갯벌을 막아 간척사업을 했는데 최분도 신부가 부임하기 전부터 추진된 일이었다. 최 신부는 이 간척사업을 계속하다가 마무리 공사를 국가에 맡기고 약 27만 평의 농지를 조성하여 덕적도 주민의 4개월분 식량을 확보할 수 있었다. 그밖에도 분도유치원 설립과 심장병 어린이 치료 등을 통해서 최분도 신부는 가난하고 약한

6) 이세기, 「섬사람 최분도 신부」, 『덕적도』, 민속원, 2016, 182쪽.
7) 같은 책, 185쪽.

자들을 위한 '섬 공동체'를 실천했다고 평가했다.[8]

저자는 제4장을 통해서 최 신부가 '섬 공동체 만들기 사업'을 추진했는데, 인천의 차이나타운에서 덕적도로 데려온 중국인 이주민들을 위한 양로원도 마련했다고 서술했다. 이밖에도 저자는 최분도 신부가 인혁당 사건에 연관된 양심수 이재문의 가족을 돌보면서 당시 유신 정권의 탄압을 받은 일 등에 대해서도 서술했다. 이상에서 살펴본 바와 같이 이세기 시인은 최분도 신부의 덕적도 활동을 섬마을 개혁운동, 섬마을 자립공동체 건설운동 등으로 규정지었다.

2016년 덕적도 좌담회에서 평가된 최분도 신부

2016년에 열린 덕적도 좌담회 참석자들도 최분도 신부가 10년간 덕적도에서 활동한 것을 '섬 개혁운동'으로 표현했다. 2016년 2월 22일 인하대학교 해양과학 세미나실에서 개최된 이 좌담회에는 앞서 언급한 이세기 시인 외에도 김의기, 송은호, 장정구, 조강희, 최인숙, 허선규 등 덕적도 출신이거나 덕적도와 유관한 일을 한 사람들이 참여했다. 이들도 모두 앞서 서술한 이세기 시인과 비슷한 입장에서 최분도 신부의 활동을 긍정적으로 평가하였다.

김의기 씨는 1950년생으로 최분도 신부가 덕적도에 부임할 당시 덕적성당의 초대 복사로 활동하면서 최 신부에게 식사를 제공한 사람이었다. 그는 최 신부가 덕적도 개발사업에 나서면서 '섬의 슈바이처'라는 칭송을 들었다고 한다. 그는 또 최 신부가 선교사업보다 오히려 섬 주민들의 먹고사는 문제, 건강 문제에 더 중점을 두었고, 덕적도뿐 아니라 대부도,

---

8) 같은 책, 187쪽.

풍도, 백아도 등의 섬 주민들에게도 양질의 의료서비스를 제공했다고 했다. 그에 의하면 최분도 신부는 1960년대 중반부터 하천 정비와 전기 사업에 착수하여 전봇대도 직접 만들어 설치하고 상수도 사업과 서포리 간척지 개간사업도 담당하였는데, 특히 개간사업의 결과 한 해 수확하면 3년 먹을 양식을 생산하게 되었다고 한다. 특별히 최 분도 신부는 노동의 중요성을 강조하면서 주민들이 반드시 노동을 해야만 그 댓가를 제공했다고 한다.

허선규는 덕적도 개신교(감리교)의 역사가 가톨릭보다 훨씬 긴데도 불구하고 신자수가 최 신부 이전에는 80:20으로 개신교가 우세했다가 최 신부 입도 이후에는 20:80으로 역전되었다고 할 정도로 최 신부의 영향력이 지대했음을 증언했다. 이와 관련하여 2018년 최분도 신부에 대한 전기를 펴낸 작가 김옥경은 "주민들은 입교를 권하지 않아도 최 신부가 하는 일을 보고 스스로 성당으로 찾아왔다. 본도민(덕적도민) 1만 명 중에서 7,000여 명이 천주교에 입교하였다"고 기술하였다.[9]

덕적도의 삼보(三寶)와 덕적 주민의 생계, 그리고 덕우회

좌담회에서는 덕적도가 조선 시대에 군진(軍鎭)이 설치되어 덕적군도 일대의 해상 방위의 요충지였으며, 지덕(智德)을 겸비한 선비의 고장이었다는 사실을 확인했다. 또한 소나무, 백사장, 맑은 물 등이 덕적도의 삼보(三寶)요 자랑이라고 하면서, 이 시대가 자연보호와 생태환경 운동의 중요성이 과거 어느 때보다 강조되고 있는 이른바 기후위기 시대임을 시사해 주었다. 주민들의 복지를 위한 최분도 신부의 활동 이후 덕적도

---

9) 김옥경, 앞의 책, 142쪽.

〈그림 2〉 덕적면 서포리 소나무 숲길

자료: 옹진군청 홈페이지

는 1970~80년대에 국민관광지로 널리 알려져 매년 수도권에서 몰려든 피서객들로 막대한 관광 수입을 누렸으나, 1990년대 이후 불거진 굴업도 핵폐기장 문제, 바다모래[海沙] 채취와 이로 인한 백사장의 소실, 선갑도의 채석장 문제 등이 생겨났고, 이에 주민들은 생계를 위한 이권의 취득과 생태환경 보호를 위한 개발의 거부라는 양극단으로 그 입장이 분열되어 대립 갈등하는 바람에 지금까지도 그 앙금이 온전히 치유되지 못하고 남아있게 되었음을 알려주었다. 이러한 시대적 배경에서 육지로부터 온 개발투기꾼들을 증오하는 섬사람 중 일부는 외지에서 피서를 오거나 섬 활동을 하러 온 대학생들을 외부의 약탈자로 인식하여 신체적 구타를 가하거나 위협하는 등 덕적도 섬 공동체의 위기의식을 거침없이 표출하기도 했다.[10]

---

10) 앞의 책, 『덕적도』(2016), 319, 330쪽 ; 이에 의하면, "… 옛날에 육지 교통이 지금처럼
　　발달하지 않았을 때에는 경인지역 대학생들이 MT를 다 섬으로 왔어요. 그때 섬으로

덕적도 문제에 대한 애정어린 관심은 한때 덕적도에 살다가 현재는
이미 출도한 지 수십년씩 지난 이주민들이 대거 가입해서 조직된 '덕우회
(德友會)'라는 향우회를 통해서 적극적, 계속적으로 표명되었다. 따라서
덕적도 주민들의 공동체를 언급할 때는 일제강점기인 1933년에 조직되
어 2022년 현재까지도 지속적으로 활동해오고 있는 덕우회를 맨 먼저
서술하지 않을 수 없게 되었다. 이 덕우회는 일제강점기 덕적도 출신으
로 인천과 서울, 심지어는 일본 등지로 유학을 나온 섬마을 자제들의 교
육을 권장하고 장학사업을 실시한 것 외에도 인천과 부천 등지에서 매년
체육대회나 기타 친목 모임을 주도해오면서 회원 상호 간의 단합을 도모
하고 그들의 고향 덕적도의 여러 가지 문제와 발전에 관심을 드러냈다.
필자는 덕우회원들의 직설적인 충고와 문제의식, 건의사항 등을 다소
인용하여 본고를 서술했다.

2. 20세기 후반 이후 덕적군도 일대의 생태환경과 사회경제적 변화

덕적도 근대어업의 시작과 굴업도에서 북리 소애포로 어업중심지 이동

덕적도 인근 해역에서 근대적 형태의 어업(漁業)을 시작한 것은 지금으
로부터 대략 140여 년 전인 1880년대 개항 초에 해당하는 것으로 추정된

오면 50%는 맞았을 거예요. 주민들한테. 텐트 잘못 쳤다고 때리고 줄 안 선다고 때리
고. 그렇게 맞으면서도 와요. 다른 데 갈 때가 없으니까. 뱃삯도 싸고"라고 기술하였다.

다.[11] 덕적도 일대에서도 어업의 중심지는 특히 덕적도의 서북쪽에 위치한 굴업도(堀業島) 일대였는데, 이곳은 서풍(西風)이 거센 지역임에도 불구하고 방파(防波) 시설이 거의 없었기 때문에, 일제강점기인 1923년 태풍이 닥쳤을 때 무수한 사람들이 조난(遭難)을 당하는 대형 재난이 발생하였다. 이에 일제 당국과 경기도 수산회는 강제적으로 어로 근거지를 덕적도의 북리(北里) 소애포(小艾浦)로 옮겼고 이곳에 새로운 어장시설을 마련하였다. 북리의 소애포는 서쪽이 크고 작은 산과 구릉지로 중첩되어 있어서 겨울의 거센 북서풍을 막아주었으며 조수간만의 차이가 매우 컸으며 수심은 깊지 않았으나 대략 100척 정도의 어선을 정박시키기는 가능한 천연의 양항(良港)이었다.

덕적도의 새우와 민어파시

그리하여 매년 8월 초순부터 9월 중순까지 조기, 갈치, 민어 등의 성어기(盛漁期)에는 멀리 전라도 해역부터 충청도와 황해도 일대의 어선들이 이곳에 몰려와서 파시(波市, 해상어시장)을 이루었다. 당시 이곳을 포함한 경기만 일대의 주요 어족은 도미[鯛], 수조기[鰔, 참조기], 조기[石首魚], 가자미[鰈, 넙치], 갈치[刀魚], 농어, 민어, 뱅어, 새우[白蝦] 등이었다.[12] 한편 1910년대부터 덕적군도의 한 섬인 울도(蔚島) 근해에서 새우어장이 형성된 것을 울도 주민 문성재(文聖在, 일명 聖律) 씨가 발견한 이후부터 매년 막대한 양의 새우가 울도뿐 아니라 백아도, 장고도, 지도 등의 해역

---

11) 덕적도사편찬위원회 편, 앞의 책, 112쪽 ; 이에 의하면 "덕적도가 어장(漁場)이 된 것은 확실히 그 연대를 알 수 없으나 본격적인 어업은 약 100여 년 전(*필자주 : 출간시점인 1985년으로부터 100년 전)에 비로소 개시했을 것이라고 추측된다."라고 기술하고 있다.
12) 같은 책, 112쪽 및 앞의 책, 『덕적도』(2016, 민속원) 326쪽 참고.

에서도 잡혔다.[13] 서포리에 세거해온 달성서씨 가문에서도 일제 때부터 나가사키 중선을 갖고 새우를 많이 잡았다고 다음과 같이 회고했다.[14]

> 중선이라는 것은 원래 나가사키 중선이라고 일본식 배에요. 어업에 적합하게 개량된 것인데, 처음에는 동력이 없는 거였지만 나중에는 동력선으로 많이 개조되었어요. 그 배들이 문갑도 뒤, 울도 앞에서 새우를 많이 잡았어요. 서해에는 해류에 따라 어종이 무리 지어 다니는 때가 있어서 그때를 사리라고 하는데 대표적인 것이 새우 사리하고 조기 사리예요. 덕적도 중선은 새우를 잡아다가 쪄서 가지고 말려서 중국으로 수출을 많이 했어요. … 봄에 살구꽃 피기 전에 조기 사리가 저기 칠산바다에서 시작해서 연평도에서 파시가 서잖아요. 연평도에서부터는 조류가 여러 갈래로 나뉘기 때문에 연평 북쪽에서는 그렇게 잡히지 않아요. 그리고 민어를 잡죠. 민어는 여름철에 잡고 새우 잡고 겨울에는 쉬었어요. 그때는 그렇게만 해도 넉넉한 편이었어요. 공부들도 많이 시켰잖아요. 교육열도 높고 의식도 높았어요. 일제 때는 일본 유학도 많이 보냈어요. 중선을 접고 나서는 조그만 배 가지고 게 잡고 민어 잡는 걸로 전환했어요.

새우, 민어 어장의 쇠퇴

1945년 해방 이후부터 새우의 수확량이 다소 감소하였으나 1960~1970년대까지 새우잡이는 계속되어 주민들의 증언에 의하면 온 바다가 새우[白鰕] 떼로 하얗게 덮여서 장관을 이루었다고 한다.[15] 이러한 새우를 잡아서 덕적도 인근의 어촌에서는 마을마다 '독강'이라는 것을 만들어

---

13) 위와 같은 곳 참고.
14) 서재송 구술, 윤진현 교열 정리, 『옆에서 함께 한 90년 : 서재송(徐載松)』, 도서출판 다인아트, 2018, 165~168쪽.
15) 앞의 책, 『덕적도』(2016, 민속원), 326쪽.

서 새우를 쪄서 말려서 건새우를 만든 후에 중국으로 수출했다.[16] 주민
들이 잡아 말린 건새우는 일제강점기 당시 중국과의 공사무역(公私貿易)
의 성행으로 다렌[大連], 텐친[天津], 칭타오[靑島], 샹하이[上海] 등지로 수
출되어 막대한 수입을 올렸다.[17] 그러나 1980년대 이후에는 새우어장이
급격히 퇴화하여 말린 건새우는커녕 염지하(鹽漬鰕)조자도 환매(換賣)가
되지 않아서 상당수의 중선(仲船) 선주들이 막대한 부채를 지고 파산하거
나 다른 곳으로 이주했으며 일부 영세 어민들만이 겨우 영업을 이어가는
실정이라고 한다. 한편 현재도 일부 포획되고 있는 민어(民魚)도 일제강
점기부터 상당수가 잡혀서 민어파시도 유명했다고 한다.

1930~1960년대 덕적도의 유지로 활동한 선주(船主)들

일제강점기인 1930년대부터 새우와 민어 등이 덕적도 인근 해역에서
다수 잡히던 1960년대까지 중선배를 이용하여 물고기를 잡으면서 고액
의 세금을 납부하던 이 지역의 유지들은 다음과 같다.[18]

① **진리(鎭里)** : 송재순(宋在順), 최용필(崔龍弼), 최봉도(崔奉道), 이
두환(李斗煥), 이규환(李圭煥), 인계훈(印啓勳), 송재붕(宋在鵬), 장
경업(張景業), 김현호(金顯鎬), 문정화(文貞華), 차상동(車相同), 최
은산(崔銀山), 한상익(韓相益), 임평태(林平泰), 김춘배(金春培)
② **북리(北里)** : 문수정(文修政), 문삼경(文三景), 김성배(金聖培), 김

---

16) 같은 책, 327쪽.
17) 덕적도사편찬위원회 편, 앞의 책, 109쪽.
18) 같은 책, 110쪽 ; 이에 의하면 문갑리 김광춘, 북리 김현구(金顯龜), 김윤명(金允明)
등은 공익사업을 많이 했다고 한다.

형복(金亨福), 김두배(金斗培), 김경수(金景洙), 문선학(文善學), 김
태섭(金泰涉), 박일용(朴一龍), 김규섭(金奎涉), 박일원(朴一元)

③ **서포리(西浦里)** : 서재공(徐載功), 서대봉(徐大奉), 장대진(張大振),
정재훈(鄭在勳), 문현태(文顯泰), 장기현(張基賢), 장석현(張錫賢),
인태훈(印泰勳), 인학채(印學彩), 이재관(李載寬), 서경조(徐景祚),
장덕보(張德甫), 김효배(金孝培), 차광삼(車光三), 고자엽(高子燁)

④ **소야리(蘇爺里)** : 김세식(金世植), 조태선(曺泰先), 김인배(金仁培),
최옥산(崔玉山), 배갑출(裵甲出), 송태헌(宋泰憲), 배거부(裵巨富)

⑤ **문갑리(文甲里)** : 김광춘(金光春), 김추경(金秋卿), 김진영(金振榮),
박대준(朴大俊), 김진기(金振基)

⑥ **백아리(白牙里)** : 서장도(徐長道), 서장용(徐長龍), 서일운(徐一云)

⑦ **울도리(蔚島里)** : 김순익(金順益), 장두봉(張斗奉)

⑧ **승봉리(昇鳳里)**[19] : 김동조(金東祚), 임흥산(林興山), 김창문(金昌文),
김창경(金昌慶), 신상춘(申相春), 황주원(黃周元), 강창도(姜昌道)

위의 명단에서 알 수 있듯이 중선배를 사용하여 일정 규모 이상의 어
업을 영위하던 선주들은 덕적군도의 각 부속 섬(덕적면 소속의 동리)에 골
고루 분포되어 있었음을 알 수 있다.

침체한 영세 농업과 마을별 농지보유 현황

덕적면은 사방이 바다로 둘러싸인 섬 지역인데다, 주로 산지가 많은
지형의 특성상 넓은 평지도 없고 농사지을 용수도 부족하며, 육지로부터
멀리 떨어져 농기계나 농약 등의 공급도 원활하지 못한 사정 등으로 오랫
동안 농업의 침체를 면치 못했다. 1960까지만 해도 주민의 대략 80~90%

---

19) 승봉도는 1983년 이후 신설된 자월면(紫月面)으로 이속되었다.

가 어업에 종사하고 있었고,[20] 1950년대 후반 전체 전답의 면적이 약 338정보였으나 1980년대 전반에 오면 298정보에 불과할 정도로 감소하였으며, 농업인구 1가호당 평균 1~3정보를 소유하는 자영농(自營農)이 대부분이었다.[21]

<표 1> 1961년 덕적면의 마을별 농지면적[22]

마을(里)	농가호수	농가인구	농가호당인구	마을 내 경지면적(町步)			농가호당 경지면적(段步)		
				논	밭	합계	논	밭	합계
진1리	49	320	6.5	10	22	32	2	4.5	6.5
진2리	45	264	5.9	9	10	19	2	2.2	4.2
북 리	61	368	6.0	16	17	33	2.7	2.7	5.4
서포1리	65	412	6.3	13	25	38	2	3.8	5.8
서포2리	78	513	6.6	17	28	45	2	3.5	5.5
소야리	91	576	6.3	7	29	36	0.8	3.2	4
승봉리	62	398	6.4	27	19	46	4.3	3	7.3
문갑리	27	206	7.6	1	9	10	0.3	3.3	3.6
백아리	21	138	6.6	1	6	7	0.4	2.8	3.2
울도리	19	122	6.4		4	4		2.1	2.1
굴업리	17	73	4.3		8	8		4.7	4.7
소 계	535	3,390	6.3	101	177	278	1.9	3.3	5.2

주 : 위 통계에서 농가 1가호당 인구는 소수점 아래 둘째
자리에서 반올림한 값을 기록한 것이다.

---

20) 앞의 책, 『덕적도사』(1985), 33쪽, 130쪽, 162쪽 ; 이에 따르면 1960년 통계에 덕적면의 인구는 8,826명이었고, 1960년대 통계에서 덕적면의 어로(고기잡이) 종사인구가 7,703명이라고 되어 있다.

21) 앞의 책, 『덕적도사』(1985), 148~163쪽.

22) 같은 책, 155쪽 참고. 필자는 이 책의 통계표를 그대로 인용하지 않고 농가인구의 경우 계산을 통해서 일일이 교정하고 수정한 결과를 위 표에 기재했다. 승봉리는 1983년 이후 자월면으로 이속되었다.

위 〈표 1〉을 통해서 보면, 승봉도를 제외한 덕적면 소속 대다수의 마을 (섬)들이 논은 적고 밭이 훨씬 많음을 알 수 있다. 승봉도는 1983년 신설 된 자월면으로 이속된 섬이지만 1960년대 당시엔 유일하게 논이 밭보다 많은 곳이었고, 농가 1호당 경지면적에서도 마찬가지였다. 한편 울도리 와 굴업리의 경우 논은 없었고 밭만 조금씩 있는 것을 알 수 있다. 농가 호수의 측면에서 보면 총 535호의 농가 중에 소야리에 농가가 가장 많고 (91호), 굴업리에 농가가 가장 적은 것(17호)을 알 수 있다. 그리고 한 농가 당 인구는 대략 4.3~7.6명이며 평균 6.3명 정도인 것을 알 수 있다.

만성적 식량부족으로 외지에서 수입

이처럼 어업이 주업이 되고 농업은 그저 부업(副業)에 불과한 덕적도에 서는 그 토질마저 척박하고 용수나 비료, 농기계 등이 모두 부족한 상황 이어서 평균 생산량이 육지 생산량의 50~60%에 불과하다고 한다.[23] 따 라서 1980년대 초까지도 덕적도에서 생산되는 곡물로는 주민들의 3개월 정도의 식량만 감당할 수 있었으므로 태부족한 식량은 어선과 상선을 운영하는 선주들이 인천과 황해도뿐만 아니라 전라도나 충청도 등지로 나가서 현금을 주고 매입하거나 해산물과 곡물을 물물교환(物物交換)하 는 방식으로 조달해왔다고 한다.[24]

---

23) 같은 책, 158쪽.
24) 같은 책, 156~157쪽 ; 1970년대 초반에 완공된 서포리 간척지는 1980년대 중반부터 농사가 시작되어 본문의 통계에는 포함되지 않았다.

토지제도의 개혁과 간척

해방 직후 농지개혁이 이곳 덕적면에서도 실시되었는데, 그 이후 1980
년대까지 3정보(9,000평) 이상의 대면적 경작 농가는 전혀 없고 대부분
영세한 자영농이었다. 또한 덕적면 내에 거주하는 순수 지주(地主)는 없
었으며, 다만 농지개혁으로 관외에 거주하는 부재지주가 의뢰한 소작이
대략 9,000평(약 3정보)이 있다고 하니, 1960년대 전체 전답 약 340정보
의 1%에도 미치지 못하는 0.9%에 불과한 것임을 알 수 있다.[25] 이곳 주
민들은 식량 문제 해결을 위한 방편으로 유휴지를 두지 말 것, 신규로
개간할 것, 수확률을 제고할 것 등에 주력하였는데, 후술하겠으나 최분
도 신부가 적극적으로 추진한 서포리 우포동(友浦洞, 벗개) 간척사업이
1976년 이임 당시 최 신부가 대략 80~90% 이상의 공사를 수행한 뒤 끝
막이 공사 30m 정도를 정부에 넘겼는데,[26] 그 공사가 100% 완공되어
1985년경에 일부에서는 경작을 시작했다고 한다.[27] 덕적면에 사는 주민
중에서는 서포2리의 인기선(印基善), 이재만(李載萬) 씨 등이 특별히 개간
사업에 헌신적인 노력을 기울였다.[28]

해상 교통의 발전과 일제강점기 북리항 소애포 축항공사

덕적도 항로에 정기여객선이 취항하기 시작한 것은 일제강점기인
1932년부터인데 초기에는 33톤급의 길진환(吉辰丸)이라는 발동선이 격

25) 같은 책, 162~163쪽.
26) 같은 책, 154쪽 ; 그런데 앞의 책 『덕적도』 325쪽에서는 정부가 마무리한 공사는 2m에
    불과하다고 한다. 「덕적도 좌담회」 허선규 진술.
27) 같은 책, 163쪽.
28) 같은 책, 152쪽.

일로 다녔다고 한다. 그후 면영(面營)의 통운사업소(通運事業所)가 설치
되어 다년간 덕적도를 포함하여 경기 서해안의 6개 도서면 지역에 운항
하였다. 여객선은 어느 시점엔가 군영(郡營)으로 바뀌었다가 1983년부
터는 다시 민영(民營)으로 바뀌었다. 그런데 선박 운항의 주체들이 덕적
면민의 복지나 편익보다는 영업 이익의 제고에만 혈안이 되어서 승객에
대한 편의 제공을 소홀히 한 적이 많았다고 하며, 몇몇 기항지에는 선착
장 등 축항 시설이 제대로 갖추어지지 않아서 안전사고의 발생 위험까
지 있었다.

일제강점기 북리의 경우, 선미도와 덕적 본도 사이를 오가는 도선(渡
船, 나룻배)이 모선을 딴 강에 띄워놓고 선객이나 화물을 운반하여 파도
가 높은 날에는 위험천만한 일이 종종 발생할 뻔했다고 한다. 여기에다
가 선객들은 선임(船賃, 배삯) 외에 도선료(渡船料)를 별도로 지불하는 등
의 부조리가 있었는데, 주민들은 이에 대한 개선방안으로 선착장을 파
락금산(波落金山) 북쪽에 새로 축조해야 한다고 했다.[29] 그러나 엄청난
공사비 때문인지 일제 당국이 차일피일 미루다가 엄청난 재난이 북리항
에 닥쳤다. 굴업도 태풍 피해가 발생한 지 8년 만인 1931년 당시 북리
소애포 항구는 일제 당국에 의해 굴업도를 대신하는 새로운 어업기지로
지정되었으나 제대로 된 축항 시설은 여전히 미비했다. 이러한 북리 소
애포 항에 1931년 8월 태풍이 닥쳐서 덕적면의 어민 50여 명이 생명을

---

29) 같은 책, 115쪽 ; 저자는 이 축항 문제를 단순한 주민 편의의 차원에서 해석하지 않고
　　인명과 물자의 대량 손실과 같은 재난을 예방하자는 측면에서 바라보고 있다. 이점은
　　본고의 필자가 크게 공감하는 바로서 덕적면민들이 향후에 다가올지도 모르는 자연적
　　사회적 재난에 대응하는 능력을 키우기 위해서도 반드시 개선하고 넘어가야 할 중요한
　　사안으로 평가된다.

잃는 사태가 발생하였다. 이에 덕적 면민들을 중심으로 소애포에 축항
공사를 새로 해야 한다는 움직임이 활발하게 일어났고, 때마침 덕적도
인근의 새우잡이가 칭따오, 다렌 등 중국 연해 지방으로 수출의 길이 활
기를 띠게 되면서 1940년경부터는 경기도 수산회(水産會)와 당시의 덕적
면장 김태섭(金泰涉)을 비롯한 덕적면 내 어선 보유자 등 유지들이 나서
서 북리항 축항 공사에 나섰다. 당시 이 공사는 소애포의 사유지 파락금
산 부지를 소유자 김태섭 면장이 무상으로 기증하고 경기도에서 공사비
74만 5천 원을 투여하여 파락금산 동쪽 해안부터 서부 방파제 200m를
우선적으로 축조하고, 동부 방파제 150m도 착공에 나섰다. 이때 덕적면
민들은 물론이고 경기도 일대에서 근로보국대(勤勞報國隊)가 내도하여
축항 공사에 부역을 제공하였다. 이를 계기로 북리 일대에 음식점, 소상
인, 숙박업 등이 활기를 띠게 되었다고 한다. 이와 동시에 입항 선박들
의 안전과 편의를 도모하기 위해서 소애포에 연결된 선미도(善尾島)에는
등대를 세웠다.

해방 이후 도민들의 지속적 청원에 따른 방파제 확장 및 보수작업

8·15해방이 되고 6·25 전쟁이 발발하자 이에 따른 사회적 혼란으로
말미암아 북리항의 동부 방파제 공사는 장기간 중단되었다가 1953년 휴
전 이후에야 한양토건과 풍창건설 등에서 2, 3차 보수공사를 진행하였
다. 이와 동시에 공유수면(公有水面)의 매립공사, 어업조합(漁業組合)의
신축공사, 무전연락시설(無電連絡施設)과 물양장(物揚場, 소형선박 접안용 부
두) 시설공사, 인접 마을의 호안공사(護岸工事, 기슭막이, 제방보호시설 공
사), 등대시설 등 축항과 관련된 제반 시설공사 등이 계속 추진되었다.

한편 서부 방파제 공사는 1972년에 완공되고, 1973년부터는 동부 방파제 공사도 재개되어 1970년대 중반에는 1940년부터 시작된 북리의 방파제 공사가 마침내 일단락되었다.

1980년대 중반의 경우 인천항에서 출발하는 정기 연락선 은하호(銀河號)가 덕적면의 북리, 서포리, 자월면의 이작리(伊作里), 승봉리(昇鳳里), 자월리(紫月里) 등지로 순항하였다. 선착장이나 방파제 등 축항 시설의 확장 및 보수 문제는 1980년대 당시의 북리와 서포리 뿐만 아니라 2022년 현재의 덕적면과 자월면에 속한 여러 부속 섬들을 오가는 선박의 통행에도 상당한 영향을 끼치고 있으므로 주민들의 계속된 청원이 옹진군과 인천광역시 당국에 접수되는 실정이다. 이에 대해서는 덕적도 공동체의 활로 모색과 관련하여 후술하겠다.

국민관광지가 된 서포리 해수욕장과 덕적도 삼보(三寶)의 보존

후술하겠거니와 1960년대 중반부터 최분도 신부의 덕적도 개혁운동이 활발히 추진되면서 그 성과가 청와대에 알려지고, 1972년부터 전국적인 새마을운동이 시작될 무렵을 전후하여 덕적도 서포리는 그 고운 모래사장[白沙場]과 해변의 울창한 소나무 숲이 서울과 인천 등지에 입소문을 타고 알려지면서 일약 국민관광지가 되었다. 인천녹색연합 정책위원장을 역임한 장정구 씨는 덕적도의 진리와 서포리 등지에서 볼 수 있고 삼보로 일컫는 모래, 물, 소나무 등 자연풍광의 아름다움을 다음과 같이 서술했다.

덕적도는 소나무 숲이다. 섬 어디를 가도 소나무가 빼곡하다. 도우 선착장에서 발길을 옮겨 처음으로 만나는 **진마을(진리)**에는 덕적도의 유치원과 초중고 학교가 한데 모여 있다. 덕적도의 아이들은 운동장 절반가량 둘러선 백 년은 족히 넘을 소나무 숲 사이로 불어오는 바닷 내음과 솔향을 맡으며 자란다. 이곳 **송정 해변에는 하늘로 곧게 뻗은 이백여 그루 소나무가 학교와 진마을을 지켜주고 있다**. 몸통이 아래는 검으나 위로 갈수록 붉은색을 띠는 적송(赤松, Korean red pine)과 몸통이 검고 억세서 흑송 또는 곰솔이라고도 불리는 해송(海松, Japanese black pine)이 제각기 서 있다. 소나무는 산에서 주로 햇볕이 잘 드는 남쪽이나 능선에 자라며 바위나 모래 등 척박한 환경에서도 제법 잘 견딘다. 예로부터 바닷가 마을에서 바닷바람과 날리는 모래를 막기 위해 주로 해송을 방풍림(防風林)으로 많이 심었는데 덕적도에는 해송뿐 아니라 적송도 심었다. … 1977년 약 10만 평의 땅이 국민관광지로 지정된 서포리는 드넓고 **고운 모래** 해변, 덕적군도의 섬들이 떠있는 **맑은 물**, 해안사구에 길게 늘어선 **소나무 숲이 일품이다**. 축구장과 배구코트와 테니스장, 케이트볼장 등 체육시설과 민박집과 매점 등이 있어서 서울과 인천 등 수도권에서 여름철 첫손가락에 꼽히던 피서지가 바로 서포리 해수욕장이었음을 알 수 있다. 해당화군락지를 밀어버리고 장미를 심었다가 다시 해당화를 심는 등 우여곡절을 겪었고 그 명성도 예전만 못하지만 그래도 여름이면 피서객들의 발길이 이어진다. 관광지 개발로 일부 훼손되긴 했지만 그래도 서포리의 소나무 숲은 여전하다. 약 300년 전 마을이 형성된 서포리에는 해안사구를 따라 약 500여m에 걸쳐 소나무 방풍림이 펼쳐져 있다. 울창한 소나무 숲에서는 분재에서나 볼 수 있는 기묘하고 다양한 형상의 소나무들을 만날 수 있다. 2010년 아름다운 숲 전국대회에서 전통마을 숲 분야 '아름다운 어울림상'을 수상하기도 했다.[30]

이처럼 아름다운 자연풍광을 지닌 덕적도의 생태는 이미 조선 시대의

---

30) 장정구, 「덕적도의 생태 르포」, 『덕적도』, 민속원, 2016, 268~270쪽.

선조들부터 보존해오기를 힘써왔다. 그리고 산업화로 인한 교통의 발달과 관광지 개발이 시대의 일대 붐이 되어, 자연의 파괴와 약탈이 일상사가 된 1970~1980년대를 전후한 시점에도 뜻있는 주민들을 비롯한 환경운동가들은 이들 자연 자원을 애써 지키고 보존하려고 노력했다. 이와 관련된 내용은 기후위기 시대의 덕적 주민의 삶과 공동체의 나아갈 길과 관련하여 후술할 것이다.

이주(移住)·이향(離鄉)의 증감과 덕적도 주민 공동체의 변화

6·25 전쟁은 덕적도의 주민 구성에 급격하고 중대한 변화를 초래하였다. 해방 직후인 1946년 덕적도의 인구는 996호(戶)에 5,520명이었으나, 전쟁 중인 1952년에는 2,315호에 11,395명이었다.[31] 비슷한 시기인 1952~1953년경 덕적도에 대한 또 다른 인구통계는 원주민이 1,034호에 5,986명, 피난민이 1,281호에 5,409명, 그리고 중국인이 10명 합계 11,405명으로 나오고, 1953~1954년의 통계에서는 원주민 1,016호에 6,039명, 피난민 1,228호에 6,749명 합계 2,244호에 12,788명으로 나온다.[32] 이 통계를 보면 전쟁을 전후하여 덕적도 인구는 약 2배로 증가했는데, 원주민과 피난 온 이주민의 비율이 거의 1:1 정도였고 시간이 지나면서 조금씩 이주민의 비중이 더 커짐을 알 수 있게 해준다. 이러한 통계는 6·25 전란으로 황해도의 주민들이 대거 육상과 해상으로 월남하였을 때 특히 해상으로 남하한 피난민들이 덕적도에 입도하였을 것으로 보인다. 이와 관련하여 덕적도 좌담회 때 나온 다음과 같은 주민들의 증

---

31) 앞의 책, 『덕적도사』(1985), 31~32쪽.
32) 같은 곳.

언이 참고가 된다.[33]

▷ 이세기 : … 북리항에 피난민들이 많았죠? … 황해도 분들이 많이
들 피난 오셔서 북리항이 발전된 면도 없지 않았는데, 피
난민들은 어땠나요?

▶ 송인호 : 각 동네마다, 문갑도서도 용매도에서 많이 오셨던 걸로
알고, 광성호라고 용매도에서 온 형제들이 부렸어요. 북
리 쪽에도 정착한 사람들이 아주 많았어요. 거의 다 80%
이상이 그쪽에 몰렸으니까. …

○ 허선규 : 덕적도 인구가 가장 많을 때는 피난민들이 유입되고 본
토 사람들이랑 같이 지냈을 때, 북리 같은 경우에는, 북
리가 외가였는데 거길 걸어서 넘어가면 제가 어렸을 때
는 집을 못 찾을 정도였어요. 인천 수도국산에 피난민들
이 집들을 막 지었던 것처럼 그런 형태의 집들이 서포리
에도 골목골목으로 집들이 많이 들어차 있었어요.

서포리에서 세거해온 달성서씨 가문 출신이며 최분도 신부의 30년 협
력자로 선교사업에 종사해온 서재송 회장도 6·25 전쟁 직후 덕적도의
인구증가와 관련하여 다음과 같이 진술했다.

6·25 때 황해도에서 피난민이 많이 와서 여기(덕적도) 인구가 만 명이
넘었어요. 그때 내가 찍어놓은 사진이 있어요. 동네 입구에다 말뚝 박고
거기에 동네 설명하고 인구 기입한 판을 세워놓았어요. … 피난민이 밀려
들 때는 잘 데가 없으니까 변소 딸린 헛간 같은 데서도 사람이 잤어요.
그런데 배를 얻어타고 오신 분들은 계속 형편이 어려웠지만, 배를 갖고

---

33) 앞의 책, 『덕적도』(2016), 327~328쪽, 「덕적도 좌담회」.

온 분들은 어업으로 금방 기반을 잡아서 덕적도 경제권을 그분들이 다
장악했어요. 해변가에 어룬금이라고 하는데 한 부락이 새로 조성되었어
요. 거기에만 몇백 명이 살았어요.[34]

이같이 급격한 인구변화에는 미치지 못하지만 덕적도의 도시화와 개
발사업 등으로 국민관광지로 알려지기 시작한 1970년대 전후한 시점부
터 2022년 현재까지도 꾸준히 인구변화는 이루어지고 있는데,[35] 이로
인해 도민들의 인심도 많이 달라지고 있다. 국민관광지가 되자 외지에서
자본을 가지고 덕적도에 들어와서 숙박이나 음식점 기타 유흥서비스업
에 종사하는 사람들이 여름 한 철의 장사를 위해 터무니없는 바가지요금
을 씌우는 바람에 많은 관광객들의 발길을 돌리게 하면서 이곳의 인심은
악화되었다. 또한 최근까지도 진행되고 있는 사태로서, 앞서 언급한 바
와 같이 모래, 돌 채취 등 개발에 따른 이권의 혜택을 취하려고 하는 주민
과 개발을 포기하더라도 덕적도의 생태환경을 지키려고 하는 주민 사이
의 갈등과 대립은 굴업도 사태를 통하여 폭발하였는데, 덕우회원 등 덕
적도 출신 유지들의 조정 및 중재 노력에도 불구하고 그 골이 깊어가고
그때 쌓인 앙금은 지금까지도 해소되지 못한 채로 남아있다. 이는 덕적
도 공동체의 자립과 자활 의지를 생태환경 보존과 병행하여 실천해나가
는 데에 적잖은 방해물로 작용하고 있다.

---

34) 서재송, 앞의 책, 172쪽.
35) 이와 관련해서는 본서에 게재된 백정미의 글을 참고하기 바란다.

3. 최분도 신부의 섬마을 활동과 덕적도의 변화, 덕적면 주민의 변화

최분도 신부는 누구인가?

최분도(Fr. Benedict A. Zweber, 1932.1.7.~2001.3.26) 신부는 미국 최초의 가톨릭 외방선교회인 메리놀선교회(MARYKNOLL MISSIONERS) 소속의 가톨릭 선교 사제로서, 1959년 9월 한국에 와서 1990년 2월 미국 뉴욕의 메리놀회 본부로 소환되기까지 30년 5개월간 연평도, 덕적도, 인천의 송림동, 송현동, 부평3동, 산곡2동 등지의 보좌 또는 주임 사제를 역임하였다. 덕적도 주민들은 그를 '서해낙도(西海落島)의 슈바이처', '서해(西海)의 별'이라고 부르기도 했고,[36] 앞서 살펴본 바와 같이 이세기 시인은 그를 '섬사람 최분도', '섬 개혁운동가'로 불렀다. 이외에도 '섬마을의 구원자', '인천 사람보다도 더 인천 섬을 사랑한 사람', '덕적군도 사람들의 살아있는 성인' 등으로도 불렀다. 최 신부의 본명(세례명, Christian name)은 베네딕도(Benedict, 한국식 표현은 분도(芬道))이고 그의 성(姓, family name)은 즈베버(Zweber)이다.

최분도 신부의 덕적도 선교활동의 5가지 성과

앞서 이세기 시인의 글과 덕적도 좌담회에서 나온 최분도 신부의 성과에 대한 언급들을 몇 가지로 정리하면 다음과 같다. 첫째 병원 의료혜택의 보급, 둘째 문화생활 수준의 제고, 셋째 자립과 자활을 위한 주민생계

---

36) 이세기, 앞의 글, 181쪽.

대책의 강구, 넷째 협동조합의 설립 촉구와 공동체 의식의 함양, 다섯째
약자와 소외된 이들에 대한 돌봄사업 등이다.

최분도의 한국 선교 30년지기 서재송의 회고록

이세기 시인 및 덕적도 좌담회에서 최분도 신부의 활동에 대해 증언한
이들이 한결같이 참고하기를 권고한 자료는 바로 최분도 신부의 한국에
서의 여정을 30여 년간 동행하면서 협력하고 보조했던 서재송 회장의
구술(口述)을 책자로 정리한 2018년 자료이다.[37] 아마도 서재송 회장이
야말로 최분도 신부의 외면적으로 드러난 공적 활동의 세부적 사항뿐만
아니라 때로 그 내면의 사상적 심리적 측면에 대해서도 상당한 이해가
가능했던 인물이었기 때문이 아닐까 생각하기 때문이다. 필자도 이런
점에 착안하여 이 장에서는 주로 서재송 회장의 회고를 주된 자료로 인용
하면서 앞서 언급한 이세기 시인의 글과 덕우회원 등 덕적도 인사들의
발언과 기타 논저들을 보조자료로 삼아 서술하고자 한다.

해방 전후 덕적도의 의료시설과 의사들

덕적도에는 일제강점기 말엽에 섬의 중심지인 진리(鎭里)에 보건진료
소가 설치되어 염서만(廉曙萬), 최장손(崔長孫), 장재영(鄭在英) 등이 소장
으로 와서 해방 이후까지 차례로 재직하였다. 특히 정재영은 진료소를
대폭 확장하여 덕적 면민의 의료사업에 공헌한 바가 컸는데, 그가 인천
으로 전출한 후에는 북리의 피난민 김영순(金永淳)의 개인 병원이 1980년

---

37) 서재송 구술, 윤진형 교열정리, 『옆에서 함께 한 90년 : 서재송(徐載松)』도서출판
다인아트, 2018.

대까지 덕적도 내의 유일한 의료기관으로 활동하였다고 한다.[38] 그러나 해방 전후 서해안 도서 지역의 공공의료를 담당했던 이러한 보건진료소의 의료활동이 주민들에게 그다지 인상적이지는 않았던 것으로 보인다. 일반적으로 당시 한국의 진료소나 시약소는 물론이고 일반 병원들의 사정은 선진국들에 비해 그 시설이 매우 열악했고 의료수준도 낙후되어 있었기 때문이다.

병원선 '바다의 별'이 한국 최초의 수상 병원으로 등장하다.

당시 덕적도 일대의 의료환경을 고찰하는 데는 다음의 언급들이 참고가 된다.

> 벽안의 낯선 이방인으로 덕적도에 온 최분도의 첫 사업은 질병 퇴치였다. 병원 하나 없는 낙도에서 병치레는 큰일이 아닐 수 없었다. 맹장이 터져 죽어가는 것을 지켜보아야 했다. 변변한 진료소나 약국 하나 없어 어린아이가 열이 펄펄 끓어 죽어가도 아무 대책이 없었다. … 최분도는 섬사람들의 가장 큰 고통이 질병임을 알았다.[39]

> 제일 중요한 것이 병원이예요. 지금도 그렇지만 섬에서 불편한 것이 다른 곳으로 이동하는 게 느린 거잖아요. 보통 경우야 그냥 좀 더 서두르면 되고 시간을 조금 더 쓰면 되지만 사람이 아프면 촌각을 다투는데 빨리 갈 수가 없으니 제때 치료만 하면 살 사람이 죽잖아요. 그래서 (최분도 신부는) 병원을 짓기 전에 병원선을 먼저 만들었어요.[40]

---

38) 앞의 책, 『덕적도사』(1985), 226쪽.
39) 이세기, 앞의 글, 183~184쪽.
40) 서재송, 앞의 책, 191쪽.

최분도 신부가 덕적도보다 4년 먼저 1962년 연평도에 부임하여 덕적
군도 22개 공소로 미사를 다니며 가장 시급하게 해결해야 할 문제로 느
낀 것이 바로 의료문제였다. 그는 미8군에서 첩보선으로 쓰던 낡은 소형
보트를 구입하여 엔진 두 개를 달고 병원선으로 개조했다. 배의 이름은
성모 마리아의 수많은 호칭 중의 하나인 '바다의 별'이었고, 급한 대로
서울의 가톨릭 성모병원에서 파견된 의사 1명과 남자 간호원 1명으로 진
료팀을 꾸렸으며, X-ray 설비까지 갖추어 간단한 외과수술이 가능한 수
준이 되었다. 1964년 드디어 한국 최초의 '수상 병원'이자 병원선인 바다
의 별이 첫 진수식을 하였다.[41] 당시 연평도 어장에 조기 파시가 서면
수많은 안강망 어선들이 몰려들었는데, 이때 조기잡이에 나선 어부들이
많이 다쳤다. 그물을 끌어올리는 롤러 줄에 끼여 팔다리가 잘리거나 부
러지기도 했는데, 다친 사람은 물론이고 같은 배에서 조업을 하는 사람
들도 성어기의 대목을 놓치기 싫어서, 동료가 다쳐도 이를 구원하는
일은 뒷전에 두기 일쑤였다. 이때 최분도 신부가 제작한 병원선 바다의
별이 조기잡이 배들 사이를 헤집고 다니며 부상자들을 신속히 치료해주
었다. 그러니 다친 사람의 입장에서 보면 구세주나 다름없는 존재였다.
또한 '바다의 별'은 연평도에서 시작해서 덕적도, 문갑도, 울도, 백아도
등지를 순회하면서 섬사람들에게 무상으로 치료의 혜택을 베풀었다.

1966년 최분도 신부가 덕적도 성당에 부임하다

병원선을 동원하여 신속하고 즉각적인 치료를 하던 최분도 신부를 모

---

41) 이세기 앞의 글 같은 곳, 서재송 앞의 글 같은 곳 참고. ;『한국일보』, 1964.11.6.,
「바다의 병원 –'바다의 별' 축성식」.

든 사람이 다 환영하고 칭찬만 한 것은 아니었다. 당시 어떤 어선들은
'바다의 별'이 그들 곁에 접근하면 부정을 탄다는 미신 때문인지 몹시
싫어하는 경우도 종종 있었다고 한다. 그들은 벽안의 외국인 신부를 보
는 것조차 싫어한 것이다. 이러한 냉대와 배척은 최분도 신부가 덕적도
에 정착한 이후에 최 신부와 함께 다니던 서재송 일행에게도 마찬가지의
반응으로 나타났다고 한다.[42]

　이러한 부정적 반응에 아랑곳하지 않고 북쪽 연평도부터 남쪽 덕적군
도 일대까지 동분서주하던 최 신부는, 황해도에 가까운 연평도에 비해
인천에서 가깝고 인근에 섬들이 많이 포진된 덕적도를 선교활동의 근거
지로 삼고자 했다.[43] 1966년 4월, 최분도 신부를 초대 주임사제로 하여
가톨릭 인천교구에서 17번째로 덕적도에 본당이 설치되었다.

'복자 유 베드로 병원'의 설립

　최분도 신부가 덕적도 본당에 부임한 후 벌인 최초의 사업은 당시로서
는 최신식의 현대적 설비와 의료진을 갖춘 종합병원의 설립이었다. 1967
년 4월, 그가 덕적도에 부임한 지 1년 만에 '복자(福者) 유 베드로 병원'이
덕적면 서포리에 설립되었다. 당시 덕적면의 중심지로 면사무소가 소재
하고 있던 곳은 조선시대 수군의 군진이 있었던 진리(鎭里)였으나, 최 신
부의 협조자인 서재송 일가가 거주하고 있던 서포1리에 성당이 들어섰고
성당 바로 옆에 '복자 유 베드로 병원'도 함께 세워졌다.[44] 최 신부가 복

42) 서재송, 앞의 책, 167쪽.
43) 서재송, 같은 곳; 이세기, 앞의 글, 184쪽 참고.
44) 서재송, 앞의 책, 192쪽.

자 병원을 세우게 된 것은 소형 병원선 하나만으로 덕적군도 내 수많은 환자를 일일이 치료하기가 불가능하였을 뿐 아니라 중환자가 생길 때 인천까지 후송하는 것도 결코 쉬운 일이 아니었기 때문이다.[45]

이 병원은 병상이 60개나 되며, 내과, 외과, 산부인과, X-선과 등으로 구성되었다. 의료진은 서울의 가톨릭 의대 부속병원에서 파견되었다. 특히 방학을 맞은 가톨릭 의대 학생들은 각 섬으로 파견되어 의료봉사 활동을 하도록 했는데 덕적도에도 파견되었다. 여기에 당시 국내에서는 구하기 힘든 최신식 의료기구와 고급 약품 등을 미국 등지에서 들여왔기에 복자 병원의 대중적 인기는 매우 높았다. 연간 입원환자만 5,500여 명, 외래환자는 그 2배가 넘는 1만 2,000여 명에 달했다.

병원의 이름인 '복자 유 베드로'는 1925년에 동료 78위와 함께 로마교황청에서 시복(諡福)된 유대철(劉大喆) 베드로(1826~1839)를 지칭한 것인데, 1839년 기해박해 때 그의 부친 유진길(劉進吉, 1791~1839) 아우구스티노와 함께 신앙을 증거하다가 용감하게 순교한 소년이었다. 1984년 5월 6일 복자 유 베드로는 동료 102위 복자와 함께 서울의 여의도 광장에서 교황 요한바오로 2세에 의해서 시성(諡聖)되었다. 그런데 이 성인이 아직 복자로 있던 시기인 1967년에 지어진 병원이므로 병원의 이름이 '복자 유 베드로'였던 것이다. 최분도 신부는 어린 나이에 순교한 성인이 하느님 대전에서 어린아이들의 보호자요 전구자(轉求者)가 되어주길 바라는 마음에서 병원의 수호성인 겸 이름으로 선정했다고 한다.[46]

---

45) 이세기, 앞의 글, 184쪽.
46) 서재송, 앞의 책, 192쪽.

문화생활 수준의 제고 :
1960년대에 전기, 상하수도 시설을 갖춘 선진적 섬마을

병원을 가동하던 초창기에 가장 큰 장애가 된 것은 전기시설을 가동하는 것이었다. 수술을 하고 X-ray를 찍으려면 전기가 필요했다. 발전기를 돌리고 전주를 세워야 했다. 이와 관련하여 서재송 회장은 다음과 같이 회고했다.

> 병원에는 당연히 전기가 있어야 하잖아요. 그래서 100kw 짜리 발전기를 얻어다가 자체적으로 전기를 설치하기로 했어요. 전주를 세우려고 미아리고개 너머 전주 만드는 데 가서 물어보니까 3천 원을 달라고 해요. 그것을 덕적까지 가져오려면 이동비용이 또 3천 원이에요. 그때 돈 6천 원은 엄청나게 큰돈이에요. 도저히 안 되겠다 싶어서 자작으로 만들어야 하겠다고 마음먹었죠. 송판 사서 거푸집 짜고 철근 넣고 모래하고 자갈은 있는 거 모아다 쓰고 시멘트만 사다가 전주를 만드는데 동그랗게는 못하고 네모지게 만들었어요.[47]

이렇게 만든 네모난 전주대(전봇대)는 지금도 서포리 마을에 기념비처럼 서 있다고 한다. 그런데 이렇게 만든 전주대를 세울 지점까지 옮길 때는 차량 등 마땅한 이동 수단이 없어서 목도를 여러 명이 어깨에 둘러매고 직접 산길을 걸어서 옮겼다고 한다. 물론 최분도 신부도 직접 목도를 졌다고 한다. 당시 이런 광경을 처음 본 주민들은 미쳤다고 하면서 냉소적으로 대했다고 한다. 그런데 사람들이 가장 많이 사는 동네에 전주대를 세우고 송전해서 전등을 딱 켜는 순간부터 모든 사람들의 눈이

---

47) 같은 책, 193쪽.

휘둥그레지면서 서로 자기들 마을과 집에 전주대를 세워 전기를 넣어달라고 간청하기 시작했다. 이에 대해 최분도 신부는 공평한 원칙을 정해서 차례로 필요한 공사를 진행해서 마침내 병원의 설비를 마치고 덕적도 내 가정들에도 전등(형광등)[48]을 밝혀주었다고 한다.[49]

> 전등이 켜졌다. 200촉 둥그런 전등 빛은, 기대와 불안에 젖어 바라보는 수백 명 덕적 주민을 향하여 덕적도가 이 지구상에 생긴 이후 **맨 처음으로 쑥개 언덕에서** 밝은 미소로 환하게 웃고 있었다. 그 동안의 온갖 노고가 기쁨과 희망으로 바뀐 순간이다.[50]

전기의 보급은 서포리에서 시작하였다. 당시 발전소 책임자는 김부현이었고, 송전담당자는 그의 동생 김학기였다. 이들 형제는 모두 천주교 신자로서 특히 김학기는 당시 덕적도의 중학생이었는데 전기 기술을 전문적으로 배우기 위해서 서울의 학원에 다녔고, 1970년부터 1973년 군에 입대할 때까지 발전소 직원으로 근무했다. 서포리의 전기가설 공사가 완료되자 북리(일명 쑥개, 월남 이주민들의 집단 거주지), 진리 등 덕적도 전체로 확대되면서 면장을 위원장으로 하는 '덕적도 전기조합'을 만들어 운영했다. 해가 지기 시작하면 전깃불이 들어와서 12시(자정)에 단전되었고 새벽 5시에 다시 공급되었다. 국가에서 전기를 공급한 것이 아니고 섬 주민이 중심이 되어 자체적으로 전기조합을 조직하여 운영한 사례가

---

48) 덕적도 최초의 시범 전기는 200와트 백열등이었으나 가정용 전기보급에서는 전력 소모가 백열등보다 작고 밝기는 오히려 더 밝은 형광등을 가설했다고 한다. 김옥경, 앞의 책, 111~113쪽.
49) 서재송, 앞의 책, 194쪽.
50) 김옥경, 앞의 책, 110쪽.

된다.[51]

전기시설과 함께 병원과 마을에서 동시에 요구된 시설은 바로 상하수도 시설이었다. 상하수도 시설을 설치할 때도 처음 주민들의 반응은 시큰둥하고 냉소적인 것은 마찬가지였다.

> 우물 갖고는 부족해서 수도가 필요하잖아요. 처음에는 산에다 우물을 파서 탱크를 묻어서 병원하고 사제관 신부님 있는 데서만 썼는데 그러다 보니까 미안하잖아요. 다른 사람들은 우물이 있는 집이 있지만, 많은 사람들이 같이 쓰는 공동 샘에서 물 한 동이 퍼서 이고 오거나 물지게로 지고 와서 그거 갖고 아침 해 먹고 점심 해 먹고 저녁 해 먹고 그렇게 물을 귀하게 썼어요. 그래서 우리가 산에서 가물어도 마르지 않는 우물을 찾아서 파고 파이프를 넣어서 한 500드럼 들어가는 탱크를 묻어서 집마다 수도를 넣었어요. 그러니 얼마나 편해요. 그것도 처음에는 별로 호응 안 하고 안될 걸로 생각하다가 지켜보니까 되거든. 그때부터는 적극 협조하고 분위기가 좋아지기 시작했어요.[52]

이렇게 하여 시작된 덕적도의 섬 개조운동(改造運動)은 1960년대 중반에 이미 전기시설과 상하수도를 갖춘 문명의 혜택을 누리는 섬이 되었다. 칠흑의 섬에서 도시 못지않게 선진적 현대 문명의 혜택을 누리는 이 같은 섬 개조운동은 일종의 지역사회개발 운동으로서 1970년대 새마을운동보다 대략 5년 앞서 일어났다.[53]

---

51) 이세기, 앞의 글, 185쪽.
52) 서재송, 앞의 책, 194~195쪽.
53) 1967년부터 본격화된 덕적도의 '섬마을 개조운동'이 1972년부터 시작된 전국적인 '새마을운동'에 어떤 영향을 미쳤는지에 대해서 별고를 통해 고찰해볼 필요가 있는 듯하다. 이와 관련하여 서재송 회장의 다음과 같은 언급은 참고가 된다. "70년대 새마을운동이

자립 자활을 위한 주민생계 대책의 강구

덕적도 주민에게 있어서 1960년대는 서서히 연근해 어업이 퇴조하는 시기였다. 전 주민의 80% 이상이 어업에 종사하던 당시에 이 같은 시대적 흐름은 심각한 생계 문제를 야기했다. 게다가 농토도 척박한데다가 농업인구도 20% 이하에 불과한 상황이었기에 선교 사제로 온 최분도 신부에게는 당장에 주민들의 먹고사는 문제를 해결하는 데 도움을 주는 것이 복음을 선포하는 첩경이라고 믿게 되었다. 이와 관련하여 다음과 같은 내용들이 참고가 된다.

면내에서 한때 100여 척이나 되었던 어선의 수는 38도선 또는 6·25 이후에 휴전선이 그어지면서부터 매년 어업성적이 부진해져서 차츰 그 수효가 줄었으며 특히 원주민들은 차츰 황해도 방면에서 피난 온 신주민 (新住民)들에게 경제권을 상실당하게 되었다. 그러나 그들도 근년에 와서 어업이 부진하고 어장이 동남쪽 중국해 방향으로 원격해짐에 따라 폐업하는 선주가 늘어감으로서 자연히 배를 팔고 인천 방면 도시로 생활 전환하는 자가 날마다 늘어나고 있다.[54]

메리놀 선교회의 방향이 전체적으로 그랬던 것 같기는 한데, 최분도 신부님은 단순히 선교에만 관심이 있으신 분이 아니고 지역사회의 발전, 더 나은 삶이 신앙의 기본이 된다고 생각했어요. 그러니까 덕적을 더 살기 좋은 곳으로 만드는 게 첫째, 가톨릭을 전교하는 게 둘째였던 셈이에요. 내가 그런 목표를 이해했고 공감도 했으니까 같이 일하는 걸 결정하

라고 해서 전국적으로 열풍이 불지 않았어요? 그런데 덕적에서는 이미 60년대에 다 했어요. 하천 정리도 하고 마을 정비도 하고." 서재송, 같은 책, 190쪽.
54) 앞의 책, 『덕적도사』(1985), 125쪽.

는 데까지 시간이 걸렸어도 그 다음에는 의심할 필요가 없었어요.[55)]

벽안의 외국인 신부가 낯선 섬마을에 와서 기대하지도 않았는데, 주민들이 필요로 하는 의료, 전기, 상하수도 등과 같은 일상생활의 필수요소들을 하나씩 채워주기 시작하자 주민들은 차츰 호응하고 감동하기 시작했다. 선진적 문명의 이기를 맛보기 시작한 덕적도 주민들이었지만, 1960년대 중반은 기존의 연근해 고기잡이와 척박한 소규모 농사만으로는 더이상 그들의 생계 문제가 해결될 수 없는 상황에 와 있었다.

명품 '덕적 김' 양식의 도우미로 나서다

최분도 신부는 새우나 민어 등 고기잡이 외에 어선을 소유하지 못한 대다수의 영세 어민들이 할 수 있는 생업으로 김(해태) 양식을 생각해냈다. 물론 최분도 신부는 배가 없는 다수의 가난한 덕적도 어민들에게 선박 2척[56)]을 사서 무상으로 기증하면서 공동으로 협력하여 어업을 영위하도록 도와주기도 했다.

> 덕적에도 원래 김이 있기는 했어요. 연평도에도 조금 있고요. 날씨가 추워서 더 맛있죠. 부산으로 사람을 보내서 교육을 받고 포자도 받고 외부 지원도 받고 해서 무상으로 양식장 그물을 설치했어요. 해태(김) 그물이 몇 미터까지 되는 게 있어요. 그걸 한 채라고 하는데 대나무로 뜨게

55) 서재송, 앞의 책, 190쪽.
56) 이세기, 앞의 글, 186쪽 ; 연평도 영세 어민들에게도 어선 1척을 무상으로 기증했다고 한다. 한편 김옥경, 앞의 책(2016), 56쪽에는 최분도 신부가 덕적도의 영세민들에게 어선 4척을 사주었다고 한다.

해가지고 몇 집에 공급해서 공동으로 운영했어요. 아주 잘 되었는데 남쪽에서 워낙 대대적으로 하니까 경쟁에서는 밀리더라고요. 맛은 훨씬 좋은데 …. 지금도 장봉도 쪽에서는 아직도 김 양식이 꽤 있는 걸로 알아요. 우리는 여기 다시마 양식장도 만들었어요. 그것도 아주 잘 되었는데 그때는 판로가 없어서 제대로 팔지를 못했어요. 그래도 여기 주민들이 고도로 문명의 혜택을 받은 거죠.[57]

서재송 회장의 회고에 의하면 원래 최분도 신부가 입도하기 전에도 김 양식은 일부 있었으나 그다지 보편화되지 못한 것이었는데, 최 신부가 적극적인 연구개발과 지원을 통하여 공동양식장 형태로 주민들의 김 양식을 도와준 것으로 이해할 수 있다. 이와 관련하여 덕적도 유지인 개신교의 장로 김광현이 펴낸 『덕적도사』에도 비슷한 기술을 하고 있다.

일방 백아도, 굴업도 등의 외곽도서에서만 채취하던 해초류 즉 듬북, 세무, 파래, 김, 소라, 갱, 고동, 전복 등 해산물을 점차로 상품화하여 근년에 와서는 제법 인천 등지에까지 출하하는 터이므로 앞으로는 선업 이외에도 어촌 부업으로 이 방면을 더욱 개척하여 양식업에도 관심을 가지도록 함이 좋을 듯하다고 생각한다. 특히 김이나 미역 양식은 앞날이 촉망되며 근자에는 김 양식을 본격적으로 연구개발 시키고 있는 실정이다. 또한 감미로운 것이 덕적 해태의 특징으로 전라도 방면의 그것에 비하여 좋은 대조를 이루고 있어서 관계 당국에 의해서 호평을 받고 있다.[58]

겨울철에 주로 양식하는 김의 속성상 주로 봄, 여름철에 하는 다른

---

57) 서재송, 앞의 책, 195~196쪽.
58) 앞의 책, 『덕적도사』, 125쪽.

일보다 주민들이 수고가 상대적으로 크다고 할 수 있겠으나, 수온이 낮은 겨울 바다에서 생산되는 덕적도 김은 그 품질이 좋기로 전국적으로 소문이 나서 타 산지의 그것보다 상대적으로 높은 값을 받게 되었다고 한다. 1972년 덕적도에서는 2,000속(1속=100장)의 김을 생산했다. 그리하여 김 양식은 덕적 본도뿐 아니라 인근의 소야도, 문갑도, 백아도 등지까지 확대되어 섬 주민의 살림살이에 큰 도움이 되었다.[59] 최분도 신부가 1960~1970년대에 적극 도우미로 나서서 개발된 덕적도의 김, 미역 등은 중간 상인들의 농간만 없었으면 상당한 고수익을 보장했을 수도 있다고 하며, 1980년대에 와서도 진리, 소야리, 외진리, 구포 등지에서 성업 중이었다.[60]

개간사업으로 농토를 늘려 주민들의 식량 자립을 도와주다

앞서 살펴본 바와 같이 덕적면 내 거의 모든 도서(동네)의 농토는 척박하고 영세하기 짝이 없어서 1980년대 초까지 식량의 자립도가 25% 정도에 불과하여 섬 주민이 1년에 3개월 정도만 겨우 먹고살 수 있는 곡물을 생산할 수 있었다. 그러다가 최분도 신부가 주도적으로 나선 1960~70년대의 간척사업으로 확보한 농토에서 1980년도에 들어와서 본격적인 농

---

59) 이세기, 앞의 글, 186쪽 ; 앞의 책, 『덕적도』 324쪽. 이에 의하면 2016년 덕적도 좌담회에서 김의기 씨는 "지금 인천 앞 바다에서 장봉 김을 제일 쳐주는데, 장봉보다 덕적에서 그분(최분도 신부)이 먼저 해태 양식을 시작하셨어요. 그래서 어민들한테도 소득도 소득이지만, 이렇게 하면 먹고 살 수 있다는 걸 보여 주셨죠."라고 진술했다.

60) 앞의 책, 『덕적도사』, 125쪽 ; 다만 2,000년 이후에 들어와서는 점차 쇠퇴하기 시작한 것으로 보인다. "덕적도 인근의 해태 양식은 최 신부가 인천으로 전임된 후에도 오랫동안 지속되어 도서민 소득증대에 크게 이바지했으나 농어촌 주민의 고령화가 심화되면서 일손이 없어 자연스레 감소되었다." 김옥경, 앞의 책, 171쪽.

사를 시작하게 되면서 덕적도민 식량 자급을 향한 새로운 여정이 시작될 수 있었다고 한다. 간척사업은 연평 본당 박요셉 신부가 덕적도 공소를 관리하던 때인 1960년대 초반부터 미국 가톨릭교회 측에서 제공하는 구제 밀가루를 주민들에게 나누어주면서 이미 실시되었다. 그간 몇 번이고 중단되었는데, 최분도 신부가 와서 영국 옥스펨(자선단체)의 지원을 받아 다시 시작한 것이었다. 그것은 벗개 갯벌을 막아 제방을 쌓아 농경지를 만드는 간척사업으로서, 제방 공사에 참여한 섬 주민에게 나누어준 밀가루는 '보릿고개' 시절 섬 주민들의 허기를 채워주는 소중한 양식이 되었다. 제방 공사는 90%까지 진척된 후, 1971년 국가로 이관되어 1978년경 완성되었다.[61]

개간사업에 대한 기본적 사실과 관련하여 덕적도 출신의 식자들 간에 약간의 이견이 존재한다. 개간된 농토의 넓이나 수확량에 대한 언급이 서로 다르고, 최분도 신부가 주민들과 함께 추진했던 물막이 뚝의 공정도에 대해서도 서로 다르게 말한다.[62] 향후 이 부분에 대해서는 좀더 공

---

61) 이상 간척과 관련된 내용은 앞의 책, 『덕적도사』, 152~154쪽. 인기선(印基善)〈뚝이 되기까지〉; 이세기, 앞의 글, 187쪽; 김옥경, 앞의 책, 31~32쪽 등을 함께 참고.

62) 우선 개간에 직접 참여한 공로가 많은 것으로 알려진 인기선(印基善) 씨는 마지막 뚝막이 공정 30m를 남겨놓고 1971년 최신부가 주도한 공사는 국가로 이관되었다고 한다(앞의 책, 『덕적도사』, 152~154쪽, 인기선(印基善)〈뚝이 되기까지〉). 이와는 달리 덕적도 좌담회에 참여했던 허선규 씨는 "한 2m를 남겨두고 중단되었는데, 나중에 정부에서 그 2m를 막아주고 그걸 홀랑 다 먹은 거죠. 나중에 그걸 주민들한테 다시 팔았어요. 장비 들고 들어와서 겨우 한 달도 안되어서 그 2m 막아주고는 어쨌든 섬사람들이 가난하니까 그냥 베풀었으면 아무것도 안 되었을 텐데."라고 하였다(앞의 책, 『덕적도』, 325쪽). 한편 개간의 결과로 얻게 된 농토에 대해서는 이세기 씨는 27만 평의 농지가 조성되어 덕적도 주민의 4개월분 식량을 확보할 수 있게 되었다고 하며(이세기, 앞의 글, 187쪽), 김의기 씨는 100헥타르 간척지에서 저수지 27헥타르를 제외한 나머지가 모두 논이며, 한 해 수확하면 3년 먹을 양식이 나오는데 다 외부로 나간다고 했다(앞의 책, 『덕적도』, 324쪽). 김옥경은 최 신부가 인천으로 이임된 후인 1978년에 간척공사를

신력이 있는 자료들을 찾아서 확인해보는 작업이 필요할 것 같다. 다만 최분도 신부와 함께 제방 공사에 직접 참여했던 주민이 직접 『덕우회보』에 기고한 내용을 통하여 저간의 어려웠던 사정을 참작해볼 수 있다.

〈뚝이 되기까지〉

  1960년 4월 21일을 기하여 면내 각 관공서장 각 유지 및 전 이민들 참석하에 현지에서 기공식을 올리고 그 익일(翌日)부터 착공케 되니라. 천주교회와 당초 상약(相約)이 참여세대 100세대에 세대당 매월 소맥분(小麥粉, 밀가루) 1포씩 3년간만 지원을 요구하였던 것이다. 공사에 아무런 경험이 없는 사람들끼리 아무런 준비도 없이 원시적 작업으로 남부여대(男負女戴)하여 3년간 축조하였으나 전 공정 650m의 3분의 1도 미치지 못하였다. 그러는 동안 최분도 신부님이 덕적에 오셔서 본즉 덕적이 인천항의 외곽도서로서 주변도서의 중심이 되므로 성당 설립 필요성을 느끼게 되어 마침내 성당을 세우고 병원을 세우고 각 리마다 공소를 세워 천주교인이 수천에 달하게 될 것이며 겸하여 전기를 켜게 되고 수도시설을 하는 등 지방개발에 최 신부님의 공로가 많게 된 것이다. 그후 우리 공사에도 <u>신부님이 돌실이 배를 사주신다, 폭약을 사주신다, 또는 월급을 주어가며 감독을 배치시킨다고 하여 그 도움이 막대하였다. 그렇게 하여 **5년간 매립**</u>하였으나 워낙 난공사라 공정의 절반도 미치지 못하여 할 수 없이 공사도 중단되게 된 것을 1972년도에 최 신부님이 청와대에 가셨을 때 당시 박정희 <u>대통령께 말씀드려 양곡 100톤을 지원받아 **13년간 계속**하였으나</u> 완공을 보지 못하니 그동안의 파란곡절을 필설로 어찌 다 하리오. 할 수 없이 공사가 중단되고 말게 되었다. 때마침 광복절을 기하여 최 신부님이 표창을 받게 되어 청와대에 가셨을 적에 **곡량 100톤을 더**

───────────

완료하고 1981년 덕적도 주민들에게 간척지를 매각하였는데, 23만여 평의 농경지와 약 4만 평의 관개용수용 저수지를 조성하였다고 했다(김옥경, 앞의 책, 31~32쪽).

<u>얻어 공사를 계속하였으나 완공을 보지 못하고</u> 마무리 약 30m를 남겨놓았으나 그 30m가 난관이다.[63]

일하기 싫은 자는 먹지도 말라 :
솔선수범으로 노동의 중요성과 자립정신 고취

최분도 신부는 주민들에게 생계를 위한 도우미 역할을 할 때, 그냥 물고기를 잡아서 준 것이 아니라 물고기 잡는 방법을 가르쳐 준 것으로 이해된다. 최 신부는 주민들이 나태해져서 모든 것을 남에게 의지하는 타성에 빠지게 하지 않았다. 오히려 노동의 중요함을 일깨워주면서 주민들이 스스로 모든 일을 타개해갈 수 있는 자립심을 길러주었다.

> 최분도 신부님 계실 때부터 성당에 다녔는데, … 사실 그분을 어릴 때는 그분이 어떤 분인지 몰랐지만 나중에 가만히 생각해보면 그분이 신념이 확실하셨던 것 같아요. 그때 그분이 그냥 베푼 일이 없어요. 꼭 노동을 해야만 대가를 주셨죠. 일을 안 하면 일을 하게 하고, 서포리 간척지 사업을 할 때도 사실 간척지에서 나오는 쌀도 중요했지만 섬 사람들이 할 일을 만들기 위한 거기도 했을 거라고 생각해요. … 최분도 신부님은 일을 해야 먹고 살 수 있다는 걸 잘 보여주셨어요.[64]

"일하기 싫어하는 자는 먹지도 말라(2데살3,10)"는 신약성경 바오로 사도의 말을 최분도 신부는 항상 염두에 두고 주민들에 대한 선교사업을 추진했던 것이라고 이해된다. 그는 덕적도본당을 이임할 무렵에 그가

---

63) 앞의 책, 『덕적도사』, 152~154쪽, 인기선(印基善)〈뚝이 되기까지〉.
64) 앞의 책, 『덕적도』, 324~325쪽 「덕적도 좌담회」 중 허선규 씨의 진술.

수년간 벗개(서포2리)의 약 700m에 달하는 제방 공사에 직접 참여한 일을
다음과 같이 했다.

> 나 혼자 한 게 아니고 모두 다 함께 한 겁니다. 후원자들이나 일하는
> 여러분이나 저나 다 일치해서요. 이 제방공사도 모두가 땀 흘려가며 일한
> 결과죠. 노력없이 무슨 결실이 납니까? 공짜만 바라면 그건 인생 낙오자
> 요, 가치 없는 인생이 된 겁니다. 노력도 안 하고 남에게 의지만 하는 사
> 람은 인생을 욕되게 하는 줄을 모르는 사람이에요.[65]

이는 곧 노동의 중요성을 일깨워주어 주민들의 자립심을 함양해주기
위함이었던 것이다.[66] 최 신부는 그 자신의 노동관을 언행일치의 행동으
로 실천했다. 스스로 직접 주민들과 함께 모든 노동에 참여하였다. 전주
대를 메고 섬마을 산길을 다니며 설치할 때도 그랬고, 제방 공사나 수도
관 공사를 하던 때도 그러했다.

> 최신부는 일이 없으면 어떻게 지냈나 싶을 정도로 일에 몰두하여 밥만
> 먹으면 제방 공사장이나 전주 운반에 하루를 다 보냈다. 어깨뼈가 전주
> 무게로 으득으득 소리가 나는 전주 운반에도 항상 선봉장이다. 그가 외국
> 인이어서 그런지 성직자라는 직분이어서 그런지 그와 함께 일하는 사람
> 들은 용기와 즐거움이 솟구쳤다. 소탈함 때문도 있었다. … 전주 한 번
> 운반하는 데에는 보통 4시간이 소요되었다. 아침결부터 해질 때까지 운
> 반하려면 어깨뼈가 물러난 것 같고, 물렁물렁하게 부어오른 피부는 아파

---

65) 김옥경, 앞의 책, 198쪽.
66) 같은 책, 324쪽, 「덕적도 좌담회」 중 김의기 씨의 진술. "장봉보다 덕적에서 그분이
　　먼저 해태 양식을 시작하셨어요. 그래서 어민들한테도 소득도 소득이지만 이렇게 하면
　　먹고 살 수 있다는 걸 보여주셨죠."

서 겉으로도 만질 수가 없었다.[67] … 최 신부는 제방 공사, 전기공사로 손바닥이 부르터 밭두둑 같은 굳은살이 박혔지만 상수도 공사로 날마다 이른 아침부터 저녁때까지 송수관 묻을 곳을 팠다. 밀, 보리 수수가 끝날 때까지 산에서 밭 근처까지 송수관 묻을 곳을 파서 송수관을 설치하고, 6~7월 밀 보리 수확이 끝나 콩 심기 전까지 그 사이에 밭 속으로 송수관 묻을 땅파기 공사를 집중적으로 한 다음 수도 가설할 집 근처까지 송수관을 설치했다. 농사에 지장을 주지 않기 위해서였다.[68]

최 신부는 주민들의 농사에 방해를 주지 않기 위해서 그와 그의 협조 자들에게는 잔혹할 정도로 작업강도가 높았던, 단기간에 집중적인 작업으로 수도관 매설 작업을 했다. 전기공사의 경우 처음에 덕적도 주민들이 비협조적이고 냉소적일 때 그를 이해하던 천주교 신자들과 그곳 초등학교 교사를 비롯한 몇몇 청년들과 함께 전주대를 설치했다. 목도를 들어 어깨에 매고 사각으로 만든 길쭉한 전주대를 얹은 다음 아래 쪽은 무거우니까 둘씩 네 명이 메고 위쪽은 둘이 메고 전주 하나를 여섯 명이 한 조가 되어 옮겼다.[69] 3개 조 6명이 쑥개(북리)는 하루에 15가구, 서포리, 진리 등은 3개 조가 하루에 5~6가구를 설치했다. 전기공사의 실무팀들은 모두 덕적도의 청년들이었다. 이들은 집안일은 다 접어두고 전기공사에 헌신적으로 봉사했다. 이들의 조직적 노동 경험은 덕적도에서 이루어진 상하수도 공사나 제방 설치공사 등에서도 그대로 적용되었다. 그리하여 전기를 설치한 가구는 진1리 60호, 진2리 40호, 서포1리 260호, 서포2리 60호, 북리 900호였다.[70] 최분도 신부가 솔선수범하여 현장에

---

67) 김옥경, 앞의 책, 100~101쪽.
68) 같은 책, 140~141쪽.
69) 서재송, 앞의 책, 193쪽.

서 노동하는 모습을 보고 또 전기불과 수도물이 막상 들어오게 되자 주민
들의 태도는 급격하게 협조적으로 바뀌었다.

공동체 의식의 함양과 협동조합 설립 촉구

최분도 신부는 쌀 한 가마니 무게의 전깃줄 한 타래를 어깨에 걸치고
다니며 전기 설치공사를 주도했다. 또 자체 발전기 100kw짜리 2대를 인
천 부평의 미군 부대와 부산에서 각각 1대씩 구입하여 미군의 L.S.T.수
송선에 실어 서포1리 해안으로 실어왔다. 발전기가 도착하자 그간 최 신
부의 일을 비난하거나 무관심했던 주민들이 모두 나서서 그야말로 협동
노동의 모범을 보여 주었다. 발전기 4곳에 동아줄을 단단히 붙들어 매고
4개 동아줄에 주민들이 모두 달라붙어 동아줄을 잡고 발전기를 마을로
끌어 옮겼다.[71]

최분도 신부는 전기, 상하수도 공사와 함께 덕적도 주민들이 가난에서
벗어날 생계 대책을 마련해주었다. 이러한 일련의 과정에서 그는 섬마을
사람들 모두가 힘을 모아 함께 일을 하고[協同], 다함께 그 이익을 골고루
분배하도록[均分] 직접 모범을 보이고 또 설득하였다. 이같은 협동과 균
분의 공동체 정신을 구체적으로 구현할 수 있는 장치가 바로 협동조합의
설립과 운용이었다.

> 빈곤 퇴치를 위해서 어선 세 척(덕적도 2척, 연평도 1척)을 구입해 무
> 상으로 기증하고, 어민들 스스로 협동조합을 만들어 운용하도록 했다. 선

---

70) 김옥경, 앞의 책, 114쪽.
71) 같은 책, 107~109쪽.

주 밑에서 일하는 것이 아니라 "선원이 모두 주인이다"라는 최분도 신부
의 뜻에 따라서 어부들이 주인이 되어 협동으로 배를 운영하여 이익금을
분배하는 방식이었다. 어민들이 협동으로 벌어서 이익을 공동으로 분배
하는 방식은 당시로서는 획기적인 일이었다.[72]

영세 어민들에게 어선을 무료 기증하여 그들이 일종의 어로공동체(漁
撈共同體)를 구성하게 하였고, **협동과 균분의 원리가 작동하여 서로 살리
는 살림공동체를 만들게 했던 것**이다. 이같은 공동체는 덕적도와 그 인
근의 연근해 어업이 퇴조하는 때에 시작한 김, 미역 등 해산물의 양식사
업을 주도한 때에도 마찬가지로 추진되었다.

덕적도에 해태(김) 양식장을 만든 것도 최분도 신부의 공적이었다. 섬
사람들이 고기잡이만으로는 궁핍한 생활을 벗어날 수 없어 해태 양식장
을 세웠다. 해양 학자를 불러다가 수질 검사를 하고, 부산까지 사람을 보
내 교육을 받고, 포자를 얻어와서 해태 양식장을 만들어 섬 주민들이 공
동으로 운영하도록 했다.[73]

1969년 400여만 원을 투자해서 300책을 맨 먼저 덕적도, 소야도, 백
아도, 이작도에 시범지역으로 했지. 10월에 해태 포자를 파종하고 수확
은 다음 해 1,2,3월에 하는데 해태 양식 시설을 할 때 찬 바닷물에 신부
님이 먼저 들어가 일하시니까 다른 사람들이 안 들어갈 수가 있간? …
남해 수온보다 서해 수온이 차니까 김 맛이 찰지고 고소하걸랑. 서울대
학교 해양학과 교수들을 초청하여 김 한 장의 영양가를 분석하여 홍보도
했대.[74]

---

72) 이세기, 앞의 글, 186쪽.
73) 같은 곳 참고.

'협동조합 설립'을 통해서 주민들의 '서로 살림[相生]'의 공동체를 영위해나가도록 도와준 최분도 신부의 활동은 위 인용문에서 언급한 어선 구입과 김 양식장 마련에서 드러난 것만은 아니었다. 덕적도에 최초의 전깃불을 주민들에게 공급했을 때에도 면장을 위원장으로 하는 '덕적도 전기조합'을 만들어 주민들이 자체적으로 운영하게 했음은 앞에서 이미 서술하였다. 또한 후술할 중국인 노인들의 양로원을 덕적도에 설립할 때도 마찬가지였다.

약자와 소외된 이들에 대한 돌봄

최분도 신부는 덕적도에 부임한 1년 후부터 부모에게서 버려진 아이들을 비롯하여 가난하여 제대로 된 교육을 받지 못하는 섬마을 아이들을 위한 분도유치원을 창설하였다. 또 앞서 서술한 바와 같이 인천 차이나타운에서 갈 곳이 없어진 중국인 노인들을 덕적도로 데려와서 그들이 자립할 수 있는 노인공동체를 세워주었다. 또한 국민관광지로 지정된 덕적도의 영세 주민들이 관광업을 하면서 먹고 살 수 있도록 필요한 시설 투자에 들어갈 자금을 지원해주었다. 한편 덕적도를 떠나서 인천으로 전임된 때부터는 부모와 가족에게서 버려진 고아들을 데려와서 미국의 유복한 가정으로 입양 보내는 일에 힘썼으며, 독재정권으로부터 탄압받는 양심수 가족을 돌보아 주고 그들의 인권을 옹호하는 데 앞장섰다. 또한 덕적도의 아름다운 부속 섬 굴업도에 불합리한 핵폐기장이 들어서려는 것에 반대하여 덕적도민이 들고 일어났을 때 그의 지기 서재송과 함께 인천과 서울의 환경단체들과 합세하여 덕적도민들의 아름다운 강토를

---

74) 김옥경, 앞의 책, 171쪽.

잘못된 정부 정책으로 파괴되지 않도록 도와주었다. 이상의 내용 중에서 고아 입양과 양심수 가족 돌봄 및 굴업도 관련 내용은 뒷장에서 부분적으로 거론될 것이다.

엄마가 섬 그늘에 굴 따러 가면 애기가 혼자 남아

최분도 신부가 덕적 본당에 부임하자 인천에서 파견되어온 베네딕도 수녀회 수녀들이 성당에 나오는 주일학교 아이들과 여성 신자들의 교육을 맡았다. 최 신부는 낙후된 섬 환경에서 불우하게 어린 시절을 보내는 섬 어린이들을 누구보다도 사랑했다. 이 아이들 중에는 임산부가 출산 중에 사망하거나 부친이 배를 타고 나갔다가 풍랑 중에 조난을 당하여 고아가 된 경우도 있었다. 이 아이들을 성당에 나오게 해서 육지에서 보육 경험이 있던 수녀들이 현대식 유치원 교육을 실시했다. 1967년에 설립된 분도유치원은 덕적도 최초의 현대적 유아교육 기관으로서 1968년에 제1회 졸업생을 배출해서 최 신부가 인천으로 전근된 후 2년 뒤인 1978년까지 운영되었다. 분도 유치원생들은 단체복을 입고 서울의 창경원, 어린이대공원, 덕수궁 등지로 수학여행도 다녔다. 유아교육의 혜택을 거의 받지 못했던 당시 덕적도와 같은 도서의 섬 아이들에게 이같은 교육은 획기적인 일이었다. 최 신부는 유치원뿐 아니라 이곳의 초등학교 중학교에 다니는 가난하지만 교육열이 높은 집안의 학생들에게 학비를 지원해주는 장학사업도 실시했다.[75] 또한 덕적도, 이작도, 영종도, 인천 등지의 어린이 중에서 선천적 심장병을 앓고 있던 어린이들을 1973년부터 미국과 캐나다에 있는 어린이 심장재단의 지원을 받아 미국으로 가서

---

75) 이세기, 앞의 글, 187쪽; 김옥경, 앞의 책, 172~173쪽 등 참고.

무료로 수술을 받게 해주었다. 당시 한국의 의료기술로는 심장병 수술이 불가능했기 때문이다. 이렇게 해서 한국에서도 심장병 수술이 가능해진 1988년까지 최분도 신부의 어린이 심장병 무료 수술사업이 지속되어, 약 170여 명의 어린이 청소년들이 혜택을 입었다.[76] 이렇게 최분도 신부는 섬마을 주민들이 안심하고 일터에 나갈 수 있도록 그들의 자녀들 수십 명을 사랑으로 돌보며 유아교육과 무료의술을 베풀었다.[77]

바다 건너 산동성에서 건너온 노인들의 돌보미 : 다문화시대를 예비한 선각자

최분도 신부는 덕적도에 중국인 이주민을 위한 양로원도 운영했다. 개항 직후인 1880년대 중반을 전후하여 우리나라에 진출한 중국인 상인과 노동자 등은 그후 인천의 차이나타운 근방을 중심으로 인천과 서울, 전국 각지에 정착해서 한중교류(韓中交流)의 상징으로 오늘날까지도 남아 있다. 최분도 신부가 덕적도에 부임하던 때 인천 차이나타운에 살던 이들 화교 노인들은 가난하고 고독하게 살아가는 경우가 많았다. 이들 중에서 인천의 해안성당에 다니던 천주교 신자 노인들은 그들을 돌보아 주던 해안성당의 고 요셉 신부가 연로하여 미국으로 귀국한 후 양로원 운영이 어렵게 된 사정을 알게 되었다. 이에 최 신부가 이들 38명을 덕적도로 데려와서 **자체 노동을 통한 자급자족이 가능하도록 농지를 마련해**

---

76) 덕적도 출신으로 미국에서 수술을 받았던 인수호 씨(2016년 당시 60세)는 최분도 신부에 대해 "그분의 정신을 한 마디로 말하면 '인간사랑, 이웃사랑'이라고 말하고 싶어요. 사람들을 애정으로 보시고 조건 없는 무한한 사랑을 베풀던 분이셨죠."라고 회고했다. 이세기, 앞의 글, 188쪽.

77) 이세기, 앞의 글, 187쪽; 김옥경, 앞의 책, 172~173쪽 등 참고.

<u>서 경작을</u> 하게 했다. 이때 덕적도로 들어온 중국인 독거노인들은 덕적
도에서 최 신부 재임기 동안 공동체 생활을 하다가 최 신부가 이임한
뒤에도 대부분 이곳에 남아서 여생을 보냈고, 일부는 최 신부가 인천으
로 나오면서 1978년 양로원이 문을 닫자 인천으로 나와서 부천의 성가
수녀원과 인천의 갈산동 성당에서 운영하는 성요셉 양로원 등지로 둥지
를 옮기기도 했다.[78]

영세 주민들에게 숙박시설 건립자금을 지원함 :
서포리 해수욕장 아지매들의 도우미

최분도 신부는 덕적도에서 상수도 공사가 일단락되자 피서객 유치에
필요한 숙박시설 건축자금을 영세민들에게 무이자로 지원해주었다. 서
포1리 성당마을에는 피서객들이 와서 즐길 수 있는 다방, 여관, 상점 등
각종 건물이 들어섰다. 입소문을 타고 1970년대 여름에는 서포리 해수욕
장이 인산인해를 이루었다. 여관, 여인숙과 민박까지도 동이 났다. 이러
한 관광특수는 당시 최분도 신부가 가설한 전기와 수도, 그리고 병원 등
문명의 혜택이 있었기 때문에 더욱 활기를 띨 수 있었을 것이다.[79]

---

78) 이세기, 앞의 글, 188쪽; 김옥경, 앞의 책, 174~177쪽 참고.
79) 김옥경, 앞의 책, 142쪽 참고 ; 한편 최분도 신부의 도움을 받아 숙박업을 했던 서포리의
   주민 이신자 씨는 1950년 덕적면 이개 출생으로 서포리로 시집와서 4명의 딸을 둔
   남편이 어선을 타고 나갔다가 1981년 태풍에 휩쓸려 사망하자, 서포리 한 자리에서
   40년간 민박을 하면서 네 명의 딸을 다 출가시킬 수 있었다고 한다. 김경은, 「덕적도
   서포리 해수욕장에서 한 세월 : 민박지기 40년, '수진민박' 이신일의 생애와 서포리
   해수욕장」 『덕적도』, 민속원, 2016, 293쪽.

4. 기후 위기 시대 덕적도의 생태환경 변화와
공동체의 활로 모색

"요즘 여름에는 손님이 반도 안 오죠. 줄은 지 벌써 10년도 넘었어요."

서포리 해변에서 1980년대부터 40년간 외지인들을 대상으로 한 숙박업(민박)을 해오고 있다는 이신일(1950년생, 옹진군 덕적면 이개 출생)이 2016년 무렵에 한 진술이다. 그러나 서포리 외에도 진리, 북리, 백아도, 굴업도, 지도, 소야도 등 덕적면 전체를 통계해보면 관광객은 1960~70년대의 2배 이상으로 늘었다고 본다.[80] 같은 해에 덕적도 좌담회에 참여한 김의기는 다음과 같이 서포리 등 덕적면의 일부에서 관광업이 쇠퇴한 현황과 이유에 대해서 언급했다.

> 제가 알기로 … 국민소득이 높아지고 여행문화가 일반화된 시대에 다른 데는 관광객이 늘어나는데 그렇게 좋은 조건을 가지고 있으면서도 왜 관광객이 주느냐는 거죠. 몇 가지 이유가 있긴 있을 거예요. **첫째로 뱃삯이 비싸고 주민들의 사고방식도 폐쇄적**인 데가 있어요. 서비스 차원에서 적극적으로 도와주고 배려해주는 분위기가 되어야 하는데. 그런데 중요한 건 주민들의 몫은 그렇다더라도 모래, 핵폐기장 문제는 지나갔지만, 모래는 현재진행 중이잖아요. 이런 문제들이 관광객을 줄이는 요인이 되고 있어요. 해수욕장 거의 1m 이상 잘려 나갔어요. 사실 4인 가족이 덕적도를 갔다 오면 뱃삯만 한 20만 원 들어가잖아요. 그거 딴 데 가면 더 좋은 데 갈 수 있는데, 교통 대중화를 하려고 논의를 하고 있는 걸로 아는

---

80) 위의 책, 『덕적도』(2016), 331쪽. 덕적면 서포리 이장과 굴업도 핵폐기장 투쟁에서 덕적도 주민 사무국장을 역임해서 옥고도 치렀던 허선규의 증언. 허선규는 2016년 좌담회 당시 덕적면 관광객이 한 해에 대략 5만 6천 명쯤 된다고 했다.

데 첫 번째로 뱃삯 문제가 해결되지 않으면 어렵지 않나 해요.[81]

해수욕장 모래밭이 줄어든 이유가 인근 해역의 모래 채취사업 때문인데, 1980년대 중반부터 최근까지도 계속되고 있는 해사(海沙, 바닷모래) 채취는 그간 덕적면 일대의 해양환경의 변화를 초래한 큰 이유 중의 하나이며, 여객선 운임의 문제는 정부나 인천광역시, 옹진군 등 지자체의 정책과 관련이 깊은 사안이다. 이밖에도 덕적도 관광의 문제점은 외지인이 운영하는 숙박 및 음식점에서 관광객을 대상으로 한 바가지요금의 성행, 덕적도 내부 도로 정비의 미비, 덕적도 인근 어자원의 고갈로 인한 횟집의 폐쇄, 국립공원 지정구역에 대한 과도한 규제와 이로 인해 국가 개발사업에 대한 주민들의 불신이 축적되고 심화된 점 등이 복합적인 요인으로 작용하였다고 해석된다.[82] 이 모든 것들이 최분도 신부가 덕적도를 떠난 1976년 이후 2022년 현재까지 약 40여 년이 넘는 시간 동안 진행된 덕적도의 생태환경의 변화와 이에 따른 공동체 내외의 사회적 변화를 그 배경으로 해서 나타나는 현상으로 파악된다. 이 장에서는 이러한 기후위기 시대의 덕적도 일대의 자연적 환경 곧 해상과 육상의 지리적 조건 변화와 관련된 부분을 먼저 살펴보고, 인구 및 직업의 변화, 그리고 이어서 그간 행해진 다양한 덕적도 개발정책의 추진과 이에 대한 주민들의 반응 및 공동체의 변화를 살펴보고자 한다.

---

81) 같은 책, 329쪽.
82) 같은 책, 329~333쪽 ; 본문의 내용은 덕적도 좌담회에 참여한 여러 사람들의 의견을 종합한 것이다.

해사(海沙) 채취와 그 영향 :
해수욕장의 모래 유실, 수중 모래섬 '풀등'의 축소

1980년대 중반부터 수도권 등지의 건축 개발 자제로 쓰일 모래가 부족하자 덕적도 인근의 바닷모래[海沙]를 채취하기 시작했다. 인천 앞바다에서 파낸 공식적으로 집계된 모래가 2억5천만㎥가 넘는다고 한다. 이는 폭 25m, 높이 25m로 서울에서 부산까지 천 리의 모래성을 쌓을 수 있는 양이라고 한다. 지역주민들과 환경단체의 반대로 2005~2006년 일시적인 휴식년제를 도입하였지만 2007년 99만㎥를 시작으로 채취량이 점차 증가하더니 2010년 이후부터는 매년 700만㎥ 이상의 모래를 퍼내고 있다. 대이작도 앞 선갑 지적에서 퍼내던 것을 2011년 말 국토해양부(현재의 해양수산부)가 선갑 지역을 해사 채취금지 지역으로 결정하면서 이때부터는 굴업도로부터 5㎞, 덕적도로부터는 7㎞ 떨어진 굴업 지적과 덕적 지적에서 모래를 파내고 있다. 인천녹색연합과 환경운동연합

〈그림 3〉 자월면 대이작도의
풀등(모래섬)

자료: 옹진군청 홈페이지

등의 단체에 의하면 2013년부터 2017년까지 5년 동안 굴업, 덕적 해역에서 3,300만㎥의 모래 채취가 이루어졌다고 한다.[83] 2011년 옹진군 관할 수역 해사 채취 사업을 위한 해역이용 협의서와 2013년 옹진군 자료 등에 의하면 2013년부터 매년 660만㎥씩 퍼

---

83) 『인천일보』, 2022.4.12., 제7면, 「인천 환경단체, 굴업·덕적해역 '옹진군 모래 채취 반대' 성명」.

낸다. 더군다나 해역이용 협의를 어기고 금어기(禁漁期)에도 바다모래를 무분별하게 채취하여 해양생태계와 어족자원은 고갈되고 있다.[84]

한편 대이작도 앞 모래섬은 밀물 때는 물이 잠겼다가 썰물 때 하루에 3~5시간씩 바다 위로 모습을 드러내는 특이한 곳인데 일종의 수중 모래섬으로 '풀등' 또는 '풀치'라고 부른다. 이 풀등은 대이작도의 명물로 수많은 관광객들이 몰려와서 풀등에 올라가서 환호를 하며 뛰어노는 장소로서 큰 풀안, 작은 풀안 등의 해변에서 약 600~700m 거리에 위치한 것 같다. 2020년 현재 풀등의 면적은 최대 90만여㎡ 정도라고 한다.[85] 그런데 2012년 말 국토해양부는 풀등의 면적이 2008년 1.79㎢에서 2010년 1.59㎢로 2년 동안 11%가 감소했다고 밝혔다. 한편 2013년 인천지방해양항만청은 2008년 이후 5년 사이에 풀등의 22.2%가 사라졌다고 했

---

84) 이상 해사 채취와 관련된 통계는 장정구, 「덕적도의 생태 르포」, 『덕적도』, 민속원, 2016, 271~272쪽 참고.

85) 『인천일보』, 2020.12.21., 제19면, [사설] 「섬 지역 모래 유실을 막으려면」 국토해양부의 통계에는 2008~2010년의 경우 1.79~1.59㎢로 나와 있다. 그런데 2020년 『인천일보』의 보도에 의하면 최대 90만㎡(0.95㎢)라고 하니, 12년 만에 풀등의 면적이 약 1/2로 축소된 것을 알 수 있다. 한편 필자의 이러한 계산과도 부합되는 장정구의 설명에 의하면, "2003년 해양보호구역으로 지정될 당시 여의도 면적의 309배에 달했던 풀등이 10년 만에 2/3이상 사라져 버렸다."고 한다. 장정구 위의 글 271쪽. 2020년 11월 28일 인공위성으로 대이작도의 풀등을 촬영한 사진에 의하면, 전체적으로는 마치 귀신고래가 대이작도에 상륙하려는 동서로 길다란 모습을 보여주고 있는데, 전체 길이가 3.5㎞, 몸통부분의 폭이 약 600m, 전체 둘레가 8㎞, 면적은 대략 0.67㎢(대략 20만 평)으로 분석된다고 한다. 홍재상, 「대이작도와 풀등의 조간대 저서환경과 해양 저서동물상」 『대이작도·소이작도』(황해섬네트워크, 2022.12) 160쪽. 이 분석에 의하면 위 『인천일보』의 풀등 면적의 2/3에 불과한 것임을 알 수 있다. 그러나 풀등은 밀물 때 물속에 잠겨진 부분이 썰물 때 드러나는 것이기 때문에 사진을 촬영하는 시간대에 따라 그 길이, 폭, 면적이나 전체 모습 등이 변화할 수 있는 것임을 감안해야 할 것이다.

다.[86) 풀등의 감소와 함께 대이작도의 큰풀안 해수욕장에는 산사태까지 일어나서 이 사태를 막기 위해 석축을 쌓았는데 이로 인해 해수욕장의 경관은 회복 불능의 상태로 변했다.

해사 채취로 산란기 어족의 감소와 어업의 황폐화

해사 채취로 대이작도 해양생태계 보호구역 안의 풀등과 해수욕장들은 이미 많이 줄어들었고 지금도 줄어들고 있다. 2011년 해사 채취 지역이 덕적도와 굴업도 쪽으로 바뀌면서 1977년 국민관광지로 지정된 덕적도의 서포리 해수욕장의 해안지형 변화를 더욱 촉진할 것이 뻔하다. 덕적도 인근 바다에서 모래 채취가 계속되면 이 일대 해안사구(海岸沙丘)가 감소하고 해안침식(海岸侵蝕)이 본격화되어 사구 보호식물인 갯방풍 등이 소실될 수도 있다.[87) 덕적군도 일대의 섬 주민들은 모래 채취가 초래한 수산자원의 감소로 상당수가 고기잡이를 포기하였고 이제는 너도나도 관광 서비스와 숙박업 등에 의존해서 생계를 유지해가는 쪽으로 변하고 있다.[88) 앞서 살펴본 바와 같이 1960년대에 덕적면 전체 인구의 대략 80~90%가 어로(漁撈, 물고기잡이) 인구였던 것으로 추정된다. 그러나 1977년 서포리가 국민관광지로 지정되면서 관광객을 상대로 하는 숙박, 상업, 서비스 직업이 급격히 늘어났고 동시에 어업은 크게 퇴조하는 상황이었다. 최근에 해당하는 2020년 덕적면의 양식업 등을 포함한 어가(漁家) 인구는 819명으로 전체 인구 약 1,900명의 약 40~50%대로 떨어진

---

86) 장정구, 위의 글, 271쪽.
87) 장정구, 같은 글, 273쪽.
88) 위와 같은 곳.

것으로 보인다.[89] 인구 비율로 보면 약 60년 만에 어업인구가 절반 정도로 줄어든 것으로 보이지만, 실제 인구감소의 측면에서 보면 2020년 현재의 어업인구는 1960년대의 어업인구의 10% 내외에 불과한 것으로 보인다. 이는 덕적도 인근 해역에서의 어업의 황폐화 현상을 단적으로 보여준다.

해사 채취의 댓가로 지급된 주민복지기금이 공동체의 분열과 갈등을 야기함

2007년 해사 채취가 재개되면서 옹진군은 1루베(㎥)당 3,340원의 점사용료를 받는데, 2015년 한 해 동안 굴업도와 덕적도 인근의 해사 채취의 댓가로 옹진군은 약 200억 원의 수입을 올렸는데, 이는 옹진군 1년 세수의 70%에 해당된다고 한다.[90] 옹진군은 이 수익의 일부를 수산자원 조성 비용으로 사용하여 수산자원 감소 원인 제공에 대한 체면치레를 하고 있다. 해사 채취를 하는 한국골재협회 인천지회는 지역주민들과 협약을 맺고 주민복지기금의 명목으로 점사용료의 10%인 루베당 334원을 주민들에게 지급했다. 업체들은 덕적면과 자월면의 발전위원회에 2008년, 2010년에 이어 2013년 3월에도 총 27억 9천 5백만을 주민복지기금으로 지급했다. 이에 덕적면의 경우 559가구에 각 500만 원씩 나누

---

89) 본서의 백정미의 글 및 옹진군 덕적면 일반현황 참고.
90) 장정구, 같은 글, 272쪽 참고 ; 한편 덕적도 좌담회에 참석한 허선규는, "옹진군의 경우 재정 자립도가 17% 정도 밖에 안되고 만약 여기에서 해사 채취를 빼면 자립도는 3~5% 밖에 안된다"고 한다. 또한 옹진군의 1년 세수가 약 300억 정도 되는데, 그중에 215억원 정도가 모래 채취로 얻는 수입이라고 한다. 이에 따르면 2016년 전후 옹진군 세수의 70%는 해사 채취에서 이루어진다고 할 수 있다. 앞의 글, 「덕적도 좌담회」, 『덕적도』, 2016, 339~340쪽.

어 가졌는데 현금으로 지급되다 보니 그 기준을 두고 주민들 간에 갈등이 폭발하여 고소고발로 이어졌다. 2014년 2월 20일 일부 덕적 주민들은 인천시청 기자실에서 주민복지 기금의 비리를 경찰과 검찰이 철저히 수사하라는 기자회견을 추진했다.[91] 이러한 분란은 이미 유사한 사례가 있었다. 1994년 굴업도에 핵폐기장을 유치하면서 당국과 연구소가 굴업도 주민들에게 지역발전기금 500억 원을 조성하자, 핵폐기장 유치를 적극 반대하던 덕적도 주민들과 막대한 보상금 때문에 침묵하던 굴업도의 주민 간에는 이해관계가 충돌하여 갈등이 일어났는데, 이는 해사 채취로 인한 보상금 배분을 둘러싼 갈등과도 유사한 점이 있다.[92]

덕적도 개발을 위한 조언 : 개발 잠재력과 저해 요인을 고려한 개발 방향의 수립

2000년 윤상호 교수는 한국지역개발학회지에 발표한 논문에서 덕적 도를 사례로 한 도서 지역개발 계획에 대한 연구결과를 발표했다.[93] 윤 교수는 여객선의 항로와 육지의 중심 항구 등 도서의 입지적 분포, 도서 의 중심성과 생활권 체계 즉 정주(定住)체계의 원리, 도서 내부의 자원 특성, 인구, 면적, 규모 등 성장 가능성을 판단하는 요소 등을 기준으로

---

91) 장정구, 같은 글, 273쪽(하단의 각주 5번).

92) 조강희, 「덕적 주민의 굴업도 핵폐기장 반대운동」, 『덕적도』, 민속원, 2016, 280쪽 참고. 당시 덕적면 반투위 공동대표에 선임되었던 서재송 회장은 굴업도 핵폐기장 반 대운동이 성공한 뒤에도 주민들 간 갈등의 앙금이 남게 되었다고 회고했다. 서재송, 앞의 글(2018), 291쪽; 윤상호, 「도서 지역의 개발계획연구─덕적도를 사례로─」, 『한국 지역개발학회지』 제12권 2호, 한국지역개발학회, 2000, 73쪽 등 참고. 1994~1996년 굴업도 핵폐기장 유치 반대운동에 대해서는 본서 내 남승균의 글을 참고.

93) 윤상호, 「도서 지역의 개발계획연구─덕적도를 중심으로─」, 『한국지역개발학회지』 제 12권 2호, 2000.

하여 도서를 유형화하였다.[94] 이에 의하면 덕적도는 군집형도서(群集形島嶼) 중의 중심지인 모도(母島)에 속한다. 또 도서의 규모 여건(인구, 면적, 가용토지면적, 도로면적, 수산물어획량, 어항수)이란 측면과 개발 잠재여건(도로율, 급수량, 관광객수) 등의 면에서 개발 가능성이 우수한 것으로 분류된다. 이러한 조건과 가능성을 갖춘 덕적도 충혼탑, 3·1운동 기념비 등 역사유적지가 있고, 2개의 해수욕장과 1개의 자갈 해변이 있으며, 기암괴석과 노송으로 이루어진 수려한 경관이 장점이라고 한다. 또한 서포리 지역을 중심으로 주변 도서와 연계하여 관광 루트 형성이 가능한 서해 도서 거점지로서의 기능도 있으며, 해양의 수심, 조류 등은 해양 위락활동에 매우 유리한 지역으로 무한한 잠재력을 갖추고 있다고 한다.[95] 2000년 현재 덕적도는 인천의 연안부두와 시화방조제 방아머리 항에서 정기여객선이 운항하고 있으며 인천 생활권에 속한다. 도서 전체의 86%인 19㎢ 정도가 임야이며, 비포장도로가 전체 도로의 70%인 17.2km이고, 행정구역은 6개 리(里)로 구성되었고 덕적 본도에만 북리항, 진리항, 서포리항, 도우항 등 4개의 항구를 갖추고 있다.

덕적도는 제1차 도서개발 10개년(1988~1997년) 사업을 통하여 총 12건에 41억 1000만 원을 투자하여 선착장 연장(3건), 호안시설 보수(2건), 도로 확장 및 포장(2건), 방조제 보수(1건), 군도 개설(1건), 도로 개설(1건), 간이상수도(1건), 보안등 시설(1건) 등을 시행하였는데, 이 중에서 선착장 연장 사업비가 전체 투자액의 61.5%를 차지하고 있어 지역주민의 숙원 사업인 관광객 증가를 위한 선착장 구조물에 투자의 우선순위가 있었음

---

94) 윤상호, 앞의 글, 68~69쪽.
95) 윤상호, 같은 글, 68~70쪽.

이 확인된다.[96]

덕적도 지역의 어촌종합개발 사업은 덕적면과 자월면을 동시에 1개 권역으로 선정하여 사업계획을 수립하였는데, 주로 자월면 위주로 사업이 수행되었다고 한다. 덕적도의 경우 진리 어촌계를 중심으로 활어횟집(1동 60평), 피조개양식(10ha), 급수 이용시설(1개소) 사업을 수행하였다.

덕적도의 제2차 도서 개발 10개년 계획은 1998년부터 2007년까지를 그 대상으로 한다. 그 당시의 계획으로 보면 총 37건 107억 6,500만 원을 들여서 하천 정비(8건), 용수원 개발(5건), 복지회관(3건), 특산물 직판장(2건), 공중화장실(2건), 선착장 연장(1건) 등으로 1차 개발 때에 주안점을 두었던 선착장 건설사업은 확연히 줄어들고 도로 확장 및 포장, 하천 정비, 직판장, 복지회관 등과 같이 어민소득 증대나 사회기반시설 위주의 사업에 투자를 집중하고 있음을 알 수 있다. 물론 이외에도 물양장(소형선박의 접안시설) 개설(1건), 노인정 건립(1건), 보안등 시설(1건), 쓰레기 매립장 건립(1건) 등이 포함되어 있다.

윤 교수는 2차 덕적도 개발 계획에서 현지의 지리적 여건과 행정구역을 중심으로 7개 권역으로 세분화했다. 덕적도는 크게 보면 산맥을 경계로 하여 동부와 서부지역으로 구분되는데 당시 진리, 북리 등 동부지역은 잘 개발되어 있으나, 서포리 등 서부지역은 동부 지역에 비해 개발이 덜 진행된 것으로 파악했다.

덕적도의 개발 잠재력(장점)은 인천에서 쾌속선으로 1시간 이내에 위치한 접근의 용이함, 어족자원과 어업의 발전 가능성, 주민의 개발 의지가 강하고 개발 가능지의 고른 분포, 양식어업 등 소득증대 사업 가능지

---

96) 윤상호, 같은 글, 70쪽.

가 넓게 분포하여 산업 잠재력이 높음, 국민관광지를 중심으로 많은 관광객이 유치되고 있는 점, 군도의 순환로가 20km 정도로 섬 일주 관광코스 개발이 용이한 점, 넓은 간석지와 백사장으로 풍광이 아름답고 친수공간 개발이 용이한 점, 간척지로 농업 생산력 발전, 산림의 식재가 우수하며 자연환경이 양호한 점, 해안선이 변화가 많고 수심이 얕아서 가족단위 관광객 유치에 용이한 점, 인천국제 신공항 건설로 인한 배후지 개발이 예상된다는 점 등이 거론되고 있다.

반면에 덕적도 개발의 방해요인 또는 단점으로는, 여객선 제한 운영으로 관광객 유치의 한계가 있음, 기상에 따라 이동이 극히 제한적인 점, 관광 연령층이 청장년 등으로 제한되고 가족여행은 극소수인 점, 대부분의 도로가 협소하고 비포장이어서 통행에 불편한 점, 관광객이 이용할 수 있는 차량이 제한되어 섬 내의 이동이 크게 제약된 점, 고립된 섬의 특징인 생활 쓰레기나 어업폐자재로 인한 환경오염이 심함, 국방의 이유로 접근 제한 지역이 많고 장애물이 설치되어 있어 경관을 해치는 점, 기업들에 의한 토지 소유율이 높아서 주민의 참여 개발이 제한될 소지가 높음, 의료, 교육, 문화 등 복지시설의 유치가 미비하여 주민들의 생활에 제약이 있음, 상수도 부족으로 인한 식수난 우려, 특화산업이 없고 수산물의 단순 포획 판매로 부가가치 저하, 핵폐기장 문제로 야기된 주민 간의 갈등이 아직 정상화되지 못한 점, 타지역 어선의 남획으로 수산자원이 급속히 악화되고 있음 등이 지적된다.

이러한 장점과 단점을 종합적으로 고려하여 설정된 개발의 방향은 다음과 같다.

① 주민 및 관광객 편의를 위한 여객선 취항 횟수를 증대할 것
② 섬 전체의 관광 자원화를 위한 크루즈 연계개발을 검토할 것
③ 낚시객의 편의를 위한 시설을 설치할 것
④ 수산자원 활용을 위한 어업기반 시설을 확충할 것
⑤ 수산물 부가가치 증대를 위한 유통, 가공시설을 도입할 것
⑥ 의료, 복지 혜택 증대를 위한 시설을 유치할 것
⑦ 주민과 관광객을 위한 상수원을 개발할 것
⑧ 주민의 화합과 갈등 해소를 위한 지속적 이벤트를 개발할 것
⑨ 섬 내 교통수단 활성화를 위한 대책을 마련할 것
⑩ 환경보호를 위한 시설을 도입할 것
⑪ 이미 계획된 민자유치 방안을 조기 시행하도록 노력할 것[97]

덕적도 내 7개 권역별 개발 방안 : 진리(3개), 북리(2개), 서포리(2개) 권역

㉮ 진1리 A권역

덕적도의 관문 여객부두가 있는 진1리A 권역은 인근 소야도와의 교류 등을 고려하여 주민 편의시설을 주로 설치, 관광객들에 대한 섬 안내와 편의 제공을 위한 섬 안내소 설치, 선착장 확충과 가로등 등 안전시설 도입, 내방객을 위한 수산물판매소와 수산물 창고 설치, 낚시객을 위한 이동로 및 산책로 개설, 수산 개발을 위한 인공어초 투하 및 양식장 개발, 환경보호를 위한 쓰레기 소각장 및 오수처리 시설 도입 등을 할 것.

㉯ 진1리 B권역

경관이 수려한 밭지름 해수욕장을 중심으로 고급 휴양시설을 도입,

---

97) 이상의 덕적도 개발의 장점과 단점, 그리고 방향과 관련된 내용은 윤상호 같은 글 73쪽 도표를 참고했다.

적송 군락지대의 식수대, 화장실 등은 백사장 뒤의 하천 쪽으로 재배치, 배후의 비조봉을 산책로 및 등산로로 개발할 것.

㉰ 진2리 권역

안목섬 쪽의 간석지를 이용한 체험어장 및 부대시설(샤워, 탈의, 화장실 등), 체험어장 진입도로의 확·포장, 마을 뒤쪽의 산간부에 덕적도 주민의 상수원용 저수지 검토, 목섬에 청소년의 심신 단련과 휴양을 위한 수련원 도입 등을 실시할 것.

㉲ 북1리 권역

3종 항인 덕적항의 손상된 방파제 보강, 무질서한 외래어선의 어구 정비소 설치, 남방파제까지 연결도로 개설로 항내수면적 이용 확대, 수산물 가공저장 시설 도입, 국수봉과의 연계개발을 위한 등산로 개설

㉳ 북2리 권역

목여 지역의 낙조, 기암괴석을 조망하는 전망대 시설, 스킨스쿠버 동호인을 위한 편의시설, 시설 중인 양식장 생산물과 수산물의 판매를 위한 음식점, 환경보호를 위한 쓰레기 처리장 및 오수처리시설 도입, 덕적항의 부족한 물양장 시설 확충

㉴ 서포1리 권역

기존의 국민관광지 지속 개발 추진, 관광객의 편의를 위한 사고센터 및 하절기 이동진료소 개설, 주 고객층인 청년층을 위한 야외공연장 마련, 비포장도로의 포장과 마을 내 도로 정비

㉵ 서포2리 권역

넓은 간척지를 이용한 농업적 이용 강화, 시설농업 도입으로 다양한 농업 형태 도입, 간석지의 체험어장 개발과 편의시설 도입, 내수면을 이용한 레저 형태 도입

최근 3년간(2020~2022년) 추진되어 온 덕적도 개발과 그 문제점

인천 지역신문을 통해서 살펴본 최근 3년간의 덕적도 관련 각종 개발 사업을 정리해보면 다음과 같은 9가지 주제로 분류될 수 있다.

ⓐ 연안항로 개발과 여객선 증편 및 운임의 대중화

ⓑ 관광객 편의시설 개발

ⓒ 기반, 의료, 교육, 복지시설의 확충

ⓓ 어업의 활로 모색

ⓔ 섬의 특성화와 브랜드화

ⓕ 숲과 갯벌, 생물자원 보존 : 온실화 주범인 탄소의 흡수원

ⓖ 재난 예방과 안전을 위한 노력

ⓗ 난개발의 방지를 통한 재생에너지 확보 : 생태보존, 생계대책의 동시 확보

ⓘ 주민의 화합, 일치를 위한 노력들과 공동체 육성

ⓐ 연안항로 개발과 여객선 증편 및 운임의 대중화

최근 옹진군은 섬 주민들의 가장 보편적인 애로사항인 육지~섬 간 교통편의 부족과 불편을 해결하기 위해, 즉 섬의 육지 접근성을 높이기 위해 노력해왔다. 인천~덕적항로 고려고속훼리 코리아나가 다시 운행하게 하였으며, 인천~이작항로 여객선 증회 운항을 위해 여객선 준공영제를 적용해서 자월면의 1일생활권을 실현했다.[98] 또한 덕적도의 부속도서 [子島, 외곽도서]인 문갑도, 굴업도, 지도, 백아도, 울도와 인천항 여객터

---

98) 『인천일보』, 2020.7.27., 제5면, 「민선7기 취임 2주년 인천 기초단체장 장정민 옹진군수」.

미널을 직접 오가는 새로운 여객선의 건조를 서두르고 있다. 약 400톤급에 300~350명의 승객과 차량을 탐승할 수 있는 규모를 갖추고 기존의 카페리호보다 속도가 빠른 선박을 검토 중이다.[99] 2022년 현재는 인천항에서 덕적도로 가는 직항로만 개설되어 있기에, 덕적도의 부속 도서에 거주하는 주민들은 덕적도로 일단 가서 거기에서 다시 159톤급 나래호를 갈아타고 그것도 하루 한 차례만 운행하는 선박을 타고 가야만 하는 불편함을 겪고 있다. 옹진군은 일단 인천에서 덕적도 부속 도서로 직항 운행 선박은 2023년 말 건조를 목표로 작업 중에 있다. 한편 연안항로도 기상여건에 따라서 자주 결항하기 일쑤이다. 1년에 여객선 결항 일이 대략 25~80여 일로 집계된다. 이럴 때 인천항에서 덕적군도로 귀가하는 섬 주민들은 인천항 근처에 사비를 주고 묵어야 하는데, 옹진군에서는 한때 군민 전용 게스트하우스를 건립할 것을 추진했으나 부지매입 문제로 결국 계획을 폐기했다.[100]

ⓑ 관광객 편의시설 개발

덕적도가 자랑하는 삼보 중 하나인 소나무 숲은 관강객들에게 자연휴

---

99) 『인천일보』, 2022.3.24., 제7면, 「덕적도 외곽도서 직항 여객선 건조 박차」 ; 한편 같은 신문 2022.8.25.일자 기사에 의하면 덕적군도의 부속섬들(자도)로 항행하는 선박의 좀더 구체화된 규모가 소개되고 있는데, 이에 의하면 여객선 정원은 340명, 승용차 12대도 함께 실을 수 있는 규모라고 한다. 또한 인천에서 덕적군도의 자도로 갔다가 다시 인천항으로 돌아오는 항로는 총 169km이며 이를 2024년 초부터 매일 운행할 계획이라고 한다. 현재 인천항에서 덕적도를 오가는 여객선은 섬 일일생활권 구축과 안정적인 항로 운영 등을 위해서 국가에서 선사(船社)에 예산의 일부를 지원해주는 준공영제로 운영되고 있으나 2022년 9월 12일 자로 인천에서 이작도를 오가는 항로 등 3개 항로도 추가로 준공영제로 운영하기로 추가 선정했다. 『인천일보』, 2022.9. 12., 「지원 필요한 항로 70% ――비용 운영조직 등 섬 넘어 섬」.
100) 『인천일보』, 2022.4.5., 제7면, 「옹진군 도서민, 임시거주공간 백지화」.

양림을 제공해준다. 덕적도 자연휴양림은 12만㎡의 면적에 60억 규모로 산림휴양관, 숲속의집, 숲속야영장, 다양한 편의시설 등을 갖춘 공립휴양림으로 2023년 말에 공사가 마무리될 예정이다. 덕적도의 수려한 바다 조망 경관과 함께 산림휴양도 누릴 수 있는 잇점이 있다.[101] 특히 숙박동 6동 중에서 숲속의집 1동을 장애인 객실로 운영할 예정인데, 장애인 객실은 경사로와 낮은 단차, 자동문 등 편의시설을 갖추어 휠체어 장애인은 물론이고 노인과 임산부 등이 편리하게 이용할 수 있도록 할 예정이다. 장애인, 약자 보호의 측면에서 훌륭한 휴양 시설이 될 것으로 기대된다.[102]

이미 앞서 살펴본 윤상호 교수가 2000년도 작성한 덕적도 개발 계획안에도 나오는 낚시객을 위한 편의시설도 마침내 23년 만에 이루어질 것 같다. 옹진군은 수산자원조성 특별회계를 통해 43억 원을 투입해 길이 173m 잔교로 연결된 해상 낚시터(면적 2658㎡)를 2023년 중에 만들겠다는 계획이다. 잔교는 신기술 특허공법을 도입하여 해상부유물 형태로 조성되며 덕적도의 천혜 자연환경과 조화를 이루도록 할 예정이며, 일단 완공되면 **그 운영을 어촌계에 맡겨** 주민들의 소득증대에도 도움이 되고 지역경제도 활성화할 예정이라고 한다.

덕적도는 또 서해안의 조수간만의 차이가 커서 썰물 때 드러나는 갯벌 사이 섬 둘레길인 '갯텃길'을 조성하여 관광객을 유치할 계획이다. 인천지역의 방언인 '갯티'는 바다와 육지가 만나는 경계선으로 '바닷물이 드나드는 터'란 의미도 있는데, 덕적도를 포함한 인천 앞바다의 섬들

---

101) 『인천일보』, 2022.3.27., 「무의도, 강화교동 산림휴양시설, 하반기부터 개장」.
102) 『인천일보』, 2022.5.1., 제12면, 「무의, 덕적도 자연휴양림, 관광 약자 '문턱'을 낮추다」.

은 6시간마다 온전하게 모습을 드러내며 이때 해안가 길도 열리게 된
다.[103] 제주도 고유의 '올레길'처럼 인천의 섬, 덕적군도를 대표하는 명
품 산책길을 구상한 것이다. 이 갯팃길을 덕적도 진촌의 지오개와 자월
면 이작도 등에도 조성하자는 것이다. 이미 인천을 소개하는 3대 갯팃길
중의 하나가 된 자월면 승봉도의 부두치에서 부채바위까지의 갯팃길은
유명하다.[104]

   ⓒ **기반, 의료, 교육, 복지시설의 확충**

  덕적도에 주민들을 위한 기반시설로는 안정적 담수(淡水, 민물) 공급과
섬 내 마을간 이동을 원활하게 하는 대중교통의 시설을 갖추는 것이 포함
된다. 섬 지역의 물 부족을 해결하고 가뭄 등 기후 위기에 대응하기 위해
서는 해수(海水) 담수화 시설을 적극 활용해야 하는데, 전기료가 비싸서
담수화 시설을 잘 이용하지 않고 있으며 또 시설이 노후화하여 제 기능을
발휘하지 못하는 경우도 있다고 한다. 이에 대하여 담수 이용시설비용을
인천시와 같은 수준으로 획기적으로 낮추고, 노후화된 시설은 부품을
교체하는 등의 작업을 추진하고 있다. 인천시와 옹진군은 2024년까지
덕적면 백아도, 지도, 울도 일대에 해수 담수화 시설을 새로 설치해서
더 많은 섬 주민이 담수를 사용할 수 있도록 계획하고 있다.[105] 이와 관련
하여 자월면의 소이작도에서는 지하수 관로 누수로 2주간 심각한 물 부
족 사태가 빚어졌으며, 대이작도의 경우 2020년 지하수 저류지가 설치

---

103) 『인천일보』, 2022.3.23., 제19면, 「갯팃길을 아시나요?」.
104) 『인천일보』, 2022.3.10., 제5면, 「갯팃길 브랜드화로 건강한 인천 섬 만들기」.
105) 『인천일보』, 2022.11.3., 제46면, 「물 부족 6개 도서 지역 해수 담수화 시설 적극
    활용해야」.

되었으나 해수 유입으로 식수로 쓰지 못하고 정수 필터를 별도로 설치해 운용하는 등의 불편을 겪고 있다. 주민들이 원하는 것은 매달 60만 원에 가까운 전기요금을 부담하지 않고, 그저 보편적 복지의 차원에서 인천 내륙 지역과 차이가 없는 안정적 식수공급망을 바라고 있었는데, 이에 대한 인천시 당국의 화답인 셈이다.[106] 인천연구원에서는 기본적으로 수도시설 정비는 전산화 작업과 함께 이루어져 체계적으로 관리될 필요가 있다고 건의했다. 이러한 상수도 시설의 보급은 이미 1960년대 후반부터 최분도 신부가 덕적도에 와서 전기시설 가설과 함께 추진했던 작업인데, 덕적도의 외곽도서(자도)나 인근 자월면에 속한 외곽도서들에도 이제 이러한 시설들이 본격적으로 놓이게 되는 것이다. 이러한 작업은 최분도 신부의 섬 개혁운동을 계승한다는 의미를 부여할 수 있을 것이다.

섬 주민들을 위해서는 의료시설과 관련된 정비가 필요하다. 이 또한 60여 년 전에 이미 최분도 신부가 연평도, 덕적도 등 인천 앞바다의 서해 도서를 누비면서 '바다의 별' 병원선과 덕적도에 최초의 근대적 종합병원인 '복자 유 베드로 병원'을 설립 운영하여 도서 주민들의 건강 생활에 큰 도움을 준 적이 있는데, 이를 계승한 측면으로 평가할 수도 있다. 최근 인천시는 광역시 소속 7개 섬에 주치병원(主治病院)을 지정하여 무료 진료를 지원하는 의료 취약 지역 공공의료 사업을 강화하기로 했다고 한다. 인천시는 덕적면과 자월면을 포함하여 연육교(連陸橋)가 없는 7개 섬을 인천 시내의 종합병원과 연결해서 주민들이 무료로 진료를 받을 수 있도록 하는 애인병원(愛人病院) 사업을 추진하겠다고 한다. 이들 섬

---

106) 『인천일보』, 2021.12.9., 제3면, 「섬 지역 수도시설 정비 전산화, 체계적 관리 필요」.

지역은 대부분 고령화가 육지보다 빠른데, 특히 덕적면은 2021년 기준 65세 이상의 노인들이 주민의 41.7%를, 자월면은 39.5%를 각각 차지하는 것으로 나타나 전국 고령화율(17.1%)보다 월등하게 높은 것으로 드러났다.[107] 따라서 이들 섬 지역에 노인들을 비롯한 약자들을 위한 의료시설의 정비는 매우 시급한 것으로 드러난다. 2022년 현재 인천광역시에 속하는 168개의 서해 도서 중에서 병원이 있는 유일한 곳은 백령도뿐이라고 한다. 이미 50~60년 전 덕적도에 설치된 종합병원의 존재가 새삼 의료복지에 대한 선구적인 혜안을 가진 한 선각자의 노력이 얼마나 소중한 존재였는지 깨닫게 된다. 또한 인천시는 60년 전 최분도 신부가 운영했던 '바다의 별'과 같은 병원선을 건조하여 도서 지역을 순회하면서 진료하는 사업을 구상하고 있다고 한다. 2025년 운항을 목표로 120억 원을 투입해서 200톤급으로 만든다는 계획인데, 최 신부의 의료봉사 정신이 잘 계승되기를 바란다. 이에서 한 걸음 더 나아가 인천시는 '닥터헬기'를 운영하여 응급환자 이송 대책도 마련하기로 했다. 이를 위해 섬 지역 헬기 착륙장 5곳을 정비하고 원격진료 시스템도 구축한다고 한다.[108] 한편 약국의 경우 서해 도서 중 유일하게 약국이 설치되어 20년간 운영되었던 백령도의 약국이 지난 2022년 8월에 문을 닫아, 현재는 덕적면을 포함한 서해 도서 지역에는 약국이 없이 편의점과 보건소 등에서 약을 구입하고 있는데, 보건소의 경우 운영 시간이 짧고 처방전에 불편함이 있고 편의점은 약의 종류가 제한되어 있다 보니 육지로 나올 때 필요한 약을 한꺼번에 대량으로 구매하여 들어가는 경우가 많다고 한다. 이러한 약국의

---

107) 본서 백정미의 글 참고.
108) 『인천일보』, 2022.12.8., 「인천시, 7개 섬에 애인병원 지정 공공의료 강화」.

부재를 해결하기 위해서 옹진군은 섬 지역에 민간약국을 유치하기 위한 '민간약국 지원 조례'의 제정을 추진 중인데, 군 관계자에 의하면 주거 안정 비용으로 섬 지역 민간약국에 월 100만 원을 제공하고 부동산 임대료도 지원하기로 하는 등 도서 지역 의료 사각지대를 최소화하려는 노력을 기울이고 있다고 한다.[109] 또 찾아가는 '마음안심버스'를 운영하여 도서 지역 정신건강 서비스 제고에 노력하고 있다.[110]

덕적면에는 400년 전 이곳에 육지로부터 지식인들이 이주하면서 다른 섬 지역과 달리 향학열이 월등히 높았다고 하며, 이러한 교육의 열기는 120여 년 전 개신교(감리교)가 덕적도에 들어와서 각급 근대식 학교를 세워 교육으로 선교하면서 더욱 타오르게 되었다. 그러나 최근에 와서 덕적도의 유일한 고등학교가 학생 수 감소로 전교생 14명으로 간신히 명맥을 유지하지만 곧 폐교될 위기에 처하였는데, 야구 특성화를 통해서 육지로부터 학생들을 받아들여 현재는 30여 명으로 학생 수가 증가하여 덕적고등학교를 유지함은 물론 야구 명문으로 발돋움하기 위한 노력을 통해 청소년의 꿈을 키우는 공간이 되고 있다. 현재 덕우회를 비롯한 민간인들, 기업들이 인천에 덕적고 야구팀이 머무를 공간도 마련하는 등 옹진군의 전폭적인 지원을 받고 있어 120년 전 교육 선교를 시작한 개신교 선교사들의 문명개화 정신이 새롭게 빛을 발하고 있다고 평가된다. 서해 도서 내 유일한 섬마을 야구부로 평가받는 덕적고 야구부는 최근에 드디어 꿈의 1승을 달성하여, 섬마을 아이들의 소박한 꿈이 영그

---

109) 『인천일보』, 2022.10.19., 「옹진군 섬지역 약국유치 온 힘 ―부동산 임대료 주거비도 지원」.
110) 『인천일보』, 2022.6.19., 「인천 옹진군, 덕적면 찾아가는 마음안심버스 운영」.

는 터전이 되었으며, 덕적도 주민들을 이끌어갈 영재교육과 외부 인구 유입을 위한 발판으로도 역할을 할 것으로 기대되고 있다.[111] 이와 유사한 사례로 이미 40~50년 전의 사례이나 굴업도의 아이들이 탁구를 잘 쳐서 인천에 나와서 준우승을 했던 사례도 소개되었다.[112]

앞서 언급한 바와 같이 2021년 현재 덕적면 65세 이상 노인의 비중은 주민의 42% 가까이 점하여 덕적면은 이미 초고령화의 시대에 접어들었다. 당연히 인구의 절반에 가까운 비중을 차지하는 노인들을 위한 복지 시설이 체계적으로 갖추어져야만 하는 시기가 왔다. 더군다나 덕적도 내에는 마을간 이동을 위한 도로가 좁고 부족한데다 교통수단마저 변변치 않아서 노인들이 나들이 나서면 여간 불편하지 않을 것이다. 이러한 노인을 위한 교통시설 편의를 위해서 전라남도에서는 선구적으로 '행복택시'란 제도를 마련해서 자가 차량이 없거나 있어도 운전을 제대로 해줄 인력이 부족한 시골 노인들에게 마치 자가용처럼 이용하고 저렴한 가격을 지불하는 제도가 생겼다. 인천시에서도 전라남도 등의 사례를 본받아 행복택시를 운영했으나 지원금 정산과정에서 업자와 이견이 노출되고 참여율이 저조하여 2021년부터 운행 2년 만에 중지되고 말았다.[113] 안타까운 일이니 조속히 운행구간과 요금 등에 대한 합의점을 도출하는 등 제도상 문제점을 개선하고 '행복택시'를 재개하여 도서 지역 주민들의 이동권을 보장하고 노인들의 교통복지를 실현하는 데 일조하기 바란다.

---

111) 『인천일보』, 2022.2.2., 제1면, 「덕적고 야구부 마음껏 던지고 쳐라」.
112) 『인천일보』, 2020.8.26., 제18면, 「굴업도 아이들」.
113) 『인천일보』, 2022.4.19., 제7면, 「옹진군 행복택시 지지부진 ― 도서민 교통 소외 해결 요원」.

최근 옹진군은 자월면에 공립 요양원을 신축하였으나 완공 후에도 민간 위탁 업체를 구하지 못해서 수개월째 개점 휴업상태라고 한다. 최소한도의 운영비도 건질 수 없는 턱없이 부족한 입주자 수 때문이라고 한다. 그렇다면 서해5도지원특별법 등을 활용하여 100% 공적비용으로 요양원 운영비를 제공하여야 한다는 목소리가 높아지고 있다.[114] 최분도 신부는 60년 전 덕적면에 중국인 독거노인들을 위한 양로원을 마련하고 자립적인 생산과 소비가 이루어질 수 있도록 해주었다. 최 신부의 선구적인 노인복지에 대한 혜안이 60년이 지난 현재 다시 조금씩 옹진군 등 행정당국자들에 발견되고 있는 듯하다. 제도의 취지가 좋고 운영의 열정만 있다면 예산은 충분히 확보될 수 있을 것이다.

ⓓ 어업의 활로 모색

앞서 언급한 덕적도의 해상낚시공원 조성사업은 관광객 유치를 위한 시설이면서 동시에 주민의 생계를 위한 대책이기도 하다. 이와 함께 어민들의 물고기잡이를 도와주기 위한 시설이자 어족자원을 적절히 보존하는 시설로서 인공어초를 만들어 적당한 곳에 설치하는 방법이 있다. 최근 옹진군은 덕적면과 자월면 일대의 연안 해역 28ha에 인공어초 307개를 설치했다. 이 인공어초는 축구장 39개 넓이로 인천광역시 비용 18억 원이 투입되었다. 인공어초는 콘크리트 강재 등으로 만든 인공구조물을 바닷속에 투입하여 어류가 서식할 수 있는 환경을 만들어 주는 이른바 '물고기 아파트'를 말한다. 이 구조물에 해조류가 부착하여 번식하면 조류의 흐름을 완만하게 해주어 어류들이 숨어 살거나 산란장으로 이용하

---

114) 『인천일보』, 2022.12.6., 사설, 「개점 휴업 옹진군 노인요양시설 국비 지원해야」.

게 된다. 이번에 덕적해역에는 어류용 어초 24ha가, 자월 해역에는 패조류용 어초 4ha가 각각 조성되었다. 인천광역시는 이번에 인공어초가 적당한 장소에 설치될 수 있도록 인공위성 항법장치인 어군탐지기를 활용하여 설치하여 어업인 등의 해상교통 안전에는 지장이 없도록 했다. 또한 옹진군 관계자는 물론, 관할 덕적면과 자월면의 어촌계장 등도 참여하여 설치 이후에도 지속적인 관리를 통해서 사업의 효과를 극대화하려고 노력했다. 한국수산자원공단에서 실시한 인천해역 인공어초 시설 효과조사에 의하면 인공어초를 설치할 경우 설치하지 않은 곳보다 꽃게, 조피볼락, 쥐노래미 등의 어획량이 약 2~4배 정도까지 증가하는 효과가 있는 것으로 알려졌다.[115] 또 옹진군은 한국수산자원공단과 함께 '옹진군 쭈꾸미 산란 서식장 조성사업 및 옹진군 쭈꾸미 자원 증대사업'을 협약하고 옹진군의 대이작도, 소이작도, 승봉도에 9만 개, 덕적도 자월도에 각각 5만 개씩을 설치했다. 산란시설물은 천연 피뿔고동 패각 연승줄을 설치 관리하는 것이다.[116]

최근 옹진군에 귀어하는 젊은 20~40대의 인구가 늘고 있는데, 체계적인 교육 관리가 필요하다고 덕적면과 자월면의 어촌계장 협의회는 말한다. 이렇게 체계적으로 관리해야 이들 귀어인들이 실제로 정착할 수 있을 것이며 동시에 섬 내 교육, 의료, 문화, 교통 인프라를 구축하면서 실질적인 정착 지원대책을 수립해야 한다고 한다. 최근 거론되고 어촌 뉴딜 300 사업은 바로 이같은 귀어 인구의 어촌 정착에 도움이 될 수 있는 다양한 제도적 정책적 지원을 담고 있다.[117]

---

115) 『인천일보』, 2022.9.25., 제3면, 「인천시, 옹진 덕적, 자월 연안에 '인공어초 설치'」.
116) 『인천일보』, 2022.5.25., 「한국수산공단, 옹진군 쭈꾸미 산란 서식장 조성사업」.
117) 『인천일보』, 2022.7.3., 제12면, 「귀어인 느는 옹진군, 정착 지원책 절실」.

ⓔ 섬의 특성화와 브랜드화

섬의 특성화와 브랜드화는 관광객 유치를 위한 목적이 내재되어 있다. 인천광역시에 속한 서해 도서는 모두 168개나 되는데 섬 관광 활성화 정책을 위해서 옹진군은 백령권, 연평권, 덕적 자월권, 영흥 북도 중구권, 강화권 등 5개의 권역으로 나누어 각 권역별로 특성 있게 계획을 세워야 한다는 의견이 도출되었다.[118] 앞서 덕적, 자월면의 '갯팃길'이 제주도의 올레길 못지 않는 인천 도서의 명품 관광지로 등장할 수 있도록 노력해야 한다고 언급하였다. 최근 해마다 6~7%씩 관광객이 감소하는 옹진군의 입장에서는 더욱 이러한 특성화의 노력이 절실하다고 할 수 있겠다. 대한민국에서 가장 아름다운 섬 33개 중에 덕적도가 6위로 랭크되어 있다는 자부심을 갖고 옹진군은 아름답고 즐겁고 재미난 섬 여행을 위한 '펀 아일랜드(Fun island)'를 브랜드로 내세울 필요가 있다. 이 브랜드를 대표할 섬이 바로 덕적도라도 할 수 있겠다. 최근 행정안전부는 소외된 섬 지역의 발전을 위해서 국비 공모를 통한 섬 특성화 사업을 지원하고 있는데, 소이작도가 공모에 선정되어서 체계적인 섬 홍보와 마케팅을 실시할 계획인 것으로 알려졌다. 주요 홍보 내용은 벌안해변 예술경관 확대 조성, 갯팃길 걷기 활성화 축제 등이다.[119] 사실 덕적도에서 가장 먼저 관광의 특성화로 두각을 드러낸 곳은 1977년에 국가관광지[120]로

---

118) 『인천일보』, 2022.3.23., 제19면, 「갯팃길을 아시나요?」.

119) 『인천일보』, 2022.8.21., 「옹진군 소이작도 5억 6천만 원 국비 확보로 섬 관광 활성화에 탄력」.

120) 『인천일보』, 2022.8.10., 제9면, 「마니산, 서포리 ― 인천 경기 관광지 16선」; 이에 의하면 '관광지와 관광단지'의 차이점은 관광진흥법 제2조7~8호에 의해 관광지는 "자연적 또는 문화적 관광자원을 갖추고 관광객을 위한 기본적인 편의시설을 설치하는 지역"이고, 관광단지는 "관광객의 다양한 관광 및 휴양을 위하여 각종 관광시설을

조성된 서포리 해수욕장이다. 앞서 설명했듯이 1980년대 이후 무질서하게 폭주한 관광숙박업에 외부인의 이기적 영업이 가세하면서 또 덕적삼보의 하나인 해안 모래가 다량으로 사라지면서 서포리는 관광객 증가의 침체 내지는 제자리걸음을 하다가 주민들이 단결하여 자연경관 보호에 앞장서고 소나무 숲 외에 바닷가 천연 해당화 군락을 다시 조성하여 관광객을 위한 편의시설 확보에 나서면서 다시 조금 활성화를 되찾게 되었다. 그런데 덕적에는 서포리 해수욕장 만큼이나 아름다운 석양의 노을을 자랑하는 진리의 밧지름해변이 있다. 한편 자월도는 천문공원과 드론실증센터(PAV·Personal Air Vehicle)를 유치하여 '드론특별 자유화구역'을 조성하고 있다.[121] 덕적도의 관광자원에는 특이한 보물들이 많은 편이다. 덕적도의 소나무가 명품임은 앞서 누누이 말했고, 소야도의 자게, 문갑도의 진달래, 굴업도의 목기미, 백아도의 남봉암릉, 지도의 자갈, 울도의 망망대해 상괭이 등이 바로 이른바 덕적군도의 보물들인데,[122] 이들을 상품화하고 브랜드화하여 내세울 필요가 있다. 이밖에도 이미 오래전부터 유명하지만 아직 홍보를 더 구체적으로 해야 할 진리의 3·1독립운동 기념탑을 중심으로 공원화 작업을 해야 할 필요가 있고, 또한 진리에서 생산되는 호박을 특산물로 판매하기 위한 진리호박회관의 건립이 필요하고, 문갑도의 이충환 이장이 개발한 빨간 감자는 명물로 브랜드화가 되고 있는 중이다.[123]

종합적으로 개발하는 관광거점 지역"을 뜻한다.

121) 『인천일보』, 2022.7.17., 제12면, 「옹진 자월도 관광 랜드마크 부푼 꿈」.

122) 『인천일보』, 2022.1.12., 제5면, 「우리 주변의 수많은 보물들 가치 찾아줄 때」.

123) 『인천일보』, 2020.11.3., 제1면, 「박남춘 인천시장, 덕적면 주민간담회 ─선착장 확장 목소리 등 청취」 ; 『인천일보』, 2020.10.4., 제17면, 「한 단계씩 발전하는 문갑도 기대해 주세요」.

ⓕ 숲과 갯벌, 생물자원 보존 : 온실화 주범인 탄소의 흡수원

섬 지역의 숲으로 이루어진 인천광역시 옹진군에서 10년 만에 여의도 면적의 83%에 해당하는 숲이 사라졌다고 한다. 2010년 옹진군 임야면적은 12,381ha였으나 2020년 1월 12,139ha로서 약 242ha가 줄어든 셈인데 지난 10년 동안 연평균 10~13ha씩 줄어든 셈이다.[124] 또한 덕적군도에 속한 선갑도에서는 불법 개발행위가 진행되어 주상절리 등 자연 암석이 훼손되는 일도 발생했다. 이에 덕적 주민들이 개발은 자연을 훼손하지 않고 조화를 이루는 길을 택해야 한다고 하면서 예를 들면 산책로의 경우 인위적으로 만드는 것이 아니라 산세를 따라 산책로를 만드는 것과 같은 것이라고 말한다.[125] 물론 덕적면의 경우는 이와 달리 소나무숲을 비롯한 자연림을 잘 가꾸어 약 12만 평의 휴양림으로 조성한다는 계획은 앞서 설명한 바와 같다. 우리나라 갯벌은 캐나다 동부 해안, 미국 동부 해안, 북해 연안, 아마존강 유역의 갯벌과 함께 세계 5대 갯벌로 손꼽힌다. 우리나라 갯벌 중에서도 서해안의 갯벌은 조석간만의 차가 9m로 크고 각종 어패류와 해양보호생물이 서식하고 있어 세계적인 가치를 지닌다고 한다. 또한 갯벌은 탄소를 흡수하는 기능을 수행하여 기후위기 시대에 더욱 주목받는 보물이라고 할 수 있다.[126] 덕적도와 자월도의 갯벌도 이제 이러한 기후위기의 시대에 세계적인 보존과 친환경 개발의 추세에 따라 자연적 기능을 거의 훼손하지 않고 갯벌의 블루카본이라는 탄소 흡수원의 역할에 충실하면서 각종 해양자원의 보고로서 또 육상에서 흘러나온 각종 오염물질의 정화장소로서의 기능을 충분히 수행하도록 노

---

124) 『인천일보』, 2020.7.29., 제10면, 「인천 섬 개발, 자연보존 최우선 돼야」.
125) 같은 곳.
126) 『인천일보』, 2022.1.12., 제5면, 「우리 주변의 수많은 보물들 가치 찾아줄 때」.

력해야 할 것이다. 인천대학교의 생명과학부 배양섭 교수팀은 2022년 6월 13일 덕적도에서 멸종위기 야생생물 2급인 물장군을 발견했다고 한다. 물장군은 몸길이가 최대 7cm에 달하고 민물 속 최상의 포식자가 되어가고 있다고 한다. 생물 개체의 다양성을 보존함은 이를 통해서 유지되고 있는 생태계의 균형을 유지하고 생태계의 정화작용을 살려서 온난화의 위기를 막는다고 해석할 수 있다.

이처럼 다양한 생태계의 종(생물들)을 보존하기 위해서 우리는 인간이 만든 비닐과 플라스틱 등 자연을 훼손하는 쓰레기들을 잘 걸러내고 아예 그 사용을 줄여나가야 한다. 이런 의미에서 최근까지 꾸준히 진행되고 있는 쓰레기 제거 운동은 자연 환경보호의 측면에서 상당히 고무적이다. 2022년 5월 11일 옹진군 덕적면의 소야도 해안에서 주민들과 옹진군 인천시 관계자들이 합동으로 폐어구, 폐스티로폼, 패트병 등 해양 쓰레기 수거 작업을 대대적으로 벌였다. 1박 2일간 진행된 쓰레기 수거 작업을 통하여 수거된 쓰레기를 인천 씨클린호(쓰레기수거 선박)로 실어서 육지로 가져와 처리했다.[127] 탄소중립 사회로의 전환과 해양생태계 복원을 위해서 앞으로도 지속적 쓰레기 수거운동을 벌이는 한편 쓰레기의 양을 줄이고 안 버리는 습관을 길러야 할 것이다.

⑨ 재난 예방과 안전을 위한 노력

앞서 지난 2000년대 이후 십여 년간 덕적도 인근에서 실시되어 오던 바다모래 채취사업으로 명품 모래사장이 줄어들고 풀등이 축소되며 산사태가 유발되고, 뻘이 섞인 위의 모래가 없어지면서 각종 물고기의 산

란장소가 사라지자 수산자원이 고갈되는 등 여러 가지 해양 자연과 생태
계의 위기가 닥친 것을 환경운동가들이 지적했다. 그런데 최근 다시 덕
적도 북쪽 약 5km 떨어진 해상의 총 19.18㎢의 면적에서 5년간 총 3,500
만㎥의 모래를 채취하기 위한 옹진군의 행정절차가 진행되고 있어서 이
에 대한 환경단체들의 반발이 격화되고 있다. 인천녹색연합, 환경운동연
합, 황해섬네트워크, 가톨릭환경연대 등 인천지역의 환경운동 단체들은
2022년 4월에 반대 성명을 낸 이래 5월 11일에도 성명을 내고 인천해양
수산청에 해사 채취를 위한 해역이용 협의 절차를 중단할 것을 촉구했
다. 바다모래를 통한 골재 수급 대신에 순환골재를 사용하고 4대강 사업
으로 준설한 후 방치되고 있는 막대한 강변 모레들을 재활용하는 방안
등을 강구하라고 정책 조언했다.[128]

　최근 인천시장과 옹진군수 등은 덕적면 면사무소에서 주민간담회를
개최하여 지역주민 대표들의 지역 건의사항을 경청했는데, 덕적면에 속
한 8개 도서 주민대표들은 한결같이 입을 모아서 선착장 확장과 방파제
건립 등을 요구했다.[129] 이는 주민 편의시설이면서 동시에 해상사고와
파도의 침식 등을 막는 재난 예방, 안전 확보의 측면에서 고려해야 할
사안들이기도 했다. 당시 진3리의 서양원 이장은 "연간 2만 대가 넘게
덕적면 도우항에 중대형 화물차와 승용차가 오가고 있으나 폭이 좁아서
대형차량 운행에 어려움을 겪고 있다"고 하여 교통사고의 위험을 알렸
고, 진1리 김경민 이장은 "태풍과 같은 위급 상황 때마다 인천 육지로

---

128) 『인천일보』, 2022.5.11., 「환경단체들, 인천해수청에 "바다모래 채취 행정절차 즉각
　　중단해야" 촉구」.
129) 『인천일보』, 2020.11.3., 「박남춘 인천시장, 덕적면 주민간담회 ―선착장 확장 목소리
　　등 청취」.

피항해야 하다보니 파도가 높아질 때마다 주민들은 불안에 떨곤 합니다."라고 하여 태풍이 닥치면 덕적면 진리의 정박 시설들은 무용지물이 되어버린다는 해상 조난의 위험도 알렸다. 사실상 파도에 대비한 방파제와 선착장의 확장 등은 단순한 주민 편의시설의 정비란 차원이 아닌 수많은 인명과 재산의 손실을 초래하는 대형 재난을 예방하고 대비하는 차원에서 논의되어야 하고 경청되어야 할 것이다.

덕적면 일대에서 실시되어 온 해충(솔나방, 송충이) 제거를 위한 항공방제와[130] 해상 기름띠 제거[131] 등도 명품 해송 등 생태계의 보전 및 재난 예방과 재해 극복의 차원에서 그 의미를 평가해줄 수 있을 것이다.

ⓗ 난개발의 방지를 통한 재생에너지 확보 : 생태보존, 생계대책의 동시 확보

기후위기 시대를 맞아 최근 몇 년 동안 인천 앞바다의 해상 풍력발전소를 건설하는 문제가 핫이슈로 떠올라서 여론의 찬반 논쟁을 야기하고 있다. 당연히 재생에너지의 하나로 태양광과 함께 현재 무공해 에너지로 각광을 받는 풍력발전은 지구온난화의 속도를 늦추고 환경보호를 위해서 꼭 필요하다고 본다. 그러나 이전에 재생에너지 관련 개발사업에서 그 좋은 취지를 무색하게 하는 난개발이 진행됨에 따라, 이를 반대하는 지역주민, 환경단체 등과 개발업자 간에는 엄청난 공공갈등이 불거졌고, 그 결과 사업비의 엄청난 낭비와 함께 우리 사회 내 이익집단간 또는 지역주민간에 상당한 갈등이 야기되었음은 강화도 해변에 박혀 있던 조

130) 『인천일보』, 2021.7.2., 제7면, 「덕적도 해충 항공방제 — 나무훼손 복원 불가능 우려」, 『인천일보』, 2021.7.29., 「항공방제도 무용지물 —덕적도 해충 활개 여전」.
131) 『인천일보』, 2021.7.20., 제12면, 「기름띠 두른 덕적도 정화 시급」.

력발전 시설인 쇠말뚝의 흔적에서 우리는 충분히 찾을 수 있다.[132] 최근
인천시는 해상풍력 발전단지 조성사업에 대해서 '숙의경청회(熟議傾聽
會)'를 지속해 개최하고 있다. 시는 지난 3월 16일부터 2주간 지역 어업인
단체와 덕적, 자월, 용유, 무의 등지에서 총 12회에 걸친 해상풍력 발전
단지 조성사업 '숙의경청회'를 가졌다. 해상풍력 발전단지 조성사업은
풍황계측기 점·사용 허가 등 사업 초기 단계에서 일부 사업자들의 무분
별한 정보 제공, 지역 의견 수렴 부족 등으로 인해 공공갈등이 깊어지고
있다. 숙의경청회는 일회적·일방적 설명으로 추진되는 기존의 사업설명
회와 달리 숙의와 경청에 초점을 두고, 이해당사자의 참여와 정보공유
과정을 통해 신뢰를 형성하는 것을 목적으로 진행되는 새로운 소통방식
으로 주목받고 있다. 시는 이를 바탕으로 중앙부처 및 사업자와의 협의
를 진행하고, 협의 결과를 2차 숙의경청회에서 주민, 어업인들과 공유할
예정이다.[133]

① 주민의 화합, 일치를 위한 노력들과 공동체 육성

앞서 살펴본 바와 같이 최분도 신부는 60년 전 덕적도에 들어와서 10
년간 활동하면서 병원 설립, 전기, 상수도 가설 등 주민들의 복지를 증진
하고 어로, 양식업, 간척사업, 숙박 등 생계를 위한 소득을 창출하도록
도와주면서, 그 성과를 잘 보전해나가도록 주민들이 협동조합 등의 자립
적 경제공동체를 조직하고 운영하도록 권고하였다. 이와 관련된 사례로
문갑도의 이충환 이장이 100여 명의 주민들과 함께 특산물로 브랜드화

---

132) 『인천일보』, 2020.6.4., 제7면, 「발전소 빛과 그림자(문명의 바다 생명의 바다 황해
33.)」.
133) 『인천일보』, 2022.10.25., 「경청하는 인천시, 愛人과 소통, 초일류도시 함께 만든다」.

한 빨간 감자, 고사리 등 농산물을 공동으로 생산하면서 이를 공동으로 판매하는 마을기업을 조직하여 운영한 사실을 들 수 있다.[134] 문갑도는 덕적군도 중 하나로 덕적도의 서남쪽에 위치한다. 최근 덕적도는 해상 낚시공원을 조성하는 계획을 추진하면서 덕적면 어촌계에 이 낚시터 운영을 위임하여 주민들의 소득 창출에 도움이 되게 하겠다고 했다.[135] 이는 곧 최분도 신부가 권고하여 주민들이 공동으로 어선을 운영하여 그 어로 수익을 공평하게 분배하도록 한 것과 마찬가지로 서로 살림의 경제 공동체를 만들게 한 것으로 그 사상적 맥이 통한다고 할 수 있다. 또 최분도 신부는 인천에서 이주해온 중국인 독거노인들을 위한 덕적도 요양원을 만들고 공동노동으로 자립적 생활공동체를 만들어 살아가도록 독려했다. 최근 옹진군이 자월면에 이어 덕적면에도 공립 소규모 노인요양원을 만들었으나 민간업체들이 위탁운영을 맡으려 나서지 않자, 주민들이 직접 운영하는 방식을 검토하자는 제안이 나왔는데,[136] 이러한 제안은 60년 전 덕적도에서 자립적으로 생활하던 중국인 독거노인들의 생활공동체와 유사한 공동체 운영의 방식을 띠는 것이라고 할 수 있다.

앞서 살펴본 바와 같이 최근 인천 앞바다에서 풍력발전을 추진하면서 주민들과 충분히 협의도 하지 않고 형식적 공청회를 거쳐서 무조건 밀어붙이기 방식으로 추진하다가 덕적 자월 연해에서 어로와 양식을 하는 주민들의 집단반발을 초래했는데, 이는 풍력발전이 이 일대에서 이루어질 경우 어민들 조업 터전의 4분의 1에서 3분의 1까지 완전히 날아가

---

134) 『인천일보』, 2020.10.5., 제17면, 「한 단계씩 발전하는 문갑도 기대해주세요」.

135) 『인천일보』, 2022.12.5., 「옹진 덕적도 해상낚시공원 만든다」.

136) 『인천일보』, 2022.10.12., 제12면, 「옹진군, 공립요양시설 줄줄이 준공 ― 운영자 찾기 관건」.

버리는 결과를 초래하게 되기 때문이다. 당시 덴마크 기업이 덕적도 해상에 풍력발전 단지를 조성하려고 정부에 허가를 신청하자, 덕적면과 자월면의 어촌계 협의회 등 16개 지역단체가 집단으로 성명을 내고, "풍력발전을 하려고 하는 곳은 국내 최대의 꽃게어장으로 그 면적만 서울시의 절반에 가까운 280㎢에 이른다."라고 하면서 외국기업이 우리 어민들의 생계 사정을 고려하여 충분한 협의를 하지 않고 그저 이익을 가져가려고 하는 것에 결사적으로 반대하였다.[137] 이렇게 생계가 위태로워진 주민들이 완강히 반대하자 옹진군은 조례를 만들어 주민들과 충분히 협의하지 않고 저돌적으로 공사를 추진하려는 기업들의 난개발을 방지하였다. 구체적인 조례의 내용은 해상풍력 발전사업 허가를 받은 지역은 해상풍력 예정지구로 지정되는데, 이 예정지구를 지정할 때는 해당 지역주민과 어민 단체, 유관기관 등의 의견 수렴을 반드시 거치도록 규정하는 것이었다. 또 해상풍력 설비 공유수면 점용과 사용의 허가, 발전사업 허가를 받기 위해서는 주민들이 참여하는 공청회를 열어야 하며, 발전단지 개발의 공정성과 전문성을 확보하기 위해서 민관협의회도 설치해야 한다고 규정했다.[138] 바로 이 민관협의회가 기업들로 하여금 개발의 이익을 얻는 대신에 지역주민의 복지 지원사업이나 기업 운영에 있어서 지역주민의 우선적 채용, 지역의 우수업체 보호 등의 역할을 하게 한 것이다.

최근 인천시는 기존의 일부 공청회에서 관변 단체화한 일부 주민들이 공공사업을 추진하는 기업과 이해관계를 결탁하여 대다수 주민들에게 개발로 인한 피해를 주거나 그 혜택이 고루 돌아가지 않았던 문제점을

---

137) 『인천일보』, 2021.12.13., 제19면, 「해상풍력 난개발을 막아야 한다」.
138) 『인천일보』, 2021.12.12., 제7면, 「"해상풍력 난개발 멈춰" 옹진군의회 조례 가결」.

파악하고 '숙의경청회(熟議傾聽會)'라는 새로운 방식을 도입하기로 하고 어떤 일을 추진하기 전에 관공서, 기업 및 해당 지역주민들이 사전에 충분한 협의를 하되, 특히 사회적 약자인 주민들의 작은 목소리까지도 충분히 귀 기울여 듣는다는 태도를 표방했다. 그리고 대표적으로 최근 거듭 문제가 되었던 덕적 자월면의 인근 해역에 건설하기로 한 해상풍력발전 및 부평의 미군기지(캠프마켓) 반환부지에 대한 활용계획, 인천 갯벌을 유네스코에 등재하는 건 등과 관련하여 숙의경청회를 도입하여 실시하고 있다.[139] 향후 이러한 숙의경청회의 취지가 관가의 대민 면피용이 아니라 취지에 맞게 충실히 실시되어 공적 혜택과 이익이 주민들에게 골고루 돌아가도록 주민들이 적극적으로 감시하고 또 시민단체들이 자치단체에 여러가지 청원과 압력을 행사해야 하겠지만, 일단 사회적 갈등을 예방하고 주민화합을 도모하자는 취지로서는 대단히 훌륭한 것으로 여겨진다. 숙의공청회는 그 취지에 맞게 충실히 실천되기만 한다면, 21세기 공동체 정신의 함양에 필수적인 회의제도로 정착될 수 있을 것이다.

5. 최분도 활동의 현재적 의미와
   덕적면 섬마을 공동체의 과제

최분도 신부는 1960년대에 내한하여 서해 도서 지역 가난한 주민들에 대한 의료구호 활동을 시작하면서 1966년 덕적도에 들어와서 천주교 성

---

139) 『인천일보』, 2022.9.12., 「인천시, 10~11월 숙의경청회 …캠프 마켓, 갯벌 유네스코 의견 조율」.

당(덕적본당)을 세우고 주민들에게 선교하는 동시에 본격적인 종합병원의 설립, 전기, 상수도 시설의 설비로 주민들의 문화생활 수준을 높이고, 어로, 양식, 개간 등의 분야에서 주민들의 소득을 증대하는 동시에 협동조합과 같은 주민들의 살림공동체를 운영해나가도록 권고하였다. 그는 1966년부터 1976년까지 10년 동안 덕적군도 일대의 지역사회 개발사업에 앞장선 결과 주민들로부터는 공덕비를, 대한민국 정부로부터는 국민훈장을 받았다. 그가 지향한 것은 단순히 입으로 고백하고 행동을 하지 않는 죽은 신앙이 아니었고 묵묵히 행동으로 실천하면서 가난한 이들과 연대하고 공평하고 풍요로운 하느님 나라를 이 땅에 도래하도록 노력한 것이었다. 그는 주민들과의 갈등 소지를 없애고 화합하는 데 힘써서 마침내 섬마을 개혁공동체를 이루었으며 그 결과 그를 반대하던 주민들도 차츰 모두 그를 따르고 이해하게 되었다.

2026년이면 최분도 신부가 덕적도에 입도한 지 60주년이 되는 동시에 덕적도를 떠난 지 50주년이 된다. 그간 그가 남긴 많은 업적은 한때 덕적도 섬마을 사람들의 70~80%가 자발적으로 성당에 나가서 천주교로 개종한 사례에서 보듯이, 주민들의 마음에 감동을 준 진심이 담긴 봉사였기에 오늘날까지도 큰 울림을 남겨주고 있다. 2016년 최분도 신부 덕적도 입도 50주년을 맞아 덕적도 좌담회가 열려 최분도 신부와 함께 지역사회 개발 운동에 앞장섰던 덕적도 출신의 유지들이 한결같이 최분도 신부를 칭송한 것은 그가 단순히 물질적 혜택만을 덕적도 주민들에게 남겨주고 간 것이 아니라 주민 스스로 협동하고 단결하여 서로가 서로에게 유익함을 제공하는 상생(相生)의 공동체, 살림공동체를 건설해나가도록 솔선수범을 통해 격려한 것에 전적으로 공감했기 때문이라고 할 수 있다.

기후위기 시대를 맞은 21세기 초반에 들어서서 현재 덕적면과 인근의 자월면에는 여러 가지 도전적인 과제가 다가왔고, 일부는 현재 진행형이다. 덕적도와 굴업도 인근 해역의 바다모래 채취가 해수욕장의 백사장과 풀등을 급격히 줄어들게 하고 어족자원을 현저히 감소시키는 등 오랫동안 주민들을 괴롭히고 자연적 재앙을 초래했지만, 앞으로도 개발이익의 추구와 함께 여전히 그 가능성이 남아있는 시한폭탄처럼 버티고 있다. 또 해상풍력 발전을 통한 재생에너지 개발사업이 덕적, 자월면 인근 해역에서 추진 중이지만 이곳 어민들이 조업하는 해역의 상당 부분을 점유하여 정상적인 조업을 저해하는 요인이 되고 있어 이 또한 현재 진행형인 거대한 도전으로 다가왔다.

덕적면과 자월면의 주민들이 이러한 도전적 과제에 어떻게 슬기롭게 대응할 것인지, 다시 한번 굴업도 핵폐기장 철회 때와 같은 공동체의 단결된 모습으로 해결책을 마련할 수 있을지 과연 궁금하다. 이미 65세 이상의 주민들이 전체 인구의 42% 정도에 이른 초고령화 사회로 접어든 덕적도 주민사회를 생각하면, 새로운 젊은 인재들을 끊임없이 유입해서 양성하고 지역의 교육, 의료, 교통 등의 보편적 복지의 기반을 계속해서 확충시켜 나아감으로써, 위기에 대처하고 재난을 예방하는 대응능력(Resilience)을 키워가야 할 것이다. 이를 위해 덕적면 주민 스스로가 최분도 신부의 공동체 정신을 계승하여, 기후위기시대에 현명하게 대처하는 생태 환경보존 운동과 친환경 개발사업을 지속적으로 추진하면서, 다양한 형태의 협동조합 설립을 통한 협동과 균분의 살림공동체를 건설하는 길이 그 최선의 해답이 될 수 있을 것이다.

제3장
문학으로 보는 도서민의 삶

I.
설화로 보는 주민의 삶과 공동체

1. 들어가며

설화(說話)는 신화(神話)·전설(傳說)·민담(民譚)을 통칭하는 용어로, 일반적으로 구연 현장에서 가장 널리 향유되는 구전문학이다. 설화는 허구적인 내용을 담고 있으며, 일정한 줄거리를 지닌 서사적인 이야기이다. 허구적인 내용을 담고 있다는 점에서 설화는 역사와는 차이가 있다. 가령 역사 또는 사실담과 같은 이야기는 그 자체로써는 설화 전승 집단의 흥미를 끌지 못한다. 여기에 허구적인 요소가 뒷받침되어 그럴듯하게 꾸며졌을 때, 비로소 설화 전승 집단은 이야기에 흥미를 갖고 이를 구전(口傳)하게 된다. 이러한 허구적인 요소가 설화 전승 집단을 설화의 세계로 끌어들이는 원동력이 된다. 그런데 이러한 허구적인 요소 속에는 설화 전승 집단의 요구와 희망이 반영되기 마련이다. 대중들은 현실에서는 꿈꿀 수 없는 자신들의 희망 사항이나 요구 등을 가미하여 이야기를 전승시키는 것이 일반적이기 때문이다.

설화는 구전된다는 속성상 변화를 수반하기 마련이다. 내륙과 같이 교통이 편리하고 이주민들이 많은 곳일수록 설화의 전승이 어려우며, 지역적 특색을 지닌 설화보다는 전국적인 경향을 띤 설화가 많다고 할 수 있다.[1] 이에 반해 구전의 특성상 지역별 교류가 어려운 지역일수록 그 지역만의 특성이 그대로 유지된 채 전승된다고 할 수 있다. 특히 도서 지역 같은 경우는 그 지역 고유의 특색을 드러낸 설화가 많이 전승되며, 이야기의 원형 또한 온전히 전해지는 경우가 많다. 이는 도서 지역이 바다로 둘러싸여 있어 지역별 교류가 활발하지 않았기 때문이다. 그러므로 도서 지역은 내륙보다는 상대적으로 지역적 특색을 지닌 설화가 많다. 특히 내륙에서 멀리 떨어진 도서일수록 그러한 경향이 더욱 짙게 나타난다고 할 수 있다.

인천의 근해에 위치한 덕적군도[2]는 인천광역시 옹진군에 속한 곳으로, 덕적도를 주섬으로 하여 주변의 자월도, 대·소이작도 등을 아우르는 곳이다. 덕적군도는 예로부터 서해안 해양 교통의 중간 기착지로 중국과의 교역에 있어 중요한 지역이었다. 게다가 조선시대에는 진(鎭)이 설치되었었기에 도서 지역이지만 사람들의 왕래가 비교적 빈번한 곳이라고 할 수 있다. 이러한 지역이기에 다른 도서 지역, 즉 먼바다에 위치한 도서에 비해 설화의 윤색(潤色)이 이루어졌을 가능성이 있다. 그럼에도 불구하고 도서 지역이라는 특수성은 그 지역적 특성을 지닌 설화가 상당수 전승되고 있을 가능성이 많다. 여기서는 덕적군도에 전승되고 있는 설화의 특성을 유형별로 구분하여 살펴보고자 한다.

---

1) 남동걸, 「인천지역 설화를 통해 본 인천의 지역성 탐색」, 『인천학연구』 제25집, 인천학연구원, 2016.

2) 일반적으로 덕적군도는 덕적면 소속 도서로 한정하기도 하지만, 여기서는 전통적인 의미에서 자월면 소속 도서까지도 포괄하는 개념으로 사용하기로 한다.

2. 인천 연근해 설화의 유형 및 특징

1) 풍수 설화

풍수 사상이란 주택·마을·도시 또는 무덤이 자리 잡은 지형이 좋은 곳이면 발전하고 번영한다는 사상으로, 양택(陽宅)이나 음택(陰宅)을 결정하는 데 있어 도움이 된다. 여기서 양택은 집·마을·도시의 생성과 관련되며, 음택은 무덤과 관련된 풍수 사상이다. 풍수 사상은 예로부터 우리 조상들에게 많은 관심을 받아왔다. 그래서 풍수와 관련한 다양한 이야기들이 설화화해서 전해져 내려온다. 덕적군도에도 이런 풍수와 관련한 설화들이 전해진다.

일반적으로 풍수와 관련된 설화는 음택, 양택, 단혈(斷血) 설화 등으로 구분된다. 그런데 일반적으로 서민들은 양택보다는 음택 풍수에 더 많은 관심이 있었던 듯하다. 부모나 선조의 무덤을 좋은 곳에 쓰면 그 후손들에게 행복과 번영이 온다는 믿음 때문으로 보인다. 조선시대에는 조상들의 묏자리를 좋은 곳에 잡기 위한 경쟁이 심했다고 한다. 이 때문에 분쟁도 많았는데, 조선시대 송사의 상당 부분이 묏자리 다툼과 관련돼 있다는 점은 이를 잘 드러낸 것이라고 할 수 있다. 상황이 이러니 설화에서도 양택보다는 음택과 관련한 것이 더 많이 전해진다. 그런데 덕적군도에 전승되는 풍수와 관련된 설화 중에는 음택과 관련한 설화만큼이나 양택과 관련한 설화도 전승된다는 특성을 지니고 있다. 양택 설화는 대체적으로 지명 유래와 관련되어 있다.

큰 마을 서쪽에 있는 산으로서 서쪽 해안으로 절벽인 산벼랑에 굴이 있으며, 굴 모양이 귀와 같은 형세라 하여 귀굴구멍이라고 하며 옛날 해

적들이 들어와 행패를 부릴 때 이 굴속으로 피난을 하던 곳이며 6·25사
변 때에도 학교 교장 등 몇 사람이 이곳에서 피난을 하였다고 한다.[3]

위 설화들은 덕적도의 귀넘이산굴과 괭이산의 유래와 관련된 설화로,
이야기 화소가 소략하게 되어 있다. 하지만 지역의 지리적 특성 때문에
화를 면하거나 제물의 손해를 끼쳤다는 줄거리로 보아 풍수와 관련되어
있음을 알 수 있다. 먼저 위의 귀넘이산굴과 관련된 설화는 산의 절벽
아래에 있는 굴의 모양이 귀와 같은 형세여서 붙여진 이름이라고 한다.
이러한 지형적 특수성 때문에 난리가 났을 때 이를 피하는 곳으로 활용했
다는 내용이다. 이 굴의 모양이 실제로 귀의 형상을 하기도 하였겠지만,
귀는 소리를 듣는 기관으로 은밀성과도 연관이 있다. 이러한 은밀성이
피난처로 활용된 이유가 되기도 했을 것이다.

다음은 〈국수봉의 불사약〉이라는 설화이다.

수천 년 전에 중국에는 진나라가 있었다. 진왕은 군소국을 공격해서
중국 대륙을 통일하고 황제가 되니 이를 일컬어 진시황이라 하였다. 시황
제는 모든 명예를 누리고 호탕하게 살다가 몸이 늙으니 오래 장수하려고
불로불사약을 구하고자 하였다. 그래서 그는 동남동녀 수백 명을 각처에
보내 불사영약을 찾아 헤매었다고 한다. 이때 불사약을 심사차 중국 본토
로부터 덕적도 주산인 국수봉에서 영약을 발견해서 진시왕에게 헌상하였
다고 전한다.

---

3) 인천대 국어국문학과 편, 「서해도서 구비전승 자료조사 −인천시 옹진군 덕적면·영흥
면 일원−」, 보고서, 2008. 별도의 인용 표시가 없는 자료는 모두 이 보고서에서 인용하
였음을 밝힌다.

〈그림 1〉 덕적도 국수봉

자료: 옹진군청 홈페이지

이 설화는 전승자인 마을 주민들의 입장에서는 신빙성이 없는 허황된
이야기로 인식되고 있으나, 이야기의 화소 속에는 덕적도의 주산인 국수
봉이 주민들의 인식에는 명산이라는 생각이 자리 잡고 있다고 할 수 있
다. 이는 일견 풍수 설화와 연관이 없을 듯도 하지만, 명산이라는 인식에
서 보았을 때 풍수 사상이 반영된 것으로 볼 수 있기에 풍수 설화의 한
유형으로 볼 여지가 있다. 덕적면 북리와 서포리의 경계에 있는 국수봉
은 해발 312.7m로 덕적도 내에서 제일 높은 산으로, 제일 귀한 산이란
뜻으로 '국수봉'이라고 했다고 한다. 이 산 위에는 주위가 약 30m, 높이
가 약 7~8m의 제천단이 있다. 전설에 의하면 옛날에 소정방이 이 섬에
주둔하고 있으면서 제천단을 쌓고 이곳에서 천신에게 제사를 올렸다고
한다. 그리고 『여지승람』에 보면 임경업 장군이 이곳을 지날 때에 이 섬
의 국수봉에 올라 하늘에 제사를 지냈다는 기록도 있다. 또한 『인천부사』
에서는 덕적도 북쪽 끝에 있는 국수봉은 진나라 시황제가 불로불사의 영약을 구하기 위해 서복(徐福)으로 하여금 동남동녀 500인을 보내어 영약인 불로초를 발견했다고 하는 전설이 있다고 기록하고 있다. 이러한 명산이기에 섬 주민들은 국수봉에 대한 애착이 대단했다고 할 수 있다.

다음은 음택 풍수와 관련된 설화이다.

> 자월도에는 옛날부터 대구 배씨, 보성 강씨, 광산 김씨 등 3성이 대대로 살아온 곳이다. 옛날 이 섬의 대성인 강씨 집에 상이 나니 어느 지고나(산소자리 보는 지관)가 묏자리를 잡아주며 이곳은 명당이라 자처하며 이곳에 산소를 쓰면 자손 중에 과거에 급제해서 삼현육각을 치며 이 묘 앞을 지나갈 것이라 말하였다.
>
> 훗날 과연 그의 아들이 강화 감영에서 시행한 과거에서 무과에 합격하여 삼현육각을 치며 이 묘에 참배하였던 것이다. 그 지관이 예언한 말이 적중되었다. 아들이 무과에는 합격하여 군인이 되었다고는 하나 그 지위는 확실히 알 수가 없다.[4]
>
> 옛날 어떤 무당 할멈이 자월도에 묏자리를 보러 왔다가 이 섬을 보고 이곳은 말의 머리 모양이고 장뿌리 부근은 말의 꼬리 모양을 하고 있어 이 섬이 명당자리라 했다고 하여 할멈도 또는 할명도라고 부르게 되었다.

지역의 유지인 강씨 집에 상이 나 묏자리를 찾는다. 이에 지관(지고나)이 후대가 발현할 묏자리라 하면서 자월도의 이곳을 잡아준다. 이에 그곳에 산소를 쓰니 그 아들이 무과에 합격하였다는 것으로 위의 설화는 음택 설화의 전형이라 할 수 있다. 그리고 아래의 설화는 할명도의 유래 설화로 무당인 할머니가 명당이라고 점지해준 곳이 할명도라는 내용이

---

4) 옹진군지편찬위원회, 『옹진군지』, 옹진군, 1990, 1235쪽.

다. 그래서 섬의 이름이 지관 역할을 한 무당 할머니에서 유래하였다는 것이다.

그런데 이런 풍수와 관련된 설화 중에는 좋지 못한 곳에 마을이 들어서서 주민들이 가난하게 살았다는 것도 있다.

> 귀넘이산에서 북쪽으로 산줄기가 내려와 중간에 산이 되었는데 이 산을 괭이산이라고 한다. 옛날에 예개 재물을 고양이산이 먹어갔기 때문에 못살았다는 이야기가 전해오고 있는 산으로 산 모양이 고양이와 같다고 하여 괭이산이라고 부른다고 한다.

위 설화는 귀넘이산 줄기에 있는 괭이산의 유래와 관련된 설화이다. 고양이의 형상을 닮아 있어 붙여진 이 산은 일종의 흉산(凶山)으로 취급되어지고 있다. 도둑고양이라는 명칭에서 알 수 있듯이, 고양이는 사람들의 양식을 훔쳐먹는 동물이라는 인식 때문에 괭이산을 마주보고 있는 애개마을은 가난한 동네였다는 것이다.

이처럼 덕적이나 자월면에는 풍수와 관련된 설화가 음택, 양택을 막론하고 여러 편 전해지고 있다. 그런데 다른 지역에 비해 풍수 설화의 전승 편수는 적지 않으나, 어느 정도의 구성을 갖춘 풍수 설화가 소수라는 점이 주목된다. 이는 전승되는 과정에서 풍수 설화의 필요성이 줄어들었기에 상당수 멸실된 까닭으로 보인다.

2) 아기 장수 설화

이 유형의 설화는 대부분 영웅의 기질을 가지고 태어난 아이는 반역할 우려가 있다고 하여 나라에서 꺼려했기에, 집안이 몰살당할 것을 우려한 부모에 의해 이들은 죽임을 당한다는 이야기로 구성되어 있다. 그러므로 이 설화는 지역에 따라 부분적인 변이가 있기도 하지만, 대체로 '아기 장수의 출생-죽음-용마-증거제시'라는 기본 구조를 가지고 있다.[5] 위의 구조에서 보듯이 아기 장수 설화는 대부분 아기 장수의 죽음과 관련이 있다. 그러나 일부 지역의 경우는 아기 장수 생존형이 보이기도 한다.

아기 장수 생존형 설화는 성인이 되어서도 그 힘을 발휘하면서 살아가는 성공형과 부모에 의해 불구가 되어 살아가는 실패형으로 구분되는데, 위의 설화는 아기 장수 생존형 중에서 불행형으로 구분될 수 있다. 그런데 아기 장수가 성장하면 역적이 된다는 이유로, 우리나라에는 성공형이든 실패형이든 아기장수 생존형 설화의 전승 사례는 극히 드물다. 생존형 설화 중 성공형은 제주도나 울릉도에 그 사례가 보일 뿐이고, 실패형의 경우도 충청도 일부에서만 전해진다.[6] 그런데 인천에서는 영흥도 〈김아기 장수 설화〉나 소래산 근처의 〈삼각산 이 장사〉 설화와 같은 아기장수 생존형 중 실패형 설화가 전해지는데,[7] 이곳 덕적군도에도 생존형 설화가 전해지고 있다는 점이 주목된다.[8]

소야도(蘇爺島)에서 대대로 살아오는 박씨 문중에서 한 장사가 났다. 그는 나면서 기골이 장대하고 숙성하며 힘이 장사였다. 그가 어려서 어머니 젖을 먹을 때의 일이다. 그 집 솥 안에 있는 밥이 매일 없어졌다. 이상

---

5) 남동걸, 앞의 논문, 105쪽.
6) 최래옥, 『한국구비전설의 연구』, 일조각, 1981, 150~152쪽.
7) 남동걸, 앞의 논문, 106~108쪽.
8) 남동걸, 앞의 논문, 106~108쪽.

해서 잘 살펴보니 그 아이가 매일 솥에 훔쳐 먹는 것이었다. 그 아이가 점차 자라 커지면서 힘이 남달리 세고, 15,6세 때에는 장정 수 명이 그의 힘을 당해내지 못하니 그의 부모는 불안했다. 그 당시만 해도 장사가 나면 나라에 반역할까 두려워 어려서 없애 버려야 했기 때문이다. 그래서 그의 양 어깨를 끌로 파내 병신을 만들어 놓았다. 그러나 그는 여전히 힘이 센 장사였다. 그가 젊었을 때 덕적에는 첨사가 권세를 남용 박 장사의 집 선산에다 묘를 쓰려고 이 산을 빼앗으려 드니 할 수 없어 산판의 일부를 나누어주고 경계를 표시하기 위해 박 장사는 괭이로 흙을 파냈는데 아직도 그 흔적이 남아 있다고 한다. 또 한 얘기는 그가 성년이 되어 뱃동사[船員] 노릇을 하였다고 하는데, 큰 어선에 돛을 달았다. 그때에는 포목이 귀한 때라 전라도산 부들을 엮어서 돛을 만들어 무거워서 달기가 어려웠다. 그래서 뱃동사 십여 명이 달아야만 되는데, 박장사는 혼자서 거뜬히 이 돛을 다니 모두 놀라 그의 힘을 찬양하였다고 전한다. 박장사는 불운한 시대에 태어나 불구의 몸으로 뱃동사로 일생을 지냈다 한다.[9]

 소야도에 전해지는 아기 장수 설화이다. 출생과 증거제시만 되고 있을 뿐 아기 장수의 죽음과 용마가 등장하지 않는다는 점에서 우리나라의 전형적인 아기 장수와는 차이를 보이고 있다. 부모에 의해 불구의 몸으로 살아간다는 점에서는 영흥도의 〈김 아기 장수 설화〉와 비슷한 내용을 담고 있다. 그러나 부모에 의해 불구가 되긴 했지만, 성년이 되어서도 보통 사람들과는 다른 힘을 발휘하고 살아가고 있다는 점이 영흥도의 아기 장수 설화와는 차이를 보인다. 이는 성공형과 실패형의 중간적인 형태를 띤다고 볼 수 있다.

 위의 설화와 같은 아기 장수인지는 확인할 수 없지만, 박 아기 장수와

---

9) 이훈익, 『인천지방향토사담』, 인천지방향토사연구소, 1990, 309~310쪽.

연관을 지을 만한 설화가 있어 들어본다.

> 덕적군도 소야도에 옛날 최 장사와 박 장사가 한 마을에 같이 살고 있
> 었다. 그들은 같은 연배로 장사들이었다. 그래서 이 마을 사람들은 이들
> 두 장사를 보고 최 장군님 박 장군님이라 부르며 존경을 받았다고 한다.
> 그들은 자기의 기운이 센 것을 자랑하기 위해 그들은 힘을 과시하며 뽐내
> 고 살았다. 어느 날이다. 그들은 서로가 힘겨루기 내기를 하게 되었다.
> 통해(通海) 턱굴에서 약 2백 미터 떨어져 있는 대암(큰바위)까지 모래섬
> (푸대)를 양 어깨 겨드랑에 끼고 그곳을 한 바퀴 도는 내기였다. 그때 최
> 장군은 모래 포대를 거뜬이 끼고 한 바퀴 돌아왔다. 그러나 박 장군은
> 돌던 도중 힘에 겨워 머무르고 말았다. 이리해서 최 장군은 승리하고 더
> 욱 힘 자랑을 하게 되었다.[10]

이 설화에는 아기 장수의 탄생과 관련한 이야기 화소가 없다. 그러므
로 아기 장수 설화라고 볼 수는 없다. 하지만 여기서의 박 장사는 위 아기
장수 설화의 박 장사와 동일인으로 볼 여지가 충분하다. 같은 소야도에
서 전승되는 설화라는 점도 그렇지만, 힘을 발휘하지 못해 맞수인 최 장
사와의 힘겨루기에서 졌다는 점에서 보았을 때 그렇다. 일종의 위 소야
도 아기 장수 설화의 후일담 성격을 지닌 설화라고 할 수 있다.

덕적군도에는 또 다른 아기 장수의 생존형 설화가 있었음을 보여주는
것도 있다.

> 문갑리의 말 바위는 왕재에서 진모래로 넘어가는 진고박재 서쪽에 있
> 는 바위로 한때 용마가 나서 이곳에서 뛰어나갔다는 전설도 있고, 장검을

---

10) 옹진군지편찬위원회, 『옹진군지』, 옹진군, 1990, 1232~1233쪽.

찬 대장이 용마를 타고 이곳을 지나다 이 바위에서 쉬어 가게 되어 이 바위 위에서 용마가 한 발을 잡고 뛰어 용마의 발자국이 지금도 남아 있다고도 한다.

덕적면 문갑도에 전해지는 말바위에 얽힌 설화이다. 이 설화에는 아기 장수의 탄생과 죽음에 관한 이야기 화소는 없다. 하지만 아기 장수 설화의 중요한 화소 중 하나인 용마가 등장한다는 점에서 아기 장수 설화의 변이형이라고 할 수 있다. 일반적인 아기 장수 설화에는 용마가 아기 장수의 죽음과 함께 등장하는데, 여기서는 장검을 찬 장수가 용마를 타고 지나간 것으로 되어 있다. 용마가 아기 장수의 죽음과 연관되지는 않은 것으로 보아 아기 장수 생존형 설화의 한 유형이라고 할 수 있다. 그런데 이 설화에 등장하는 아기 장수는 "용마를 타고 이곳을 지나다 이 바위에서 쉬어 가게 되어"라는 문구로 보아 이 지역에서 태어난 아기 장수는 아니었던 듯하다.

이 설화와 선후 관계는 알 수 없지만, 연결을 시킬 만한 설화가 있다.

어느 날 이 마을에 사는 한 여인이 바닷가에서 굴을 따고 있는데 덕적도에서 제일가는 장사가 육지로 가기 위해 물 위를 걸어오고 있었다. 그런데 마침 이 여인의 뱃속에 또 다른 장사가 하나 잉태되어 있었다. 물 위를 걸어오던 그 장사는 그 여인의 뱃속에 또 다른 장사를 보고 너무 놀라 그만 그 자리에서 선 채로 굳어져 돌이 되어 버렸다고 한다. 물론 이 여인의 배 속에 있던 장사로 태어날 아기도 그만 그 장사가 굳어져 돌이 되는 것에 놀라 장사로 태어나지 못하고 보통 사람으로 태어나고 말았다고 한다.

위는 덕적면 소야도에서 약 500m쯤 떨어진 곳에 있는 장군바위에 얽힌 설화이다. 도래한 아기 장수에 의해 아기 장수를 잉태한 어머니가 놀라는 바람에 지역의 아기 장수가 태어나지 못했다는 것이다. 여기서 도래한 아기 장수가 위의 말바위 설화에 등장하는 아기 장수와 동일인인지는 알 수 없지만, 이 설화의 기저에는 아기 장수가 태어나지 못한 안타까움이 반영된 것으로 볼 수 있다.

〈그림 2〉 장군바위

자료: 옹진군청 홈페이지

이상으로 보았을 때 덕적군도에는 아기 장수 설화가 여러 편 있었을 것으로 보이는데, 대체로 생존형 설화가 전해진다는 특징이 있다. 그런데 인천의 내륙 지역이나 다른 지역에 전승되는 생존형 설화와는 다소 차이를 보인다. 즉 생존형 설화 중 성공형과 실패형의 중간 형태를 지닌다는 점이다. 이는 사람들의 왕래가 비교적 자유롭지 못하다는 도서 지역의 특징이 반영된 것으로 볼 수 있다.

3) 산 이동 설화

『삼국유사』에 이미 그 흔적이 보이는 산 이동 설화는 산이나 섬이 이동하다가 멈추어 현재 위치에 자리 잡게 된 경위를 설명하는 이야기로 전국적인 분포를 보이는 설화이다. 산 이동 설화는 이야기의 구성 형태에 따라 단순 구조형과 복잡 구조형으로 구분할 수 있다. 단순 구조형 산 이동 설화는 정확히 어느 시기 어느 곳에서인지는 모르지만, 떠내려온 산이 지금의 자리에 멈춰 서게 된 내력을 설명하는 이야기로 되어 있다. 이러한 유형의 설화는 '떠내려오는 섬(또는 산이나 바위)을 여자가 보고 경솔하게 언동을 하여 현재의 위치에 머물게 되었다'는 공통점을 지니며, 여기에 제사·발전 저해·세금 등의 모티프가 첨가되는 것이 보통이다.[11] 인천의 산 이동 설화 중 수봉산과 계양산의 이동 설화가 여기에 속한다. 거기에 비해 복잡 구조형 산 이동 설화란 산의 움직임이 '건도(建都)', '내침(來侵)' 등 뚜렷한 목적의식 하에 이루어지는 이야기이다.

　　옛날 선갑도가 한양 삼각산이 될 뻔한 이야기야. 삼각산이 되려면 백 골짜기가 되어야 하는데 딱 한 골짜기가 부족했더래. 그래서 망구할매가 그만 주먹으로 그 섬을 내려쳤대요. 그래서 그 섬이 조각조각 흩어져서 각흘도, 울도, 백아도, 지도, 문갑도 등의 섬이 생긴 거라고 해.[12]

　　옛날 먼 옛날 서해바다에 가장 멀리 떨어져 있는 한 섬이 큰 꿈을 꾸고 서울로 가서 크게 뽐내고자 한양으로 떠들어 가다가 알고 보니 선갑도가 들어앉으려는 자리에는 이미 목멱산(남산)이 먼저 자리를 차지하고 있어

11) 조석래, 「떠내려 온 섬 전설 연구」, 『한국 이야기 문학 연구』, 학문사, 1993, 154~158쪽.
12) 김창수, 「인천 해양설화의 콘텐츠화 방안연구」, 인천발전연구원 연구보고서, 205쪽.

서울로 떠들어 가려던 선갑도는 도중에 머무르게 된 것이라 한다. 이는 허무맹랑한 전설이다. 그러나 이 선갑도는 그럴만한 이유를 지니고 있는 것이다. 이 섬에는 6각으로 된 수정성(水晶性) 주석(柱石)이 70여 개가 뒹굴고 있다. 이 6각 주석이 마치 대궐의 기둥과 같다. 이 수많은 6모 돌기둥은 궁궐 건축자재로 사용할 것 같이 나란히 누워 있기 때문이다. 이상과 같은 이유로 그러한 전설이 생겨났을 것이다. 이 선갑도의 6각 주석은 희귀한 것으로 이를 잘 보존하여 일반에게 공개하면 좋을 것으로 여겨진다.[13)]

〈그림 3〉 선갑도

자료: 옹진군청 홈페이지

위는 인천의 산 이동 설화 중 복잡 구조를 지닌 유형이다. 선갑도가 서울로 가기 위해 멀리에서 떠들어 오다가 삼각산과 목멱산이 먼저 서울에 들어앉은 것을 보고 현 위치에 주저앉았다는 내용으로, 건도의 목적 하에 이루어진 이야기이기 때문이다. 도읍을 정하는 데 있어 주도적인

---

13) 옹진군지편찬위원회, 앞의 책, 1232~1233쪽.

역할을 담당하고자 하는 큰 목적으로 한양으로 향하던 인천의 산(섬)들은 미리 온 다른 산들(삼각산, 목멱산)에 밀려 그 목적을 달성할 수 없음을 알고, 이동을 멈추고 그 자리에 머물게 된다. 자신이 가고자 했던 곳으로 가지 못하고 머물게 된다는 점에서 '건도 참여 좌절형 설화'라고 할 수 있다. 하지만 여기서 주목할 점은 다른 지역의 설화와는 다르게 위의 산 이동 설화는 스스로의 의지로 이동을 멈추고 있다는 점이다.[14] 먼바다에서 한양으로 가려고 한다는 것은 다른 어떤 산과 견주어도 자신이 있다는 의미이다.

이는 설악산에 있는 울산바위 설화를 보아도 잘 알 수 있다. 울산바위는 울산을 떠나 금강산으로 떠들어 가다가 금강산에는 이미 1만 2천 봉이 모두 들어앉자 들어가지 못하고 설악산에 머물러 있게 되었다는 설화이다. 이 울산바위 설화의 중요 모티프는 설악산이 금강산만큼은 아니지만 금강산에 비견할 만한 곳이라는 점이다. 이렇게 보았을 때 선갑도 역시 스스로 인천 앞바다에서 멈춘다는 것은 이곳이 한양만큼은 아니지만 한양에 버금갈, 자신의 재주를 보이기에 적당한 곳이라는 의미로도 해석될 수 있는 것이다.

4) 인물 설화

덕적군도의 전승되는 인물 설화는 임경업 장군과 관련된 설화가 주를 이루고 있으며, 그 외에 소정방과 관련한 설화가 약간 전해진다. 임경업 장군과 관련된 설화는 서해안 도서 지역에는 보편적으로 나타나는 설화이고, 소정방과 관련한 설화는 소정방이 삼국시대 때 덕적도에서 주둔했

---

14) 남동걸, 앞의 논문, 103~104쪽에서 발췌, 정리한 것임.

다는 역사적인 기록에서 기인한 것으로 보인다. 이 중 임경업과 관련 설화는 서해안 일대에 널리 퍼져 있는 것으로, 서해안에서 어업의 신으로 인식되고 있는 임경업과 조기잡이를 연관시킨 내용이 주를 이룬다. 이 이야기는 주로 연평도 일대를 중심으로 분포되어 있으나, 덕적군도에도 이와 유사한 설화가 몇 편 전해진다.

그중 대표적인 것을 들면 다음과 같다.

> 임 장군이 중국 갈라고 배를 타고 선원들이 중국 가기 싫으니까 물도 쌀도 버리고 임 장군에게 "물도 쌀도 없다"고 했다. 그러자 임 장군은 연평도를 가다가 물을 실으라고 하니까 물이 민물이 되었거든. 그리고 안목에 그물을 치는데 가시나무를 꺾어 놓으라고 해서 그대로 하니까 물이 쓰자 조기가 가시마다 걸렸지. 그렇게 하다가 연평도를 보니까 산이 좋거든. 산이 좋으니 부하들에게 나 죽거든 여기다가(마을 당산)에 나를 쉬게 해달라고 했데. 그래서 그를 여기에 모셨지. 그를 신으로 모시는 것은 가시나무에 걸린 조기잡이를 가르쳐 준 것이지. 그가 그렇게 해서 여기서 조기를 잡아먹게 된 거지.

위의 설화는 연평도에서 주로 전해지는 설화와 대동소이하다. 위의 설화처럼 서해안에서 민간에 구전되는 임경업과 관련된 설화는 역사 기록물과는 달리 청이나 김자점에 대한 적대감 또는 증오감은 드러나 있지 않다.[15] 오히려 설화를 구전하는 백성들의 운명론적 삶을 그대로 보여준다. 그러므로 이들 설화의 내용은 대부분 권력으로부터 소외된 자신들의 삶을 돕는 은인의 모습으로 임경업을 묘사하고 있다. 연평도에서는 마을

---

15) 임경업 장군은 병자호란의 영웅으로 후에 김자점에 의해 죽임을 당한다.

에 '충민사'라는 사당을 만들어 풍어는 물론 주민들의 안전까지 비는 주신(主神)으로 섬기고 있다. 이러한 신앙의 근원에는 억울하게 죽은 임경업의 모습이 투영되었다기보다는 백성을 돕고 지켜주는 지혜로운 은인으로서의 임경업이 형상화되어 있다.[16]

위의 설화가 연평도를 비롯한 서해안 일대에 널리 퍼져 있는 임경업 설화의 유형이라면, 다음의 설화는 자월면 선갑도에만 전해지는 임경업 관련 설화이다.

> 조선 인조 때의 명장 임경업은 황해도 땅인 연평도 앞바다에서 조기를 처음 잡았다고 해서 도서 어민들은 임장군의 사당을 짓고 이를 모시고 있다. 임경업 장군께서 1640년(인조 18년) 봄 주선 상장이 되어 명나라를 공격하러 갈 때라고 전하는데 그는 자월도를 경유하게 되었는데 이때 자월도민이 임장군을 환송하기 위해 어여쁜 여자 8명을 곱게 단장하고 포구에 나란히 서서 환영하였다고 전해지고 있다. 그래서 이곳을 팔선녀 뿌리라고 부르고 있다.[17]

자월1리에 있는 팔선녀 뿌리라는 포구와 관련된 일종의 지명유래 설화라고 할 수 있다. 여기서 주목할 것은 자월면 선갑도가 임경업 장군이 명나라를 공격[18]하기 위해 중국으로 가는 경유지였다는 점이다. 이는 설

---

16) 남동걸, 앞의 논문, 110~111쪽.
17) 옹진군지편찬위원회, 앞의 책, 1234~1235쪽.
18) 임경업은 병자호란의 영웅으로 친명배청파(親明排淸派)의 대표적인 무장이었다. 그러므로 위의 설화 내용대로 시기가 명나라를 공격하러 갈 때라는 점은 전승 오류로 보인다. 역사적으로 1640년 청나라의 요청에 따라 주사상장(舟師上將)으로 명나라를 공격하기 위해 출병하기는 했었다. 하지만 그는 명나라 군과 내통하여 군사기밀을 알려주는 등 청나라 군에는 협조하지 않았다고 한다. 후에 이러한 사실이 알려져 체포되어

화 전승자가 선갑도를 포함한 덕적군도를 연평도와 동일선상에 놓으려는 의도로 보인다. 즉 연평도만이 어업의 신이 된 임경업 장군의 전유물이 아니라, 선갑도를 비롯한 덕적군도와도 관련이 있다는 점을 부각시키기 위한 의도인 것이다. 실제로도 덕적군도가 중국으로 가는 항로의 경유지임은 예로부터 잘 알려져 있는 사실이다. 그리고 임경업 장군이 중국으로 갈 때 덕적도의 국수봉에 올라 하늘에 제사 지냈다는 『여지승람』의 기록도 이러한 사실을 뒷받침해주고 있다. 그러니 이러한 유래 설화가 생기는 것은 자연스러운 현상이라고 할 수 있다.

덕적군도가 한반도와 중국을 잇는 항로 중 하나인 등주항로의 주요 경유지였다는 점은 주지의 사실이다. 이러한 점은 소정방 설화와 발생과도 연결이 된다. 덕적군도에 전승되는 소정방과 관련한 설화는 구체적인 화소가 없이 단편적으로만 전해진다. 덕적도의 국수봉에 얽힌 이야기 중 "옛날에 소정방이 이 섬에 주둔하고 있으면서 제천단을 쌓고 이곳에서 천신에게 제사를 올렸다고 한다."라든지, 덕적군도 중 하나인 소야도의 유래가 소정방과 관련이 있다는 정도이다. 이중 소야도의 유래와 관련된 내용을 들어본다.

> 덕적면 소야도는 신라시대 태종 무열왕 7년(660년) 당의 소정방이 백제 정벌함대를 이끌고 이 섬에 정박한 일이 있어 이 섬은 소씨 노인이 머물던 곳이라 하여 한자음으로 바꾸어 '소야도'라 했다고 한다. 이 섬은 원래 두 개의 산지가 연결되어 있어 남동 해안과 남서 해안을 제외하고는 넓은 간사지 끝에 암호일을 형성하여 천연적인 방조제의 구실을 하고 있어 소정방의 함대가 머물기에 적지였을 것으로 추측된다. 그러므로 이

심양으로 압송되던 중 탈출하였다.

〈그림 4〉 소야도 전경

자료: 옹진군청 홈페이지

섬이 소야가 머물렀던 곳으로 소야도라 한 것을 알 수 있겠다.[19]

소야도는 원래 '새섬', '사야곳섬', '소의도', '사야곳도', '소아도', '새 곳섬', '사야꽃섬' 등으로 불렸다고 한다. 소야도라는 이름은 소씨 성을 가진 노인이 머물렀던 곳이라는 의미로 생성된 명칭으로, 여기서 소씨 성을 지닌 노인이 소정방이라는 것이다. 실제로『삼국사기』「신라본기」 제5편에 이와 관련한 기록[20]이 있는 것으로 보아 어느 정도 사실에 기반 한 이야기라고 할 수 있다. 그런데 여기서 주목되는 점은 임경업과 소정 방 설화 모두 덕적군도가 주요한 한·중 항로 중 하나인 등주항로의 경유 지로 기능했다는 점이다. 그러므로 덕적군도의 인물 설화에는 이곳의

---

19) 옹진군지편찬위원회, 앞의 책.
20) "소정방이 내주(萊州)에서 출발하여 선함(船艦)이 천리에 뻗치고 동쪽을 향하여 순류 (順流)로 내려왔다. 21일에 왕이 태자 법민(法敏)으로 병선 100척을 이끌고 덕물도에서 정방을 맞게 하였다."(『삼국사기』「신라본기」제5편)

지리적 특성이 잘 드러나 있다고 할 수 있다.

5) 바위 설화

도서 지역의 중요한 특성 중 하나는 특이한 모양을 가진 바위가 많다는 점이다. 특이한 모양을 지닌 바위이기에 이와 관련된 설화 또한 자연스럽게 생성된다고 할 수 있다. 덕적군도에는 이러한 특이한 모양의 바위가 많기에 그와 관련된 설화 또한 상당수 전해진다. 그 중 대표적인 것이 거인 설화의 일종인 망구할매 설화이다.

> 망구할매는 키가 어찌나 컸던지 서해 바다가 정강이에도 차지 않았어. 망구할매는 서해바다를 그냥 첨벙첨벙 걸어 다녔지. 그런데 선갑도 앞 큰 물골이 제법 깊어서 망구할매의 허리까지 찰 정도였지. 망구할매가 어떤 날 거기를 건너다가 중우가 다 젖었지 뭐야. 나와서 중우를 벗어보니 새우가 한가득 들어 있었어. 섬사람들 다 먹고도 남을 정도로 젖은 중우를 건너편 산에다 널어 말렸는데 그 산 언덕에는 아직도 풀이 나지 않아. 서산 항금산(황금산)이 바로 망구할매가 중우를 말린 곳이야.[21]

여기서의 망구할매 역시 바다를 걸어 다녀도 물이 허리까지 밖에 차지 않을 정도로 거대한 몸집을 지니고 있다. 일반적으로 망구할매는 위협적이고 공포스러운 의미로, 부정적인 인물로 묘사되는 내용이 대부분이다. 그런데 여기서는 바지(중우)로 새우를 잡아 섬사람들에게 배불리 먹일 정도로 긍정적인 인물로 묘사되고 있다는 점이 주목된다.

---

21) 김창수, 앞의 보고서, 208쪽.

선단여(仙硏汝)는 망구할매 보뚜리(봇돌)이라는 이야기가 있어요. 앞
아서 오줌 누고 대변보고 하는 봇돌이야. 그런데 선단여 바위가 한쪽은
짧고 한쪽은 길어서 짝짝이야.[22)]

게다가 위의 설화처럼 선단여가 망구할매가 대소변을 본 곳이라는,
망구할매의 인간적이며 해학적인 면모를 보이는 설화도 있다. 이렇게
보았을 때 이곳 설화에 등장하는 망구할매는 기존의 공포스럽고 부정적
인 의미가 아니라, 해학적이며 자애롭기까지 한 대지모신(大地母神)적 성
격을 지니고 있다고도 할 수 있다.[23)]

덕적면 백아리에 있는 이 바위는 전하는 말에 의하면 덕적도에서 멀리
떨어진 백아도에 노부부와 남매가 살고 있었다고 한다. 그런데 어느 날
노부부가 하루 사이에 모두 죽게 되었다. 그러자 인근 외딴 섬에 홀로
외로이 살던 마귀할멈이 여동생을 납치하여 자기가 살고 있는 외딴곳으
로 데리고 갔다. 그 후 십여 년이 흘러 장성한 오빠는 홀로 조각배를 타고
낚시를 하다 풍랑을 만나 어떤 섬에 정박하게 되었다. 그런데 그곳에서
어여쁜 처녀를 발견한 총각은 사랑을 느끼게 되고 둘은 마귀할멈이 없는
틈을 타서 사랑의 밀회를 즐기게 되었다. 서로 이루어질 수 없는 남매의
사랑을 개탄한 하늘은 선녀로 하여금 그들의 관계를 설명해 주게 하여
알려주었다. 그러나 남매는 그의 말을 믿지 못하고 오히려 함께 죽는 편
이 좋겠다고 고집함으로 하늘은 이들에게 천둥과 번개를 때리게 하여 불
륜의 관계를 맺었던 남매와 그렇게 되도록 만들어 놓았던 마귀할멈을 모
두 죽여 버리고 만다. 그 후 그곳에는 세 개의 바위가 우뚝 솟아올라 사람
들은 이것을 '오빠바위' '누이바위' '할미바위'라 하고 또 다른 이름으로는

---

22) 위의 보고서, 207쪽.
23) 위의 보고서, 71쪽 참조.

선녀의 말을 믿지 못하고 고집하다 벼락을 맞아 선녀들이 너무 안타까워 붉은 눈물을 흘리며 하늘로 올라간 곳이라 하여 '선단'이라 하던 것이 점차 변음되어 '선단 바위'로 불리게 되어 한자로는 '선대암'이라 하게 되었다고 한다.

〈그림 5〉 선단여

자료: 옹진군청 홈페이지

위 설화는 앞의 설화와 동일하게 선단여를 배경으로 하였다. 그러나 앞의 설화와는 몇 가지 면에서 차이를 보인다. 우선 앞의 설화에 비해 위의 설화가 이야기의 짜임이 잘 되어 있다는 점이다. 앞의 설화에는 선단여의 바위가 단순히 망구할매의 봇돌이었다는 단순 구조라면, 위의 설화에는 선단여를 이루고 있는 세 개의 바위가 각각 오빠바위, 누이바위, 할미바위라는 명칭을 얻게 된 유래와 선단여의 유래를 구체적으로 드러내고 있기 때문이다. 그리고 두 설화의 주요 등장인물인 망구할매와 마귀할멈의 이미지가 차이가 있다는 점이다. 앞의 망구할매는 해학적이며 대지모신적 이미지라고 한다면, 뒤의 마귀할멈은 부정적인 이미지를 가지고 있다. 남매가 해서는 안 될 사랑을 하게 되고, 결국은 죽게 된 원인이 바로 마귀할멈에 있기 때문이다. 여기서의 마귀할멈은 앞의 망구할매의 다른 명칭이라고 할 수 있다. 그러므로 덕적군도의 설화에 등장하는 망구할매(마귀할멈)은 긍정적인 이미지와 함께 부정적인 이미지도 함께 가지고 있는 인물이라고 할 수 있다.

> 옛날 한 어부가 이 포구에서 그물을 치고 고기를 잡고 있었다. 그런데 그 어부는 3일이 지나도 집에 돌아오지를 않아 그의 부인은 괴상하게 여기고 남편을 찾아 헤매다가 이곳에 이르러보니 큰 지네가 사람을 물어 죽이고 파먹고 있었다. 이를 본 그 부인은 대경실색하여 그 자리에 쓰러졌다. 한참 후에 깨어난 그는 사랑하고 의지하던 남편이 이 지경이 된 것을 보니 기가 막혔다. 그 부인은 슬픔에 잠겨 통곡하다가 생각하니 누굴 믿고 무슨 재미로 살겠느냐 하며 자기도 그 바위에 올라 바다에 몸을 던져 순절하고 말았다. 그래서 이 섬에서 열녀가 난 것이다. 그러나 이들 부부의 성명은 전해지지 않았다. 그들이 죽은 지 수일 만에 이 바위에 벼락이 떨어졌다. 그래서 이 큰 바위는 산산조각이 나고 말았다. 후에 이 바위를 가리켜 부사암(婦死岩) 또는 벼락바위라 부르고 있다. 그 벼락이 떨어진 것은 어부를 잡아먹은 지네에게 하늘에서 벌을 내린 것이라 여기게 되었다.[24]

위 설화는 자월도 동림포구에 있는 부사암(婦死岩), 또는 벼락바위에 얽힌 설화이다. 부사암이라는 이름은 지네에게 죽임을 당하는 남편을 목도한 부인이 남편을 따라 자결한 바위여서 붙여진 것이다. 남편을 따

---

24) 옹진군지편찬위원회, 앞의 책, 1234쪽.

라 순절했다는 점에서는 열녀 설화의 한 계열이라고 할 수 있다. 일반적으로 열녀 설화는 사대부가(士大夫家)의 정절과 연관된 것으로, 기본적으로 유교적인 모티프가 가미되어야 한다. 하지만 위의 설화에는 이러한 점이 보이지 않는다. 사대부인 남편을 따라 순절한 것이 아니라, 어부인 남편을 따라 죽었다는 점과 남편의 죽음이 지네에 의한 것이라는 점도 일반적인 열녀 설화와는 차이가 있다.

이는 이 설화의 전승지가 도서 지역이라는 특수성 때문이라고 할 수 있다. 도서 지역은 일반적으로 유교적인 덕목이 엄격하지 않은 곳이다. 이런 관계로 도서 지역에는 열녀 설화가 드물기 마련이다. 그럼에도 도서 지역인 이곳에 열녀 설화 계열이 전승된다는 것은 주목할 만하다. 이는 덕적군도가 도서 지역임에도 타지역 사람들의 내왕이 잦은 곳임을 보여주는 것이라고 할 수 있다.

이 외에 덕적군도에는 〈선돌바위 전설〉, 〈말바위 전설〉, 〈투구바위 유래〉 등과 같은 바위와 관련한 설화가 여러 편 더 전해진다. 하지만 이들 설화는 도깨비 이야기와 같은 민담적 요소를 가지고 있거나(〈선돌바위 전설〉), 줄거리가 소략(〈말바위 전설〉, 〈투구바위 유래〉)하여 별도의 분석을 생략하기로 한다.

3. 나가며

이상 인천 연근해 지역 설화를 유형별로 분석하고 그 특징을 살펴보았다. 그 결과 이 지역의 설화 유형으로는 〈풍수 설화〉, 〈아기 장수 설화〉, 〈산 이동 설화〉, 〈인물 설화〉, 〈바위 설화〉 등으로 분류되었다. 이는 인

천의 내륙 지역 설화의 유형과 큰 차이를 보이지 않는다. 하지만 각 유형
별 특징에는 내륙의 설화와는 달리 도서 지역, 특히 연근해 도서만의 특
성을 보이는 것이 있었다. 연근해 도서의 특징을 중심으로 한 각 유형별
특성을 요약하면 다음과 같다.

우선 〈풍수 설화〉를 살펴보면, 음택과 양택의 풍수 설화가 고르게 나
타난다는 점에서는 내륙, 또는 여느 도서 지역과 큰 차이가 없었다. 하지
만 전해지는 편수에 비해 줄거리가 지나치게 소략하다는 특징이 있었다.

다음으로 〈아기 장수 설화〉의 경우는 내륙과의 차이가 가장 두드러진
유형이었다. 이 유형의 설화는 우리나라에서 가장 널리 퍼져 있는 형태
로, 아기 장수가 사망하는 형태로 나타나는 것이 일반적이다. 그러나 덕
적군도에 전승되는 아기 장수 설화는 대체적으로 생존형으로 나타난다
는 점이 가장 큰 특징이라고 할 수 있다. 특히 생존형 중에서도 다른 지역
에서는 쉽게 볼 수 없는 성공형과 실패형의 중간 형태라는 점이 주목된
다. 이는 육지와 바로 인접하지도 않고, 그렇다고 아주 멀리 떨어진 곳도
아닌 연근해 도서의 특징이 반영된 것으로 보인다.

〈산 이동 설화〉의 경우는 건도 참여형 설화의 형태로 나타났는데, 내
륙의 것과 큰 변별을 보이지 않았다. 그리고 〈인물 설화〉의 경우는 임경
업, 소정방과 관련된 설화가 전승되고 있었는데, 이들 설화의 공통점은
예로부터 한반도와 중국을 잇는 등주항로의 경유지였던 덕적군도의 지
리적 특성이 잘 드러나 있다는 점이다.

끝으로 〈바위 설화〉의 경우는 망구할매 설화와 같은 거인 설화가 보인
다는 특징이 있었다. 그런데 동일 인물인 망구할매와 마귀함멈은 긍정적
인 형태로도 나타나고 부정적인 형태로도 나타난다는 특징을 보이고 있
었다. 그리고 바위 설화 중에는 열녀 설화 계통의 것도 있었다.

일반적으로 열녀 설화는 사대부가의 정절과 연관된 것으로, 기본적으로 유교적인 모티프가 가미되어야 한다. 하지만 여기에서는 이러한 점이 보이지 않는다는 특징이 있었다. 이는 유교적인 덕목이 비교적 엄격하지 않은 도서 지역만의 특성이 반영된 것으로 볼 수 있다. 게다가 도서 지역은 이러한 특성 때문에 열녀 설화가 잘 나타나지 않는 것이 일반적인데, 덕적군도에는 이러한 형태의 설화가 전승된다는 특징이 나타난다. 이는 이곳이 도서 지역임에도 내륙의 영향력이 상당히 미쳤기 때문으로 볼 수 있다.

[참고] 덕적군도 설화의 실재

문갑도의 팔선녀굴

덕적군도의 한 섬인 문갑도는 섬은 작으나 유명한 섬이다. 산이 수려하며 농경지인 전답이 많으며 비옥해 수확이 많다. 또한 부근에 수자원이 풍부해 사람이 살기 좋은 곳이다. 문갑이란 글이 으뜸이란 뜻이라 하나 사실인지는 명확치 않다.

하여튼 이 섬에는 문인학자가 살았던 곳이다. 아마도 옛날에 정객들이 이 섬에 유배되어 학문을 전수시켜 학자가 배출된 것이라 여겨진다. 이 섬에는 기묘한 천연적인 선굴이 하나 있다. 이 산 굴을 가리켜 팔선녀굴이라 전한다. 이 팔선녀 굴에 대해 재미나는 전설 한 토막이 전해지고 있다. 먼 옛날 이 굴이 하늘로부터 아리따운 선녀 여덟 명이 하강해서 즐겁게 춤을 추고 노래하며 놀다가 이 굴로 들어갔다고 한다. 그래서 이곳 사람들은 이 굴을 팔선녀 굴이라 부르게 된 것이라 한다.

닭우리

덕적면 북리에는 능동이라는 곳이 있다. 이 능동 산 뿌리를 닭우리라고 부르고 있다. 옛날 이곳은 바닷가이며 민가가 없는 한적한 곳이었다. 그런데 밤이 되면 이상하게도 매일 같이 닭우는 소리가 들려온다. 그래서 대낮에 이곳에 가보아도 닭은 볼 수가 없다. 괴상히 여긴 마을 사람들은 이곳에 가서 산을 샅샅이 뒤져보았다. 그러나 닭은 볼 수가 없었다. 그래서 이곳 사람들은 불가사의한 수수께끼로 여겼다. 이곳을 닭우리라 부르고 있다.

최·박 두 장사의 힘겨루기

덕적군도 소야도에 옛날 최 장사와 박 장사가 한 마을에 같이 살고 있었다. 그들은 같은 연배로 장사들이었다. 그래서 이 마을 사람들은 이들 두 장사를 보고 죄 장군님 박 장군님이라 부르며 존경을 받았다고 한다. 그들은 자기의 기운이 센 것을 자랑하기 위해 그들은 힘을 과시하며 뽐내고 살았다. 어느 날이다. 그들은 서로가 힘겨루기 내기를 하게 되었다.

통해(通海) 턱굴에서 약 2백 미터 떨어져 있는 대암(큰바위)까지 모래섬(푸대)를 양 어깨 겨드랑에 끼고 그곳을 한 바퀴 도는 내기였다. 그 때 최 장군은 모래 포대를 거뜬히 한 바퀴 돌아왔다. 그러나 박 장군은 돌던 도중 힘이 겨워 머무르고 말았다. 이리해서 최 장군은 승리하고 더욱 힘 자랑을 하게 되었다.

한양 가다 만 선갑도

설악산에 있는 울산바위는 먼 옛날 울산을 떠나 금강산으로 떠들어 가다가 금강산에는 이미 1만 2천 봉이 모두 들어앉자 들어가지 못하고 설악산에 머물러 있게 된 것이라는 울산바위 전설은 모두 아는 사실이다. 덕적군도의 여러 섬 중 가장 웅대하게 생긴 섬이 선갑도이다. 이 선갑도에 대해서 이와 비슷한 전설이 전해지고 있다.

옛날 먼 옛날 서해 바다에 가장 멀리 떨어져 있는 한 섬이 큰 꿈을 꾸고 서울로 가서 크게 뽐내고자 한양으로 떠들어가다가 알고 보니 선갑도가 들어앉으려는 자리에는 이미 목멱산(남산)이 먼저 자리를 차지하고 있어 서울로 떠들어가려던 선갑도는 도중에 머무르게 된 것이라 한다. 이는 허무맹랑한 전설이다. 그러나 이 선갑도는 그럴만한 이유를 지니고 있는 것이다. 이 섬에는 6각으로 된 수정성주석이 70여 개가 뒹굴고 있다. 이 6각 주석이 마치 대궐의 기둥과 같다. 이 수 많은 6모 돌기둥은 궁궐건축자재로 사용할 것 같이 나란히 누워 있기 때문이다. 이상과 같은 이유로 그러한 전설이 생겨났을 것이다. 이 선갑도의 6각 주석은 희귀한 것으로 이를 잘 보존하여 일반에게 공개하면 좋을 것으로 여겨진다.

마귀할멈의 공기돌

자월도에 있는 속보(俗補) 팔선녀 뿌리에는 그 무게가 수백 근이나 되는 둥근 공과 같이 생긴 둥근 돌이 5개가 놓여 있다. 이를 보고 이곳 사람들은 마귀할멍 공기돌이라 부르고 있다. 이 돌에 전해지기를 옛날 힘이 센 마귀 할머니가 은밀히 나타나 이 5개의 공깃돌을 가지고 공기를 두었다고 한다. 이 전설은 아마도 사람의 힘으로는 움직이지 못할 둥근 공깃돌 이라서 힘이 센 마귀만이 움직일 수 있을 것이라 여겨서 생긴 말이라 추측될 뿐이다. 여하튼 간에 이 자월도의 이 명물의 5개의 둥근 돌은 수만 년을 내려오며 파도에 돌이 구르고 부딪쳐 자연의 조화로 된 것이니 희귀한 것이라 하겠다.

고기잡이 부부의 한

자월도 동림포구에는 한 바위가 있다. 이 마을 사람들은 이 바위를 보고 벼락바위라 부르고 있다. 옛날 한 어부가 이 포구에서 그물을 치고 고기를 잡고 있었다. 그런데 그 어부는 3일이 지나도 집에 돌아오지를 않아 그의 부인은 괴상하게 여기고 남편을 찾아 헤매다가 이곳에 이르러

보니 큰 지네가 사람을 물어 죽이고 파먹고 있었다.

이를 본 그 부인은 대경실색하여 그 자리에 쓰러졌다. 한참 후에 깨어난 그는 사랑하고 의지하던 남편이 이 지경이 된 것을 보니 기가 막혔다. 그 부인은 슬픔에 잠겨 통곡하다가 생각하니 누굴 믿고 무슨 재미로 살겠느냐 하며 자기도 그 바위에 올라 바다에 몸을 던져 순절하고 말았다. 그래서 이 섬에서 열녀가 난 것이다. 그러나 이들 부부의 성명은 전해지지 않았다. 그들이 죽은 지 수일 만에 이 바위에 벼락이 떨어졌다. 그래서 그 큰 바위는 산산조각이 나고 말았다. 후에 이 바위를 가리켜 부사암(婦死岩) 또는 벼락바위라 부르고 있다. 그 벼락이 떨어진 것은 어부를 잡아먹은 지네에게 하늘에서 벌을 내린 것이라 여기게 되었다.

팔선녀 뿌리

자월1리에는 한 포구가 있는데 이곳을 팔선녀 뿌리라 부르고 있다. 조선 인조때의 명장 임경업은 황해도 땅인 연평도 앞바다에서 조기를 처음 잡았다고 해서 도서 어민들은 임장군의 사당을 짓고 이를 모시고 있다.

임경업 장군께서 1640년(인조 18년) 봄 주선 상장이 되어 명나라를 공격하러 갈 때라고 전하는데 그는 자월도를 경유하게 되었는데 이때 자월도민이 임장군을 환송하기 위해 어여쁜 여자 8명을 곱게 단장하고 포구에 나란히 서서 환영하였다고 전해지고 있다. 그래서 이곳을 팔선녀 뿌리라고 부르고 있다.

지관의 예언

자월도에는 옛날부터 대구 배시, 보성 강씨, 광산 김씨 등 3성이 대대로 살아온 곳이다. 옛날 이 섬의 대성인 강씨집에 상이 나니 어느 지고나

(산소자리 보는 지관)가 묘 자리를 잡아주며 이곳은 명당이라 자처하며 이 곳에 산소를 쓰면 자손 중에 과거에 급제해서 사면륙각을 치며 이 묘 앞을 지나갈 것이라 말하였다.

훗날 과연 그의 아들이 강화감영에서 시행한 도시에서 무광에 합격하 여 사면육각을 치며 이 묘에 참배하였던 것이다. 그 지관이 예언한 말이 적중되었다. 아들이 무과에는 합격하여 군인이 되었다고는 하나 그 지위 는 확실히 알 수가 없다.

선돌바위 전설

덕적면 진리에 있는 이 바위에 얽힌 전설이 있다. 옛날 박씨라는 사람 이 이 마을에 들어와 농토를 만들기 위해 밭을 일구고 있었다. 그런데 밭을 일구느라 땅을 파면 팔 때마다 잔 돌멩이가 수도 없이 튀어나와 너무나 힘이 들었다. 그래도 지칠 줄 모르고 열심히 일을 해서 밭을 일구 어 나갔다. 잔돌이 튀어나오면 하나하나 주워서 한 곳에 쌓아 놓았다. 다음 날도 또 그렇게 하고 자꾸만 일을 했지만 잔돌은 도깨비들이 심술을 부렸는지 매일 밭에 가득 가득했다. 그래도 지칠 줄 모르고 열심히 일을 했더니 어느 날 하루는 그렇게 많이 주어다 쌓아 놓은 돌무더기는 어디론 지 간 곳이 없고 그곳에 어디서 생겼는지 커다란 돌이 하나 세워져 있었 다. 너무나 신기하게 생각한 그는 다음 날도 또 그 다음 날도 열심히 일을 해서 밭을 일구어 나갔다. 그런데 그 큰 돌이 생긴 이후부터는 그렇게 많던 자갈들이 어디로 갔는지 하나도 보이지 않고 모두 사라지게 되어 옥토를 일굴 수가 있었다고 한다. 자연은 노력하는 사람에게는 복을 주 는 법, 박씨는 그 후 옥토를 일구고 그 선돌 밑에서 점심을 먹으며 일하다 쉬기도 하고 바위와 일평생 벗하며 부지런히 노력하여 부자로 잘 살다가

세상을 떠나게 되자 사람들은 이 바위를 '선돌 바위'라 부르게 되었다는
것이다.

장사바위 전설

덕적면 소야리에 있는 이 바위는 소야도에서 약 500m쯤 떨어진 곳에
우뚝 솟아있다. 그런데 그 생긴 모양이 장사와 같다 하여 붙여진 이름으
로 전해 오는 말에 의하면 어느 날 이 마을에 사는 한 여인이 바닷가에서
굴을 따고 있는데 덕적도에서 제일가는 장사가 육지로 가기 위해 물 위를
걸어오고 있었다. 그런데 마침 이 여인의 뱃속에 또 다른 장사가 하나
잉태되어 있었다. 물 위를 걸어오던 그 장사는 그 여인의 뱃속에 또 다른
장사를 보고 너무 놀라 그만 그 자리에서 선 채로 굳어져 돌이 되어 버렸
다고 한다. 물론 이 여인의 뱃속에 있던 장사로 태어날 아기도 그만 그
장사가 굳어져 돌이 되는 것에 놀라 장사로 태어나지 못하고 보통 사람으
로 태어나고 말았다고 한다. 그러므로 이 섬에서 태어날 장사들이 모두
사라지게 된 애석함을 지닌 바위로 장사가 굳어진 바위라 하기도 하고
또 그 모양이 장사같이 생겼다 하여 '장사바위'라 하게 되었다고 전해오
고 있다.

선단여 바위 또는 선대암

덕적면 백아리에 있는 이 바위는 전하는 말에 의하면 덕적도에서 멀리
떨어진 백아도에 노부부와 남매가 살고 있었다고 한다. 그런데 어느 날
노부부가 하루 사이에 모두 죽게 되었다. 그러자 인근 외딴 섬에 홀로
외로이 살던 마귀할멈이 여동생을 납치하여 자기가 살고 있는 외딴곳으
로 데리고 갔다. 그 후 십여 년이 흘러 장성한 오빠는 홀로 조각배를 타고

낚시를 하다 풍랑을 만나 어떤 섬에 정박하게 되었다. 그런데 그곳에서 어여쁜 처녀를 발견한 총각은 사랑을 느끼게 되고 둘은 마귀할멈이 없는 틈을 타서 사랑의 밀회를 즐기게 되었다. 서로 이루어질 수 없는 남매의 사랑을 개탄한 하늘은 선녀로 하여금 그들의 관계를 설명해 주게 하여 알려주었다. 그러나 남매는 그의 말을 믿지 못하고 오히려 함께 죽는 편이 좋겠다고 고집함으로 하늘은 이들에게 천둥과 번개를 때리게 하여 불륜의 관계를 맺었던 남매와 그렇게 되도록 만들어 놓았던 마귀할멈을 모두 죽여 버리고 만다. 그 후 그곳에는 세 개의 바위가 우뚝 솟아올라 사람들은 이것을 '오빠바위' '누이바우' '할미바위'라 하고 또 다른 이름으로는 선녀의 말을 믿지 못하고 고집하다 벼락을 맞아 선녀들이 너무 안타까워 붉은 눈물을 흘리며 하늘로 올라간 곳이라 하여 '선단'이라 하던 것이 점차 변음되어 '선단 바위'로 불리게 되어 한자로는 '선대암'이라 하게 되었다고 한다.

말바위 전설

덕적면 서포리의 서남쪽에 있는 서포리 해수욕장에 있는 바위로 그 모양이 말처럼 생겼다고 하여 붙여진 이름이라고 한다. 덕적면 문갑리에도 같은 이름의 말 바위가 있다. 문갑리의 말 바위는 왕재에서 진모래로 넘어가는 진고박재 서쪽에 있는 바위로 한때 용마가 나서 이곳에서 뛰어나갔다는 전설도 있고, 장검을 찬 대장이 용마를 타고 이곳을 지나다 이 바위에서 쉬어 가게 되어 이 바위 위에서 용마가 한 발을 잡고 뛰어 용마의 발자국이 지금도 남아 있다고도 한다.

뻐꾹산 전설

덕적면 북부리에 있는 이 산에는 예로부터 전해 오는 이야기가 있어 이 산의 이름이 생겼다고 한다. 그 전설을 보면 옛날에 어느 어부가 소형 돛단배를 만들어 고기잡이로 생계를 이어가고 있었는데 고기잡이 간 남편이 무사히 돌아오길 빌며 살아가던 어느 날 남편이 다리를 다쳐 자리에 누워 식음을 전폐하자 부인은 남편 보기에 애처로워 무슨 음식으로 식욕을 돋울까 궁리 끝에 안개가 눈 앞을 가리는 날 굴을 따기 위해 바다로 혼자 훌쩍 떠났는데 부인이 바닷물 위에 떠밀려 죽은 시체로 나타나자 남편은 통곡을 하며 양지바른 산 언덕에 무덤을 만들었다. 몇 해 지니자 무덤은 바닷물과 해풍에 의해 산언덕이 깎이자 묘를 이장하게 되었을 때, 파헤지자 뻐꾹새 한 마리가 무덤 속에서 파드득하고 바다 쪽으로 날아갔다. 그러므로 그 후부터 이 산을 일러서 '뻐꾹산'이라고 해 오게 되었다고 한다.

용담 전설

덕적면 서포리에 있는 이곳은 예로부터 전해 오는 이야기가 있다. 옛날 옛적에 이곳에서 바다용이 나타나 이들을 당황하게 했다. 주민들은 정원 보름이면 이곳에 가서 바다용에게 제사를 지내야만 했다. 용에게 제사를 지내던 연못이라 하여 붙여진 이름으로 '용담'이라 했다고 한다.

왕주물 전설

덕적면 북리에 있는 우물로 어느 시대 어느 왕 때인지는 분명하지 않으나 당시 피난을 하던 중 임금님께서 목이 말라 식수를 구하던 그때 신하가 사방을 두루 찾아본 후 이 우물을 발견하여 대왕께 물을 떠다

바쳐 목을 축이고 온 신하가 이 물을 달게 마셨다 하여 이후로 이 우물을 왕이 마신 우물이라 하여 '왕주물'이라 하게 되었다고 한다.

삼신샘의 유래

덕적면 문갑리의 깃대봉 봉우리에 있는 우물로 언제부터인지는 알 수 없으나 마을 사람들은 아기를 낳게 되면 의례히 이 우물에 가서 물을 떠놓고 빌었다고 한다. 이것은 이 우물에 삼신할머니가 계셨다고 생각했기 때문이다. 그러므로 사람들은 이 우물을 삼신할머니가 계신 우물이라 하여 '삼신샘'이라 불러오게 되었다고 한다.

중의절굴 전설

덕적면 문갑리에 있는 이곳은 깃대봉 봉우리 삼신샘의 서남쪽에 있는 굴을 말하는 것으로 옛날 한 중이 삼을 캐러 다녔으나 삼을 발견할 수가 없어 산신샘에서 물을 떠다 이 굴에서 정성을 다해 불공을 드렸다고 한다. 불공을 드리던 중은 그만 고단하여 잠깐 잠이 들었다. 그때 비몽사몽 간에 머리가 아홉이나 달린 괴물이 나타나 싸움을 걸어왔다. 중은 이 싸움이 불리할 것 같아 피하려 했지만 어쩔 수가 없었다. 할 수 없이 달려들어 싸움을 벌이려 하다가 그만 깨고 보니 꿈이었다. 이상하게 생각하면서 주위를 둘러보니 그곳에 산삼이 세 뿌리가 있어 캐어 보니 모두 세 줄기로 되어 머리가 아홉 개였다고 한다. 그 후 이곳을 중이 있던 굴이라 하여 '중의절굴'이라 하게 되었다고 한다.

삼신우물

마을 서쪽 문갑 큰 산(왕재산) 옆에 있는 우물을 삼신우물이라고 사는

데 옛적부터 이 우물은 높은 지대의 큰 산 옆에 있는 신령한 우물로서 애를 못 낳는 여자들이 제물을 마련하여 가지고 와서 자녀를 점지하여 달라고 손이 발이 되도록 빌며 애원하던 우물이다.

백아도의 진실

예전에 충청도 지방에서 한 선비가 백아도에 작향하여 살다가 한 과부와 거주하게 되었었다. 이 신비가 해변가에서 고기를 낚아가지고 집에 와보니 부인이 도배를 하고 있더란다. 예전에는 흔히들 황토흙으로 벽을 바르고 살기가 일쑤였다. 그런데 이 선비가 애지중지하던 병서를 뜯어서 벽을 바르고 있었으니 이 선비는 통곡을 하였다는 구전이다. 고려 말과 조선 초기에 유생들이 두 임금을 섬기지 않는다는 사상으로 벼슬을 버리고 덕적도서로 낙향한 흔적이 허다하다. 일례로서 덕적 사람들이 새우젓 등 해산물을 충청도로 싣고 가면 상면인사를 나누고 나서 글귀로 대구하다 보면 의례히 양반네가 오셨다 하여 큰절을 올리고 융숭한 대접을 하며 갖고 간 물건을 모두 팔아주고 덕적 사람들은 주막에 앉아서 술이나 들고 있었다 한다. 그만큼 선비들이 많았던 것으로 추정된다. 백아도에도 역시 그와 같은 선비들이 와서 숨어 살았다는 것을 말하는 것이라 한다.

국수봉의 불사약

수천 년 전에 중국 대륙에는 진나라가 있었다. 진왕은 군소국을 공격해서 중국대륙을 통일하고 황제가 되니 이를 일컬어 진시황이라 하였다. 시황제는 모든 임예를 누리고 호탕하게 살다가 몸이 늙으니 오래 장수하려고 불로불사약을 구하고자 하였다. 그래서 그는 동남동녀 수백 명을 각처에 보내 불사영약을 찾아 헤매었다고 한다. 이때 불사약을 심사차 중국 본토로부터 덕적도 주산인 국수봉에서 영약을 발견해서 진시왕에게 헌상하였다고 전한다. 이 전설은 수천 년 전에 일이라 매우 신빙성이 없는 허황된 이야기라 여겨진다.

괭이산(고양이산)의 유래

귀넘어 산에서 북쪽으로 산줄기가 내려와 중간에 산이 되었는데 이 산을 괭이산이라고 한다. 옛날에 예개 재물을 고양이산이 먹어갔기 때문에 못살았다는 이야기가 전해오고 있는 산으로 산 모양이 고양이와 같다 하여 괭이산이라고 부른다고 한다.

선대바위의 유래

바위 위가 평평하게 되어 선대바위라고 하는데 옛날 선녀들이 내려와 흰 모래가 들여다보이는 맑은 물(현 해수욕장)에서 목욕도 하고 해당화 향내도 마음껏 맡으며 놀다가 이 바위로 해서 하늘로 올라갔다 하여 선대바위하고 한다.

하녀바위

자월면 자월리의 바닷가에 있는 이 바위는 옛날에 한 양반이 이곳에 와서 살면서 시녀를 몹시 학대하였는데 견디다 못한 시녀가 바다로 나가 자기의 신세를 한탄하며 이 바위가 있는 곳에서 빠져 죽었다고 한다. 하녀가 빠져 죽었다고 하여 하녀바위라 한다.

죽바위

자월면 자월리에 있는 바위로 이곳에는 수백년 묶은 뱀이 있어 사람들이 이곳에만 가게되면 이 뱀에 물려죽는다는 것이었다. 그래서 사람들은 이 바위 주변에도 얼씬하기가 두려웠고 이바위를 뱀에 물려 죽는 바위라는 의미로 죽는 바위, 죽바위로 불렀다 한다.

벼락바위

자월면 자월리에 있는 바위. 아주 먼 옛날 가난한 어부가 바다로 고기를 잡으러 나갔다가 돌아오지 않게 되자 어부의 아내는 바다 근처 바위위에서 떨어져 죽고 말았다. 그런데 그날 밤 맑은 하늘에서 갑자기 천둥번개와 함께 벼락이 떨어졌는데 그것이 바뤄 부인이 떨어져 죽은 바위이다. 그 후 이곳에 사람들이 이 바위를 가보니 큰 뱀이 어부를 잡아먹다가 그만 벼락에 맞아 죽어 있었다고 한다. 그래서 벼락바위라 한다.

공깃돌 바위

자월면 자월리에 있는 바위로 둥근 바위가 다섯 개가 한데 모여 있는 모습이 마치 공깃돌을 다섯 개 모아놓은 것같이 생겼다고 하여 붙인 이름이다. 해신이 이곳에서 공기놀이를 하다가 두고 간 것이라고 하여 이 바위를 공깃돌 바위라 한다.

II.
근대문학으로 찾아보는 덕적군도

1. 덕적군도의 심상지리를 찾아서

　인천에서 남서쪽으로 약 75km 해상에 위치한 덕적군도는 덕적도를 비롯하여 소야도, 선미도, 문갑도, 백아도, 울도, 선갑도 등 8개의 대소 유인도와 31개의 무인도로 이루어진 군도로, 행정구역상 인천광역시 옹진군 덕적면에 속한다.

　덕적군도에는 신석기시대부터 사람이 산 흔적이 역력하다. 신석기 유적이 확인된 옹진군 관내의 섬을 보면 백령도·대연평도·소연평도·시도·신도·모도·장봉도·덕적도·소야도·울도·백아도·문갑도·굴업도·영흥도·선재도·승봉도 등이 있고, 가까운 경기도 지역인 대부도·제부도·오이도 등에서도 많은 유적이 확인된 바 있어 경기만 대부분의 섬에는 유적이 거의 분포하고 있는 셈이다.

　덕적군도는 삼국시대 당성군(唐城郡, 남양(南陽), 오늘날의 화성군)의 부속도서였다. 통일신라시대 당은군(唐恩郡)으로 개명되다가 진(鎭)이 설치되었으며 고려시대 들어 당성군으로 이름이 환원되었다. 현종 9년(1018)

에 이르러 당성군을 수주(水州,
수원)에 합한 다음 인주(仁州, 인
천)에 예속시켰으니, 덕적군도
가 인천 부속 도서로 처음 편입
된 것이 바로 이때이다. 이후
익주(益州)로 명칭을 승격하였
다가 강령(江寧)도호부로 개명
되고 익주목으로 환원되었다가
남양부(南陽府)로 개명된 것이
충선왕 2년(1310)의 일이다. 조

〈그림 1〉『해동지도(경기도)』의 덕적군도 일대

선시대 들어 덕적도를 비롯한 여러 도서에 목장이 설치되었다. 성종17
년(1486)에는 덕적도, 사야곶도(士也串島, 소야도의 옛 이름) 등을 남양에서
인천으로 이속시킨 후 덕적군도는 줄곧 인천도호부 관할 아래 진과 만호
를 두고 관리되었다. 개항 이후 덕적진을 혁파하고 갑오개혁과 함께 첨
사(僉使) 통치에서 면장 중심으로 행정체제를 전환한 이래 1914년 일제
의 행정구역 개편에 따라 부천군에 편입되었다가 해방 이후 옹진군에
편입되었다.

  덕적군도는 고대 한반도와 중국을 잇는 황해 횡단 항로의 중요한 길목
이기도 하였다. 삼국의 쟁패기인 660년 당나라 소정방(蘇定方)이 군사 40
만을 이끌고 백제를 정벌하기 위해 덕적도에 건너와 13만 군대가 4개월
간 주둔하였다가 기벌포로 상륙해 신라와 협공으로 백제를 멸망시켰다.
해상세력이 집권했던 고려조에 들어서는 서경(西京)과 황주(黃州)의 인민
들을 덕적도에 이주시켰다는『고려사』권24의 기록이 보인다. 고려 원종
11년(1270) 신하 유천우(兪千遇)를 덕적도에 유배를 보내어 이후 한동안

덕적군도는 유배의 섬이 되기도 하였다. 기록에는 나타나지 않지만, 고려에서 조선으로 역성혁명이 이루어지는 왕권 교체기에 덕적도를 비롯한 굴업도에는 고려의 유신들이 세상을 피해 들어오지 않았을까 추정해본다. 그 가운데 일부는 고려시대 칠대어향(七代御鄕)으로 불렸던 인천의 호적세력들이 이곳으로 옮겨오지 않았을까 추정해본다. 혹 구로읍도의 전설 속 유배자들은 인주사람들이었는지도 모른다.[1]

서세동점으로 요약되는 근대의 시기에 들어 덕적군도 앞에는 이양선의 출몰이 빈번하였다. 1866년 병인양요가 일어나기 직전인 고종 원년(1864년)에는 굴업도 앞에 이양선이 출현하였다. 비변사(備邊司)에서 경기수사(京畿水使) 한원식(韓元植)이, "덕적진(德積鎭)의 굴업도(屈業島)에 와서 정박하던 이양선(異樣船)의 사람들이 갑자기 섬 안의 민가에 달려들어 세간을 노략질하였습니다."라고 보고하였다. 이양선들의 출몰에 이어 1894년에는 덕적군도 앞바다에서 청나라 배를 일본이 기습공격하면서 청일전쟁이 발발하였고, 덕적군도에는 그때 침몰한 청나라 배에 보물이 가득 실렸다는 보물선 이야기가 떠돌기도 하였다.

덕적군도에서 근대적 어업이 언제 시작되었는가에 대한 정확한 기록은 찾을 수 없으나, 대략 1900년 무렵이 아닐까 추정한다. 소야도의 조덕기 씨 등의 증언에 의하면 울도 근해에서 새우어장을 발견한 직후라고 한다. 백아도, 울도의 서쪽바다는 음력 7월만 제외하고는 연중 새우잡이를 하던 새우의 명산지로, 울도는 새우 파시(波市)가 섰던 곳이라 한다. 굴업도를 중심으로 한 해역이 주요한 어장으로 부상한 까닭에 굴업도가 최초의 어업 근거지로 자리를 잡았다. 『옹진군향리지』에 의하면 덕적군

---

1) 「굴업도(屈業島)는 구로읍도(鷗鷺泣島)」, 『조선일보』 1923. 8. 26.

도 서쪽에 있는 굴업도와 백아도 그리고 남쪽에 있는 울도, 방우리섬 부근은 예로부터 유명한 어장으로 이름이 나서 널리 알려진 곳이었다고 했다. 굴업도 근해에는 1923년경까지 민어를 잡기 위해 수많은 어선이 집결하여 굴업도 민어 파시(波市)가 섰던 곳이다.[2]

이 글은 여기 덕적군도에서 살아갔던 사람들이 근대 이후 어떤 역사의 격랑을 만났는가를 역사의 기록이 아닌 문학작품들을 통해 살펴보려고 한다. 덕적도의 역사를 후경으로 하여 살아갔던 사람들이 지어낸 근대 이후의 문학작품들을 민요와 희곡, 소설, 시 등을 수집하여 살펴보면서 덕적군도의 심상지리를 더듬어보는 것이 목적이다. 덕적군도를 일차적 대상으로 하지만, 덕적군도와 인접한 대이작도, 소이작도, 그리고 자월도 등도 함께 포괄하여 살펴본다.

2. 덕적군도의 승경(勝景)과 근대민요

북송대(北宋代)의 문인화가 송적(宋迪)이 중국 호남성(湖南省) 동정호(洞庭湖) 일대의 소강과 상강이 만나는 '소상' 지역을 계절의 변화에 따라 여덟 개의 화폭으로 운치 있게 그린 「소상팔경도(瀟湘八景圖)」란 그림이 있다. 승경을 팔경화(八景化) 하는 풍조는 그 후 원, 명, 청에 이르기까지 시와 그림의 소재가 되었고, 그것이 조선조 명종 대부터 유행하기 시작하여 「송도팔경」 「관동팔경」이 등장하고 각 지역에서 팔경시가 지역의 승경을 담는 형식으로 정착되었고 한다. 인천에서도 인천의 승경을 팔경

---

2) 이희환, 『만인의 섬 굴업도』, 도서출판 작가들, 2012 참조.

으로 표현한 사례가 여럿 존재한다. 전통시대에는 강화십경, 교동팔경, 영종팔경, 부평팔경이 전하며 개항 및 일제강점기에 전하는 인천팔경도 다섯 가지이고, 서곳팔경, 계양팔경, 용유팔경 등과 함께 덕적팔경도 전해 내려온다. 아쉬운 것은 여러 인천팔경 중에서 전통시기의 강화십경과 교동팔경, 영종팔경만이 팔경시로 시화(詩化)되었고 나머지는 제목만이 전해진다.[3]

덕적진 수군첨절제사 오도명(吳道明, 1708~1758)의 후손이자 한학자 겸 목회자로 유명했던 백운당 오지섭(吳止燮, 1917~99) 목사의 형인 서호은파(西湖銀波) 오진섭(吳振燮)이 선정한 「덕적팔경」을 보자.

國壽丹楓	국수봉의 단풍
龍潭歸帆	용담으로 돌아오는 돛단배
雲注望月	운주산의 달
黃海落照	황해 바다의 낙조
蔚島漁火[(磬)]	울도의 고기잡이 불[소리]
文甲風月	문갑도의 풍월
仙接暮雲	선갑도의 저물녘 구름
平沙落雁	모래밭에 내려앉은 기러기

덕적군도의 여러 섬들이 자아내는 자연과 사람들의 모습을 잘 담았다. 덕적도 북리에 소재한 국수봉(312m)의 가을 단풍, 해질녘 용담포구로 들어오는 돛단배, 덕적도 운주봉(231m)에 걸린 달빛, 황해바다의 낙조, 덕적도 남쪽에 위치한 울도의 고기잡이 불빛 혹은 고기잡이 노래소리, 문

---

3) 이영태, 「팔경의 전통과 덕적팔경의 독법」, 『덕적도』 인천섬연구총서 2, 민속원, 2016, 133~142쪽.

갑도의 글 읽는 소리, 선갑도의 해질녘 구름, 모래밭으로 내려앉는 기러기떼 등을 팔경으로 내세웠다. 덕적팔경의 선정 시기가 비록 일제강점기라고 해도, 덕적도에 오랫동안 세거한 한학자 문사의 시선에 잡힌 덕적도의 승경은 전통시대부터 유구하게 내려온 바로 그 모습이었으리라.

　1950년 6월 한국전쟁이 발발하기 직전에 서울신문사에서 발간한 종합월간지 『신천지』에는 매우 값진 보고서가 특별부록으로 수록되어 있다. 나비박사로 유명한 석주명(石宙明) 당시 국립과학관 동물학부장을 단장으로 하는 덕적군도 학술조사대의 조사결과보고서가 바로 그것이다. 조선산악회 부회장이기도 한 석주명 단장이 이끄는 제5차 학술조사대는 1949년 6월 11일부터 17일까지 6박7일간 덕적본도를 비롯한 부속 6개 도서를 대상으로 종합적인 학술조사를 실시하였다. 이 보고서에 실린 7편의 분야별(개괄, 지질학, 동물학 2편, 의학, 방언학, 역사학) 보고서 중에서 역사학자 유홍렬(柳洪烈)이 집필한「민족 해외활동의 요지이던 덕적도」에는 덕적군도의 역사에 대한 소개와 함께 당시까지 구전으로 불리던 근대민요를 채록 수록하였다.

　　　이 섬사람들은 앞서도 말한 바와 같이 자고(自古)로 우리 겨레의 해상활동(海上活動)의 개척자(開拓者)이었으나 이것은 지금도 그러하다. 이 면(面, 덕적면 소속 도서–인용자) 소속(所屬)의 어선수(漁船數)는 한참 때에는 삼백 척(三百 隻)이었고 그 중 120척(지금은 70척)이 조기잡이로 나서고 있었다. (중략) 어선(漁船)이 돌아올 무렵에는 온 마을 사람들이 바다로 나가서 이를 마지하며 이때에 이른바「배치기노리」를 베푼다.「배치기노리」에서는 북, 꽹가리 등에 맞추어 가무음주(歌舞飲酒)한다 하니 이때에 슴唱하는 노래로 다음 같은「산야소리」라는 것이 있다.

1. 우리배 배님자님 아주머니
   열두폭 치마를 잘잘잘 끌며
   울타리 밑에서 도둑춤 추누나
2. 아래동 우동 다 제쳐놓고
   가운데 동에서 도장 원했다
3. 어기여차 닻 둘러미고
   연평 칠산(黑山) 다뒤져먹구
   어연도 바다로 돈실러가잔다
4. 나무배 동사는 막걸리만 먹는데
   우리배 동사는 사이다 비루만 먹는다
(후렴) 에-에헤 어으아 어호하 어하어하요

조기잡이가 끝나면 다음은 울도(蔚島)를 중심(中心) 하여 새우잡이가
성행(盛行)하고 이와 동시에 칼치, 민어 등도 많이 잡는다.[4]

어업노동 민요인 「산야소리」는 「배치기노래」와 함께 황해바다에 넘쳐
나는 조기잡이에 이어 새우잡이, 칼치, 민어잡이로 분주했던 덕적도 사
람들이 가장 흔히 불렀던 노동요였다. 어업이 생업의 중심이고 이를 뒷
받침하는 상업 종사자들이 모여 살며 풍요로운 살림살이를 구가했던 전
성기 덕적군도의 모습을 배 주인 아주머니의 해학적인 모습으로 잘 담아
낸 근대민요이다. 얼마나 풍어를 구가했으면 뱃사람인 동사가 막걸리
대신 "사이다 비루만 먹는다"는 노랫가락이 노동요에 담겼을까?
「산야소리」의 호쾌한 장단마디는 이후에도 오랫동안 살아남아 덕적군

---

4) 유홍렬, 「민족 해외활동의 요지이던 덕적도」, 『신천지』 제5권 제6호, 1950년 6월호,
   248쪽.

도 뱃사람들의 「어부가」와 「귀선가」로 변이, 구전되었다. 1958년 9월 1일 덕적국민학교에서 발간한 『덕적도 향토지』에는 위의 「산야소리」와는 가사가 약간 다른 「어부가(漁父歌)」와 「귀선가(歸船歌)」가 채록되어 있다.

> 우리배 뱀자는 아주머니 열두폭 치마를 잘잘잘 끌고
> 울타리 밑에서 도둑춤 추나니
> 에헤 에헤야
> 우리배 뱀자님 아주머니 전라도 육백미 술 빚어 놓고 유덕선 오기만
> 기다린다.
> 도돗물 하자 도돗물 하자
> 우리배 마장에 지전뭉치로
> 도돗물 하자
>
> 앞산은 가치고 뒷산은 멀어간다.
> 어기여차 뱃소리에 우리 배 절도 간다.
> 지금은 수백량 불어다 놓고
> 우리 배 님자는 거다리 정충거린다.
> (후렴)
>
> — 「어부가」 부분[5]

'배 임자'를 뜻하는 '뱀자'라는 토속어로 축약해 부르면서, 풍어의 즐거움을 남성의 성적인 이미지로 표현하거나 "지전뭉치로 / 도돗물하자"는 등의 표현들이 덕적도 어부들의 희망과 여유로움을 잘 표현하고 있다. 이는 「귀선가」에서도 마찬가지로 변형되어 나타난다.

---

5) 『덕적도향토지』, 95쪽.; 김장호, 「서해도서지방 민요교」, 『기전문화연구』 2집, 경인교대 기전문화연구소, 1973, 99쪽에서 재인용.

암해 수로를 맞마쳐 노니
밋띄 미암이 시작이로다.
지화자 좋다 에헤 이어와요
이어차디야 이어차디야
달 둘러메고 일마도 바다로
조기 잡으러 가자

연평 칠산 다 뒤져 먹고
어영도 바다로 돈 실러가세
(후렴)

아래 윗동 다 제쳐놓고
가운데 동에서 동장원만 했단다.
(후렴)

남의 배는 막걸리만 먹는데
우리 배는 아령주만 먹는다.
(후렴)

– 「귀선가」 부분[6]

「귀선가」는 「산야소리」와 많은 부분에서 같은 내용을 담고 있는데, 귀선 행로를 나타내는 서두 부분이 추가되었고, "나무배 동사는 막걸리만 먹는데 / 우리배 동사는 사이다 비루만 먹는다"는 부분이 "남의 배는 막걸리만 먹는데 / 우리 배는 아령주만 먹는다."로 변형되었다.

『덕적도 향토지』에 채록되어 수록된 「덕적아리랑」은 덕적군도 여러

---

6) 『덕적도향토지』 97쪽.: 같은 논문, 100~101쪽에서 재인용.

섬 어부들의 생애와 그 애환을 아우르는 아리랑 가락을 들려준다. 덕적
군도의 자연이 가져다준 풍요로운 혜택이 남긴 기억의 가락이었다.

　　　　덕적산 넓이는 사방 오리
　　　　그 너머 동리는 여덟일세

　　　　문갑 소야리 승황 빼일
　　　　굴업 울도 못섬일세

　　　　아리랑 아리랑 아라리요
　　　　아리랑 고개로 넘어 간다.
　　　　　　　　　　　　　　　　－「덕적도 아리랑」 전문[7]

　아리랑의 신산스러운 분위기 대신에 덕적산 및 덕적군도의 광활한 풍
광을 노래하고 있는 「덕적아리랑」의 노래가락까지 생각해본다면, 덕적
군도의 민요들은 민요의 전통적 정서인 한(恨)의 정조보다는 해학과 노동
의 즐거움을 전해주는 풍요로움으로 가득하다. 그런데, 『옹진군지』에 수
록된 「서낭당재」라는 비교적 근래까지 전해 내려온 민요의 정조는 사뭇
다르다.

　　　　예개지나 쑥개재는 영검하던 서낭당
　　　　오고가는 길손들 옷깃 여메고
　　　　서낭님께 돌 던지고 침 뱉으며
　　　　고기풍년 농사풍년 빌던 서낭당

---

7) 『덕적도향토지』, 99쪽.; 같은 논문, 99쪽에서 재인용.

서낭당 덕분으로 장원한 고깃배들
징소리 북소리 쑥개바다 들썩였고
떡시루 술동이 이고지고서
뱃고사 당고사로 배부르고 등더웠네

6·25전쟁으로 허터진 이산가족
파도같이 밀려들어 숙개골 메우고
불야성 이루던 조기 파시 치루면서
정처 없던 실향민의 十勝之地(십승지지)되었네

황금의 조기떼도 이산가족 되었는지
덕물어장 떠난 뒤에 도라올 줄 모르네
고기잡이 안 된다독 고기배들 떠나가고
풀벌레만 울어대니 옛님 찾는 소린가 봐

선성하던 서낭당재 낮게 각아 길 넓히고
밤낮없이 달리는 자동차의 고함소리
참다못해 서낭님 간곳이 어디멘고
이제다시 서낭모셔 쑥개 풍어빌고지고

– 「서낭당재」 전문[8]

  이 민요는 한국전쟁 이후 덕적, 연평도에 조기도 드물어져 덕적도 쑥
개바다의 어업이 황폐해진 1960년대 이후에 채록된 것으로 추정된다.
「서낭당재」의 가사는 농사의 풍년과 뱃사람들의 풍어, 안전을 빌던 영험
하던 서낭당은 모습은 옛 기억으로만 남았을 뿐, 6·25 이후 실향민들이

---

  8) 『옹진군지』 상–역사와 민속, 옹진군지편찬위원회, 489쪽.

섬으로 들어오고 불야성을 이루던 조기파시는 사라진 덕적도의 모습을 안타깝게 읊고 있다. 조기파시로 흥성했던 덕적도와 마찬가지로 자동차 길이 난 서낭당의 모습을 안타깝게 바라보며 그리 멀지 않은 과거의 덕적도 사람들은 옛 덕적도의 풍요를 한없이 그리워하고 있었던 것이다.

3. 함세덕의 리얼리즘 어촌희곡

한국근대문학사에서 덕적도를 처음 문학의 공간으로 다룬 작가는 인천 출신의 극작가 함세덕이다. 함세덕(咸世德)은 1915년 5월 23일, 경기도 인천부 화평리(花平里) 455번지에서 중류 이상 가정의 5남매 중에 장남으로 태어났다. 출생과 동시에 함세덕은 부친의 근무지를 따라 목포지방으로 이주하여 이곳에서 유년기를 보낸다. 목포공립보통학교에 1학년을 다니던 함세덕은 부친이 공직생활을 그만두고 다시 인천에서 상업을 하게 됨에 따라 인천부 금곡리(金谷里) 14번지로 이사와 인천공립보통학교(현 인천창영초등교)에 전학하여 1934년 3월 인천상업학교를 졸업할 때까지 줄곧 인천에서 생활하였다.

구한말 개항장 인천에서 객주업에 종사하면서 조선민족상인의 결집체인 인천신상협회의 임원으로 활약했던 조부 함선지(咸善志)와 근대적 학문을 배우고 이를 통해서 관직에 나아갔다가 나라의 멸망과 함께 총독부 지배하의 하급관료로만 떠돌다 인천으로 돌아와 가업을 이어 객주업에 뛰어든 부친 함근욱(咸根彧) 밑에서 함세덕은 자랐다. 상업을 하는 집안에서 자랐기에 인천의 해양문화를 일찍부터 접했을 터이다. 그러나 3·1만세운동 이후 성장한 함세덕에겐 애관에서 본 연극과 영화에 더하여 친구들과 원족을 가곤하던 황해바다와 섬을 체험하면서 자랐다. 그는 상업학교를 나와 상업이나 금융계통에 취업하지 않고 서울의 일한서방이라는 서점에 취업하면서 서구 문학에 심취하였고, 아일랜드 작가 존 밀링턴 싱의 단막극 「바다로 가는 기사」를 읽으며 인천의 바닷가 어부들의 삶은 연극으로 만들고자 노력해 처녀작 「山허구리」를 발표하면 문단에 등단하였던 것이다.

「산허구리」(1936. 9)의 주요 등장인물은 복실네 일가 다섯 사람이다. 희곡은 "멀—리 캄캄한 어둠 속에 늠실늠실 물결치는 거치른 바다"9)가에 위치한 어느 한촌의 누추한 토막에서 일어나는 이 일가족의 슬픈 이야기를 담고 있다. 가장인 노어부는 이 거친 바다에서 가산을 탕진하고 그의 한 다리마저 상어에게 뜯겨 불구가 된 인물이고, 그의 큰아들과 큰사위마저 몇 해 전에 고기잡이를 나가 바다에 수장되었다. 이들에게 있어 바다는 유일하게 그들이 먹고 살 수 있는 삶의 터전이면서도 동시에 뭍에서의 삶이 온전치 못할 때 찾을 수밖에 없는 삶의 마지막 공간이다. 이 거친 삶의 터에서 둘째아들까지 아버지와 형의 뒤를 이어 다시 바다로 나가지만, 이들에게 돌아오는 것은 여드레 밤낮을 쏟는 비바람이며 생존에 대한 초조한 기다림이고, 그 속에서 점차 미쳐가는 노어부와 처의 눈물뿐이다. 결국 극의 결말은 둘째아들 복조도 '물이 뚝뚝 떨어지는' 시체가 되어 돌아오는 것으로 맺는다.

이렇듯 슬픈 내용을 진한 비극적 서정성을 통해 보여주는 이 작품은 그러나 단지 삶에 대한 절망으로만 끝나지는 않는다. 작가는 암시적으로나마 희망을 놓지 않는데, 희곡의 어린 두 주인공 석이와 복실의 마지막

---

9) 유민영 편, 『함세덕희곡선』, 새문사, 1989, 5쪽.

대화를 보자.

> [석　이]　(복실의 가슴에 안겨) 누나야, 어머니는 한세상 참말 헛
> 　　　　　사셨다. 왜 우리는 밤낮 울고불고 살아야 한다든?
> [복　실]　(머리를 쓰다듬으며) 굴뚝에 연기 한번 무럭무럭 피어오
> 　　　　　른 적도 없었지.
> [석　이]　(울음섞인 소리로 그러나 한마디한마디 똑똑히) 왜 그런
> 　　　　　지를 난 생각해볼테야. 긴긴 밤 개에서 조개 잡으며 긴긴
> 　　　　　낮 신작로 오가는 길에 생각해 볼테야.[10]

　죽기살기로 매달려도 현실은 "한세상 참말 헛"산 것이란 자조적 허탈
밖에 가져다 주지 않는다. 그러나 '울음섞인 소리로 그러나 한마디한마
디 똑똑히' 내뱉는 석이의 마지막 말, "왜 그런지를 난 생각해 볼테야"는
이러한 현실에 대하여 비장한 대결의식을 보여준다.

　「山허구리」 이후 『조선일보』 신춘문예에 당선된 「해연」(1940)은 팔미
도 등대를 배경으로 한 낭만적인 작품이다. 「산허구리」에서 보여준 어민
들의 비극적인 삶의 리얼리티 대신 팔미도의 등대지기 딸 진숙과 등대지
기의 아내와 안의사 사이에서 태어난 세진간의 맺어질 수 없는 사랑 이야
기를 다뤘다. 함세덕 어촌희곡의 리얼리티는 「무의도기행(舞衣島紀行)」
에서 다시 나타난다. 처음 『조광』지에 「동어(冬漁)의 끝」(1940. 9)이란 제
목으로 발표하였다가 1941년에 개작, 발표한 「무의도기행」은 함세덕 특
유의 '어촌문학'이 다시 재현된 작품으로 처녀작 「산허구리」의 연장에서
쓴 듯한 비극적 서사구조를 갖고 있다.

---

10) 같은 책, 25쪽.

작품의 시간적 배경은 1930년대 말 1년 중 겨울에 막 접어드는 10월 어느 날, 공간적 배경은 영종도와 인접한 소무의도(떼무리)의 어느 한촌 이다. 비록 작품의 무대는 소무의도지만, 소무의도 어선들이 출어해서 조기, 민어, 숭의 등을 잡기 위해 나가는 덕적, 연평 바다가 모두 이 작품의 공간적 배경에 다름 아니다. 아래 지문은 뱃사람들의 안전을 위한 서 낭고사 지내는 장면에서 나온 두 부부의 대화로, 어민들의 신산스런 삶을 잘 보여준다.

[공 씨] 강원도서 숯이나 굽구, 강냉이나 일쿠구 있었으문 아무 일 없는 걸……. 연평 가서 조기만 잡으문, 돈벌긴 물묻은 손에 모래 줍기라구 하드니…….

[낙 경] (벌컥 악을 쓴다.) 그 넋두리 고만 해.

[공 씨] (벌떡 일어서며 쏘아부친다.) 집 팔구 땅 팔아 가지구와 서 장만한 게 뭐야? 큰눔 둘째눔 장가두 못보내구 물에 서 죽이지 않았어? 봉치까지 받아논 다 큰년을, 돼지새 끼 팔아치듯 팔아가지구, 중선 밑천 찔러넣지? 그래두 다 못해서, 인제 열일굽 먹은 막내둥이 하나 있는걸 마 저 잡아먹을려구? 못해, 못해, 못해(미칠 듯이 규환을 치며) 또 송장두 못찾게? 또 송장두 못찾게?

[낙 경] 저게 귀신이 썼나? 왜 악을 쓰구 이래?

[공 씨] 또 갱변에 염하다 놓친 년처럼, 우두커니 주저앉아서 송 장 떠내려오기만 기대리라구? 못해, 못해.[11]

작품의 등장인물은 주인공 천명(天命)과 그의 부모인 낙경, 공씨, 그리

---

11) 같은 책, 87쪽.

고 천명의 외삼촌으로 선주인 공주학 등이다. 아버지 낙경은 강원도에서 집과 땅을 팔고 소무의도로 건너와 정착한 이로, 한때 새우장군, 조기장 군으로 '떼무리 정낙경'을 첫손 칠 정도였으나 지금은 망해서 아들 둘을 바다에서 잃고 큰딸은 중선배를 마련하기 위해 팔다시피 내몬 신세다.

위에 인용한 천명의 어머니이자 낙경의 아내인 공씨의 넋두리 그대로, 바다에서 모든 삶을 잃어버린 낙경은 이제 셋째 아들인 천명까지 공주학 의 배에 태워 내보내려 한다. 그러나 천명은 두 형이 죽은 바다에서의 삶을 한사코 거부하면서 뭍에서 살기를 간절히 원했다. 그러나 천명 또 한 끝내 배를 타고 나가 시체가 되어 돌아오는 결말로 맺는다.

[낭 독]

나는 이 서글픈 이야기를 고만 쓰기로 하겠다. 그 후 이 배는 동아를 만재(滿載)하고 돌아오다, 10월 하순의 모진 노대를 만나 파선하였다 한 다. 해주 수상경찰서의 호출장을 받고, 공주학과 낙경이 달려가 천명의 시체를 찾아왔다 한다. 그는 부서진 널쪽에다 허리띠로 몸을 묶고 해주 항내까지 흘러갔든 모양이다. 노틀할아범 외 여러 동사들은 모두 행방불 명이였다고 한다.

내가 작년 여름 경성이 너무도 우울하야 수영복 한 벌과 책 몇 권을 싸들고 스물한 살의 내 꿈과 정열과 감상이 흩어져 있는 이 섬을 찾았을 때, 도민(島民)들은 여전히 고기를 잡으러 나갔고 동리에는 부녀자와 노 인들만 있었다. 천명의 집을 찾아가니, 공씨는 얼빠진 사람같이 부엌에서 멀거-니 바다만 내다보고 있었다. 나를 보드니 달려와 손을 꼭 붙들고 "선생님, 그렇게 나가기 싫다는 눔을, 그렇게 나가기 싫다는 눔을⋯⋯." 할 뿐, 말끝을 잇지 못하고 울기만 하였었다.

천명은 그가 6학년 때 내가 가르치든 아해였다.[12]

「무의도기행」이라는 제목처럼, 기행의 액자 형식으로 구성된 이 희곡의 마지막 내레이션이다. 극작가 함세덕이 직접 목격한 이야기를 쓴 듯한 이 서글픈 이야기에는 황해 어촌마을을 두루 찾아다니고 어민들의 삶을 비극적인 정조로 극화하려 했던 극작가 함세덕의 극작술이 잘 집약돼 있다. 이러한 작품이 가능했던 것은 물론 함세덕의 어촌 체험과 당대의 어촌현실을 깊이 있게 탐사한 작가의 노력이 있었기에 가능했을 것이다. 유치진의 농촌희곡과 함께 함세덕의 어촌희곡은 식민지 말기 조선 민중들이 처한 현실을 극적 리얼리티로 담아낸 한국 희곡사의 수작으로 평가하기에 부족함이 없다.

4. 소설로 기록된 덕적군도의 삶

함세덕 이후 덕적군도 어미들의 삶을 다룬 문학작품으로 우선 눈에 띈 소설 작품들을 찾아 소개한다. 보다 많은 작품들이 있을 것으로 추정되지만, 인천의 바다문학 혹은 해양문학 작품들을 모아 전집 등을 발간하는 작업은 아직 이루어지지 못하고 있다. 인천에서 공동의 작업으로 이루어야 할 과제 중 하나다.[13] 후일의 과제로 남기면서 우선 먼저 몇 작품들을 찾아본다.

해방 이후 덕적군도를 산문문학의 무대로 끌어올린 작품은, 서울 출생

---

12) 함세덕, 「무의도기행」, 『인문평론』 1941년 3월호, 98~99쪽.

13) 부산에서는 부산광역시문인협회 주최로 '부산해양문학상'을 제정하여 2022년 26회째 공모전을 진행해오고 있고 한국해양문학제도 매년 거행하고 있다. 또 부산 작가들을 중심으로 (사)한국해양문학가협회를 결성하여 반년간지 『해양과문학』, 계간지 『문학바다』 등을 발간하고 있다.

으로 일본대학 문과를 중퇴하고 인천에 정착해서 신문기자 겸 소설가로 활동한 조수일(趙守逸, 1910~1986)의 단편 「포촌(浦村) 사람들」(1959)이다. 이 작품은 그 자신이 인천에서 주도해서 발간한 소설 동인지 『해협』에 1959년 12월에 발표되었다.

바닷가 마을을 뜻하는 포촌이 어디인지 작품에는 정확히 나타나지 않는다. "삼백 호 대촌으로 꼽히는 이 갯마을", "동네를 등 받침하고 있는 할미산"이라 소개된 것으로 봐서 인천의 어느 큰 어촌으로 짐작된다. "이른 봄이 오면 십여 척씩 중선을 차려서 온 동네가 물 끓듯이 북적거리며 도당굿까지 하고는 한날한시에 이 큰 개를 빠져 바다로 조기잡이를 떠나"던 동네는 이제 조기가 잡히지 않는다. 이번 3월에는 단 한 척의 배, 산이네 배만이 덕적도 앞으로 오랜만에 조기잡이를 떠나는 것이었다. 영좌를 맡은 치서(致瑞) 영감은 동사(배일꾼)로 억보와 산이, 그리고 돌이를 데리고 바다로 나가면서 걱정이 깊다. 억보의 딸 점분과 산이가 약혼을 한 사이로 이번 조깃배가 만선을 하면 혼사를 치르려고 하던 차였는데, 밤길에 우연히 점분과 돌이가 임경업사당에서 밀회를 하는 것을 목격했고, 갑자기 돌이가 이번 조깃배에 동사로 타겠다고 나서, 산이와 돌이 사이에 어떤 불상사가 날지 모르는 상황이었던 것이다.

오늘 중으로 될 수만 있다면 덕적군도에서 남서쪽으로 치우친 방울섬에 배를 대었다가 내일부터는 본격적인 조기잡이를 시작해 보려는 것이었다.

배는 느리지도 빠르지도 않은 속도로써 차츰 거칠어지는 물결을 헤치면서 작은 섬들을 빠져 가면서 하루 배질을 한 때는 이미 해가 기울기 시작한 때였다. 이작도를 빠져 나서면 망망한 대해였다. 굼실거리는 물결

이 멍석을 말 듯 밀려닥칠 때마다 배는 중심을 잃은 듯 덤벙거리는 것이었으나 치서는 여전히 창가지를 잡고 배를 몰고 동사들도 이만한 놈쯤은 심심치 않아 좋다는 태도였다.

　치서는 하늘 빛과 바다 빛이 한색이 되어 분간하기 어려운 시야 속에서 검은 점과 같이 보이는 작은 섬을 목표로 하고 약한 서남풍을 옆으로 받으면서 갈지 자로 배를 몰고 가는 것이다. 배 안에서는 억보와 돌이가 낚줄을 드리고 산이는 어제부터 보던 그물을 고르고 있으나 이들 동사들은 다 같이 초조한 모양을 하고 있는 것이다.[14]

작품에는 뱃사람들이 부르는 뱃소리와 함께 바닷속에 고기들이 있는지를 살피는 "울대"질을 하는 모습 등을 핍진하게 복원하고 있다. 치서 영감이 울대로 고기가 있음을 짐작한 바다에 그물을 내리자 조기가 가득 잡혀 올라오는데, 세차게 부는 바람과 거칠어진 파도가 몰려오고야 만다. 결국 조기가 그득히 잡힌 그물을 도끼로 끊어야 할 상황에서 산이를 치려던 돌이가 돌연 파도에 휩쓸러 사라지는 광경으로 소설은 끝을 맺는다. 거친 바다에서 목숨을 걸고 뱃일을 해야 하는 어부들의 기구한 삶에 교직하여 점분을 사이에 두고 벌어진 산이와 돌이의 목숨을 건 애욕을 덕적군도의 바다 위에서 낭만적으로 펼쳐 보여준 작품이다.

조수일과 함께 인천의 지역문단에서 줄곧 작품 활동을 전개했던 소설가 김창흡(金昌洽, 1911~1997)의 단편소설 「어부도(漁夫圖)」도 소품이긴 하지만 주목할 만한 소설이다. 함세덕의 희곡에 나왔던 비극적 삶의 현장인 바다 위 어부들의 삶을 축도하고 있기 때문이다. 1911년 함경남도 이원 출신으로 연희전문 문과를 나온 이후 한국전쟁기에 월남해 인천에

14) 조수일, 「포촌 사람들」, 『작고인천문인선집』 2-소설, 한국문인협회인천광역시지회, 2009, 18쪽.

정착한 김창흡에게도 인천의 소설적 무대로 빼놓을 수 없는 곳이 덕적군
도의 바다, 어부들의 삶이었던 것이다.

> 진짜 뱃놈은 바다에서 나서 파도소리를 자장가로 들으며 자라야 했고,
> 아장아장 걸음마를 탐과 동시에 개구리헤엄을 칠 줄 알아야 했고, 벌거벗
> 은 두 다리 사이에 고추를 달랑달랑 달고 싯누런 코를 질질 흘리며 아버
> 지나 할아버지의 뒤꽁무니에 붙어 배에 올라 노졌기 키잡기를 밥먹기나
> 대소변 가리기를 배우듯 저절로 배워야 했고, 풋수염이 입 언저리에 거뭇
> 거뭇 돋고 이마에 여드름이 보여 장가갈 나이쯤 됐을 때 할아버지나 아버
> 지가 바다에 나갔다가 파선당해 고기밥이 되면 서슴지 않고 그들의 뒤를
> 이어 고기잡이로 가족의 생계를 떠맡을 줄 알아야 했고, 태풍과 싸울 줄
> 알아야 했고, 공판장에서 고깃값 잘 받을 줄 알아야 했고, 그리고 고기야
> 잡히건 말건 바다 광대로 미쳐 버려야 했고, 바다에서 죽을 줄 알아야
> 진짜 뱃놈이 되는 거라고 그들은 생각한다. 그들은 어쩌다 바람에 못 나
> 가는 날이면 뼈에 좀이 쑤셔 가만 있질 못한다.
> 뱃놈이 제일 꺼리는 것은 더 말할 것도 없이 삼각파도와 돌개바람이다.
> 이놈의 삼각파도는 아무리 작더라도 바다에서는 아주 독종 물귀신이다.
> 철이네 어선 따위가 송곳 끝 같은 삼각파도 위에 올라갔을 때 돌개바람이
> 홱 돌아가면 배는 한 번 물을 꼴각 먹고 목졸려 죽듯, 미처 버둥댈 틈도
> 없이 물속에 가라앉고 만다.
> "아버지"
> 파고가 높아지고 바람이 사나워지자 허철은 돛줄을 늦춰 돛을 절반쯤
> 내리고 허 영감 쪽을 보았다.[15]

섬마을에서 자라 뱃놈으로 성장한 뱃사공 허경수 영감과 아들 허철이

---

15) 김창흡, 「어부도」, 같은 책, 72~73쪽.

오랜만에 나간 조기잡이에서 그물 가득히 끌려 올라오는 조기떼를 건져 올리기에 정신이 없는 장면으로 시작하는 이 소설은 그러나 돌개바람이 불고 파도가 몰아치면서 모처럼 잡은 조기로 가득한 그물을 도끼로 잘라 내야 할지 고민에 빠진다. 처음엔 허경수 영감이 먼저 날씨가 변화하는 걸 감지하고 서둘러 피선하자고 제안하자 아들 허철이 고집을 부려 그물을 계속 끌어올리다가 나중엔 아들 허철이 삼각파도와 돌개바람이 일자 고기를 바다에 처넣자고 하자, 허경수 영감이 좀 더 견뎌보자고 하다가는 결국 파선하고 만다. 파선이 된 뱃조각 위에 기어오르려 안간힘을 쓰다 결국 아들 허철만 돛에 매달려 다음날 구조되고, 허경수 영감은 끝내 바다에서 실종되고 만다는 결말이다. "뱃놈은 아무 때고 바다가 무덤"이라고 되뇌며 병상에서 흐느끼는 허철은 그러나 슬픔을 넘어 "빨리 섬마을에 돌아가 배를 타고 바다에 나가 그런 고기를 잡아야 하지."라고 뇌까리며 잠 속으로 빠져든다. 덕적군도 어부들의 숙명적 삶을 한 폭의 「어부도」로 잘 그려낸 작품이다.

이상에서 살펴본 두 소설에는 그러나 어부들의 본원적 삶의 모습을 그려내었을 뿐, 덕적군도를 휩쓸고 간 역사의 풍랑은 전혀 담겨 있지 않았다. 덕적군도를 처절하게 훑고 지나간 역사의 태풍을 본격적으로 천착한 작가는 인천 출신의 소설가 이원규(李元揆)이다. 1947년생으로 1984년 『월간문학』 신인상에 단편 「겨울무지개」가 당선되면서 늦깎이로 등단한 이원규는 1986년 월남전 참전의 경험을 토대로 창작한 장편 『훈장과 굴레』가 『현대문학』 창간 30주년 기념 장편소설 공모에 당선되면서 주목을 받았다. 이후 월남전을 다룬 몇 편의 단편을 발표한 데 이어 이원규가 본격적으로 천착한 것은 인천과 황해바다를 무대로 한 분단소설이다.

1987년 3월『문예중앙』봄호에 발표한「바람과 섬」은 한국전쟁기 벌어진 좌우익간의 민간인학살을 정면으로 다룬다. 소설의 무대는 "아, 서해 수평선 너머에 작은 점처럼 떠 있는 내 고향 청도, 언제나 멀고 먼 그리움 속에 살아 있는 섬" '청도'인데, 운산이란 산이 있는 청도라는 가공의 명칭으로 소설에서 지칭된 이 섬은 영흥도를 모델로 한 소설로 보인다. 할아버지와 아버지, 일인칭 주인공 '나'가 자란 곳인 섬 청도는 그러나 "두 분이 무참히 학살당하고 할머니마저 비극적인 최후를 마친 곳" "어머니와 내가, 그분들이 쌓아올렸던 부귀와 영광을 파도에 쓸려 보내고 떠나야 했던"[16] 비극으로 가득한 섬이다. 그건 바로 한국전쟁기 섬을 휩쓸고 지나간 좌우익 민간인 보복학살 때문이었다.

지금은 퇴락한 섬이지만 청도는 한때 조기와 새우 어장의 전진기지로 엄청난 부를 누린 섬으로 '나'의 할아버지는 중선배와 한선 다섯 척을 부리던 선주였고, 아버지는 전문학교를 나와 인천에서 교편을 잡던 인텔리였다. 그러나 6·25전쟁이 발발하자 섬은 북쪽 군대와 함께 들어온 좌익청년들이 선주들의 배를 몰수하고 아홉 명의 선주들을 목에 돌덩이를 달고 바다에 수장시키는 일이 벌어졌다. 이를 주도한 것이 사공의 아들 박칠룡이었다. 연합군의 인천상륙작전보다 십여 일 앞서 청도에 상륙한 해병대로 인해 섬이 수복되자 이번에는 우익 청년들에 의해 좌익 세력이 똑같은 수장의 방법으로 처형되었다. 박칠룡과 그의 아버지 역시 맷돌을 목에 매달고 바다에 던져졌으나 박칠룡은 기적적으로 살아나 일본에서 사업가로 성공했던 것이다. 묻혀 있던 참혹한 진실을 추적해 알게 된 '나'는 할아버지와 아버지를 죽인 성공한 사업가로 청도를 대규모 휴양관광

---

16) 이원규,「바람과 섬」,『깊고 긴 골짜기』, 고려원, 1991, 133쪽.

지로 개발하는 장택수 회장 즉 박칠룡을 끝내 용서하지 않는다. 그가 내
미는 화해를 끝내 거부한다. 그러나 '나'는 그의 정체를 폭로하려고 별렀
지만 과거의 상처를 섬 사람들에게 다시 드러내는 일만은 끝내 결행하지
못한 채 섬을 벗어나는 결말로 맺는다.

　1987년 8월 『한국문학』에 발표한 단편 「침묵의 섬」은 덕적군도에서
벌어진 민간인학살 문제를 정면으로 다룬다. 덕적군도의 무인도 먹염이
그 현장이다. 동창들과 덕적도 앞 바다로 낚시를 가던 나는 좋은 낚시
포인트를 찾다가 보게 된 작은 돌섬 먹염이 귀신들의 원한이 서린 섬,
6·25때 빨갱이들을 끌어다 쏴 죽인 해골이 널린 섬이라는 선장의 이야
기를 들으면서 6·25때 행방불명된 아버지를 떠올린다. 강화군 양도면
마니산 기슭에서 살고 있던 아버지와 가족들은 6·25 직후 인공치하가
됐을 때 어쩌다가 잠시 청년동맹 일을 맡았던 아버지로 인해 강화도가
수복된 이후 치안대원들에게 끌려가 기절하도록 매를 맞고 해병대에 넘
겨졌고 그 후 행방을 알지 못한 채 살아왔다. 행방불명된 아버지의 부역
혐의 때문에 가족들은 연좌제의 고통을 겪으며 기나긴 세월을 살아야
했다. 먹염을 본 것을 계기로 아버지의 최후를 찾아 나선 나는 결국 경찰
서의 서류 창고 깊은 곳에서 형무소로 호송되다가 탈주했다 다시 붙잡힌
아버지 박영우가 다른 부역자 37명과 함께 무인도로 호송되어 처단되었
다는 문서를 발견한다.

　　바위 능선을 올라가자 시야가 탁 트였다. 선장이 가리키는 곳을 내려다
본 순간 우리 세 사람은 누가 먼저랄 것도 없이 아, 탄식을 하며 얼싸안았
다. 찢겨져 나가듯이 움푹 팬 골짜기, 풀 하나 없이 바닥이 드러난 골짜기
여기저기에 혼자서 또는 서넛이, 또는 여럿이 끌어안고 얽힌 채로 널려져

있는 유골들, 몸뚱이 뼈는 어디로 가고 머리만 남아 구석에 엎어져 있는
유골들, 검정 바위 빛깔이 녹아 스며들었는지 온통 검은 모습으로 깔려
있는 수십 개의 유골, 유골들.

아우가 짐승 같은 신음을 틀어 내며 울먹였다.

「믿을 수가 없어. 내 아버지가 이렇게 되다니.」

갑자기 일진의 바람이 골짜기를 쓸고 치달아 올라와 우리의 몸을 휘감
았다. 그 바람에 실려 요란한 총성과 함께 수십 명이 지르는 비명 소리가
날아와 고막을 치는 환청을 들으며 나는 몸을 떨었다. 그리고 한 순간
유골들이 아직 생명으로 살아 몸을 비트는 형상처럼 보이고 수백 마리
까마귀가 퍼덕퍼덕 날개 치며 내려앉아 갈쿠리 같은 부리로 눈과 목과
가슴과 배의 살을 찍어 내어 마침내는 앙상하게 뼈를 남기고 스러져 버리
는 광경이 선하게 떠올라서 나는 숨조차 제대로 쉬지 못하고 진저리를
쳤다.[17]

인용한 대목은 어머니를 모시고 아버지가 학살된 먹염에 오르는 장면
이다. 이원규의「침묵의 섬」은 덕적군도와 인천 지역에서 오랫동안 금기
와 침묵으로 묻혀 있던 민간인학살의 생생한 역사를 날 것 그대로 소설화
한 장면이라 아닐 수 없다.

1988년 7월『현대문학』에 발표한 소설「바디소리」는 홍어잡이에 나선
덕산도 선적 광덕호의 한광식 씨와 북쪽에 가족을 둔 아버지 한동규의
이산을 다룬 작품인데, 1987년 4월에『한국문학』에 발표한 단편「포구의
황혼」과 함께 남북 이산가족의 문제를 다룬 작품이다.「포구의 황혼」은
소래포구에서 어부로 살고 있는 나와 북쪽에 가족을 둔 실향민이자 납북
어민이었던 아버지 사이의 현실적 갈등을 다루면서, 서해바다 끝 어로저

---

17) 이원규,「침묵의 섬」, 같은 책, 168쪽.

지선 앞에서 북쪽의 가족에게 플라스틱 병에 담은 편지를 보내려는 아버지의 한을 끝내 아들이 포용하는 이산가족의 화해를 다루고 있다. 「바디소리」에서는 북으로 간 아버지 때문에 연좌제의 고통에 신음하던 한광식이 북쪽 어로저지선 앞에서 북에서 내려온 배들을 만나면서 증오해마지 않던 아버지와 해우, 화해하는 장면을 감동적으로 보여준다.

> 「물때가 좋아 저쪽두 수십 척이 나왔군.」
> 처음 본 광경은 아니지만 그는 감상에 젖어 선실 벽에 기대선 채 바다를 바라보았다.
> 그에게서 쌍안경을 받아 그쪽을 살피면서 갑판원 서용만이 입을 열었다.
> 「악마 같은 새끼덜, 암초에 걸려 거꾸러져라.」
> 그 말을 들으며 그는 천천히 고개를 가로 저었다. 바다 건너 저쪽 사람들. 그는 지금까지 그쪽을 상상할 때마다 그들의 형상이 마치 텔레비전극에 저승사자로 분장해 나오는 사람들처럼 살벌한 표정을 가진 것으로 여겨 왔음을 생각했다. 그런데 갑자기 저쪽에서도 지금 이쪽을 자기처럼 바라보는 사람이 있으리라는, 그들도 처자를 부양하기 위해 고기를 잡으러 나온 똑같은 사람들이라는 생각이 들었다. 아버지가 출어한다는 말 때문에 감정이 바뀐 것인가. 그 말은 사실일까. 아버지도 지금 저쪽에 나와 있는 것은 아닌가.[18]

이상에서 살펴본 이원규의 분단소설은 인천지역에서 남북 대결논리에 사로잡혀 금기시 되거나 역사의 밑으로 가라앉았던 민간인학살의 고통스러운 역사를 덕적군도의 섬과 바다를 배경으로 전경화 하였다는 소설

---

18) 이원규, 「바디소리」, 같은 책, 125쪽.

사적 의미를 갖는다. 인천지역에서 벌어졌던 한국전쟁기 민간인학살 문
제와 분단의 고통은 수십 년의 세월이 흘렀음에도 불구하고 인천지역에
제대로 거론되지 못한 채 침묵을 강요당하거나 외면되어왔던 역사였다.
분단의 계선이 분명치 않은 황해바다와 덕적도 어민들 삶이 분단현실에
적나라하게 노출되었던 역사를 이원규는 분단소설의 새로운 영역으로
개척했던 것이다.

> 황해를 이 소설의 배경으로 잡은 것은 이 곳이 외세침탈의 문호였고
> 분단이 고착화되던 그 절망의 시기에 민중적 의지가 번번히 꺾이고만 비
> 운의 장(場)이라는 사실을 드러내어 현대사의 한 의미깊은 공간으로서 인
> 식되게 해야 한다는 생각 때문이었다. 북쪽끝 용암포에서부터 남쪽끝 소
> 흑산도까지 반도의 앞마당처럼 펼쳐진 이 바다에도 슬프고 어두운 과거
> 가 말없이 묻혀 있고, 이 소설에서 다룬 사건은 그런 한스런 현대사의
> 한 부분인 것이다. 오늘을 바라보는 거울로서 돌이켜야 할 우리의 아픈
> 역사인 것이다.
>
> — 이원규, 「작가의 책임」 중에서[19]

위 인용문은 1989년『한국문학』6, 7, 8월호에 집중 분재된 장편소설
『황해』의 서문인데, 소설가 이원규는 황해바다, 그 중에서도 인천 앞바
다 덕적군도를 소설적 영토로 삼아 "슬프고 어두운 과거" 분단의 역사를
문학을 통해 개척했던 것이다. 장편『황해』는 누대에 걸친 선주와 사공
간의 계급적 갈등이 해방 이후 좌우익의 갈등 속에서 어떻게 폭력적으
로 전개되었고 한국전쟁을 거치면서 비극적인 역사를 빚어내고 말았는

---

19) 이원규,『황해』, 한국예술사, 1990, 8~9쪽.

지를 치밀한 역사적 고증을 통해 펼쳐 보여줌으로써 한국분단사의 축도
를 그려낸 수작으로 재평가해야 한다.[20] 인천지역에서 벌어진 민간인학
살의 역사적 진실은 노무현 정부에서 설립한 진실과화해를위한과거사
정리위원회의 조사를 통해 2007년 무렵에야 그 실체가 부분적으로 드
러나기 시작했으니, 분단의 상처를 소설을 통해 천착한 이원규의 작업
은 선구적 업적으로 기억해야 한다.

5. 시로 표백된 덕적군도의 정서

소설문학이 덕적군도의 역사를 서사적 화폭으로 펼쳐 보여주는 반면
에 시 문학에 그려진 덕적군도는 정서적으로 감응케 한다. 덕적군도를
모처럼 여행하는 시인, 묵객의 시에서도 덕적군도를 다룬 작품들이 드물
지 않을 것이다. 그러나 덕적군도의 정서를 생생한 날것 그대로 길어 올
리는데 있어서는 역시 덕적군도에서 나고 자란 시인들의 시에서 감응력
이 보다 강할 수밖에 없다. 세 명의 덕적군도 태생의 시인들의 시를 찾아
본다.

1965년 덕적도에서 태어난 시인 장석남은 여러 권의 서정시집을 출간
한 중견시인으로 자리를 잡았지만, 각각의 시집들 속에서 덕적도와 그
바다를 표제로 한 시는 의외로 많지 않다. 다만, 첫 시집『새떼들에게로

---

20) 이원규의『황해』에 대한 본격적인 연구는 선행연구를 소개하며 후일을 기약하고자
   한다. 오양호,「인천의 현대사와 그 복원-이원규의『황해』에 나타나는 해방전후기의
   인천」(『인천학연구』4, 인천대 인천학연구원, 2005. 2) ; 오양호·양승모,「한국 현대
   서사문학에 나타나는 인천-이원규의『황해』를 중심으로」(『인천학연구』25, 인천대
   인천학연구원, 2016. 8) 참조.

의 망명』(문학과지성사, 1991)에서 「덕적도 시」라는 인상적인 시를 남겼다.

    1 해질녘
아버지는 종일 모래밭에 와서 놀더라
아버지는 저녁까지 모래밭에 숨을 놓고 놀다
모래알 속에 아들과 딸을 따듯이 낳아두고 놀다 가더라
해당화밭이 애타는 저녁까지

소야도가 문갑도로 문갑도가 다시 굴업도로
해걸음을 넘길 때
1950년이나 1919년이나 그 이전이
물살에 떠밀려와 놀다 가더라

    2 섬집
그러니까 밀물이
모래를 적시는 소리가
고요하게 불 끄고 잠든 마을 집들의 지붕을 넘어
우리집 뒷마당 가득하게 될 때나
달팽이관 저 깊이
모래알과 모래알 사이 물방울의 길처럼 세상은
내 뒤를 따라오지 못하고 나는
배고파도 그
속에서 나오기 싫었다

지금은 그 물결 소리가 무엇을 적시는지
내가 숨차졌다

      3 밥 먹구 자

학교에서 돌아와
내가 집이 되어 무섭게
집을 품고 있노라면 털썩
나무 갔다 온 엄마가
하얀 별 아래
헛간 아래
나뭇동 아래
까맣게 어둠 아래서
밥을 짓고
나는 아궁이에 타는 불의 뜻 모를
箴言 속에 잠이 들어
밥 먹구 자
나를 언덕에서 떨어뜨리는, 자
지금은 스물세 살 겨울 어느 날 새벽 세시 정말 밥 먹구
반성처럼 잠이 온다 밥 먹구 자
나는 불 속으로 걸어 들어간다

      4 가을行

차게 불이 탑니다 당신 이름이 탑니다 길을 비켜선 활엽의 나무 그루들
조금 더 목말랐으면 나는 물을 마실 뻔하였습니다.
차게 타는 불

                              – 장석남, 「덕적도 시」 전문[21]

  시인에게 덕적도는 본원적인 삶의 뿌리이자 정서의 근원이다. "아버지

---

21) 장석남, 『새떼들에게로의 망명』, 문학과지성사, 1991, 91~93쪽.

는 종일 모래밭에 와서 놀더라"라는 표현은 자신이 그랬던 것처럼 덕적
도에서 태어난 사람이라면 어린 시절부터 바닷가 모래밭에서 놀고 "모래
알 속에 아들과 딸을 따듯이 낳아두"듯이 섬에서 삶을 영위하는 오래된
원체험이 자리하고 있음을 표현하고 있다. 바닷가 모래밭이 아니면 달팽
이관 같은 섬집에서 살아가야 하는 섬의 정서, 그러나 섬집에서 깊은 밤
이 들어 배고픈 채로 잠든 체험이 깃들여 있는 곳, 바로 시인의 고향이었
던 것이다. "지금은 그 물결 소리가 무엇을 적시는지 / 내가 숨차졌다"는
표현에서 알 수 있듯 지금 시인은 섬에 살지 않고 가을 황혼이 물든 바닷
가에서 느릿느릿 흘러가는 덕적도의 시간을 숨이 찬 도시인의 감각으로
기록하고 있는 셈인데, 장석남 시인의 시적 정서 밑바닥에는 이처럼 덕
적도의 유구한 회귀의 시간, "밥 먹구 자"라는 환청처럼 남아있는 결핍감
과, "차게 타는 불"이라고 표현된 황혼조차도 차가운 바다의 정서가 흐르
고 있는 것이 아닐까 짐작해본다.

> 서산 대부 군자
> 염전이란 염전 모조리 떠돌고
> 팔미도 떼무리 앞으로 떠오는 주황빛 쌍돛자락
> 조금을 묵으며
> 더딘 바람으로 떠다니던 바다
>
> 이제
> 엉킨 그물을 한 코 한 코 추스르며
> 한평생 단단히도 엮어 온
> 삶의 매듭을 푸는 아버지의 풍경이
> 거센 물살에 휩쓸린 그물 말장을 곧추세우며

하얗게 부서지는 파도로
썰물 난 갯벌 끝에서 허청허청 나부끼고 있다

풀어도 풀어도 묶이는
그 세월의 매듭
바다
           – 김영언, 「아버지의 바다–한리포 전설 19」 전문[22]

  덕적군도와 인천 앞바다의 섬들은 예나 지금이나 바다위에 보석처럼 떠 있다. 그러나 이제 섬에서 나고 자란 사람들이 섬에서 대대로 살아가는 시절은 이미 지나갔다. 산업화의 시대, 산문의 시대가 덕적군도를 가만두지 않는 탓이다. 그렇게 많이 잡히던 민어며 조기며 새우도 잡히지 않게 되면서, 섬사람들은 어떻게 하면 자식들을 뭍으로 보내어 뭍에서 성공해서 살아갈 수 있을지가 가장 큰 삶의 목표가 되어가는 시대가 도래했다. 1960년대부터 불어 닥친 산업화 바람 속에 섬에서의 삶은 어느덧 낙도(落島)의 삶으로 고착되기 십상이다. 자월도 출신의 시인 김영언도 섬에서 태어나 뭍으로 나와 대학을 나오고 교직에 몸담으며 명절 때나 고향의 섬 자월도에 간다. 그곳엔 여전히 "더딘 바람으로 떠다니던 바다", "풀어도 풀어도 묶이는 / 그 세월의 매듭" 같은 "아버지의 바다"가 펼쳐져 있다.

  어느덧 도시인의 감성으로 자신이 태어난 섬의 변하지 않는 정서를 표백하는 장석남, 김영언의 시어와 달리, 문갑도 출신의 시인 이세기는 바닷가 삶의 정서에 좀 더 직핍한다. 늦깎이로 등단한 시인의 첫 시집

---

22) 김영언, 『아무도 주워 가지 않는 세월』, 내일을여는책, 2002, 93쪽.

『먹염바다』의 표제시를 보자.

　　　바다에 오면 처음과 만난다

　　　그 길은 춥다

　　　바닷물에 씻긴 따개비와 같이 춥다

　　　패이고 일렁이는 것들
　　　숨죽인 것들
　　　사라지는 것들

　　　우주의 먼 곳에서는 지금 눈이 내리고
　　　내 얼굴은 파리하다

　　　손등에 내리는 눈과 같이
　　　뜨겁게 타다
　　　사라지는 것들을 본다

　　　밀려왔다 밀려가는 것 사이
　　　여기까지 온 길이
　　　생간처럼 뜨겁다

　　　햇살이 머문 자리
　　　괭이갈매기 한 마리
　　　뜨겁게 눈을 쪼아 먹는다

　　　　　　　　　　　　　　　- 이세기, 「먹염바다」 전문[23]

시인은 바다에서 "처음과 만난다"고 했다. 생명의 시원으로서 "우주의 먼 곳"과 이어지는 이곳 바다에서 "생간처럼 뜨"거운 생명이 걸어온 길을 시어로 조탁한다. 「먹염바다」라는 제목의 이 시는 소설가 이원규가 소설 「침묵의 섬」에서 조명한 민간인학살의 참혹한 현장, 바로 그곳이다. 소설에서 학살된 시체들을 쪼아 먹던 까마귀의 형상과 마찬가지로, 문갑도 출신의 이세기 시인은 "햇살이 머문 자리 / 괭이갈매기 한 마리 / 뜨겁게 눈을 쪼아 먹는다"고 선연한 형상으로 표현했다. 덕적군도에 깃든 생명의 내력을 섬에서 떠나지 못하고 기록하는 것이다.

> 덕적군도에는 변경의 비참이 잠들어 있다
>
> 목며산이 되기 위해
> 황해를 건너오다
> 그만 먼저 당도한 산이
> 목며산이 되었다는 이유로
> 화가 난 마귀할멈
> 주먹으로 산을 내리쳐
> 산산이 군도가 되었다는
> 덕적군도의 유래에는 비극이 서려 있다
>
> 선갑도 울도 백아도 굴업도
> 장구도 묵도 각흘도
> 세상에 이름도 얻지 못한 섬들이
> 사는 덕적군도에서

---

23) 이세기, 『먹염바다』, 실천문학사, 2005, 14~15쪽.

자고로 섬에서 살아보지 못한 사람들은
섬이 얼마나 고난을 지고
살아왔는지 모른다

(중략)

들어보자
여기, 수천의 파도로 휘몰아치는
덕적군도의 수난이 있다
온 섬이 짓밟히고 있다
변경의 비참이 끝나지 않았다
제아무리 목놓아 외쳐도
뭍사람들은 들으려 하지 않는다
귀 막고 눈 막고 입을 막는다

들어보라
사람들아! 나는 굴업도다
사람들아! 여기에 섬이 있다
사람들아! 나는 먹구렁이 황해
왕은점표범나비 검은물새떼알이다
우리집이 사라지려 한다

— 이세기, 「굴업도」 부분[24]

위 시는 시인의 두 번째 시집 『언손』에 수록된 시인데, 한 대기업이
아름다운 덕적군도의 섬 굴업도의 초지를 삭토하여 골프장을 짓는 계획

---

24) 이세기, 『언손』, 창비, 2010, 100~103쪽.

이 발표되자 발표된 시다. "덕적군도에는 변경의 비참이 잠들어 있다."는 선연한 표현에는 덕적군도에서 살아가는 생명을 경시하는 뭍의 산문적 논리에 대한 강한 질타와 비탄이 담겨 있다. 덕적군도의 탄생설화인 마귀할멈 설화에서 "주먹으로 산을 내리쳐" 형성됐다는 덕적군도의 비참과 고난은 "섬에서 살아보지 못한 사람들"로 인해 더 깊다는 분노가 서려있다. "온 섬이 짓밟히고 있다 / 변경의 비참이 끝나지 않았다"는 통절한 비분 속에는 덕적군도에 깃들어 살아가고 있는 온갖 생명들의 목소리가 담겨 있는 것이다. 이세기 시인은 세 번째 시집에서도 "뿌억뿌억 대통을 바다에 넣고 기다리던 / 민어 울음도 사라진 바다엔 / 배치기하던 노랫소리도 꽹과리도 오색 기폭도 없다"(시 「북리항」 부분)[25]고 쓸쓸해하며 오늘도 덕적군도와 인천 앞바다 섬들을 회유하고 있을 것이다.

6. 인천해양문학 연구를 기약하며

이상에서 덕적군도를 중심으로 인천 앞바다 섬을 다룬 근대 이후의 문학작품들을 살펴보았다. 덕적군도를 주대상으로 하였지만 이작도, 자월도, 영흥도 등 연안 섬들까지 포괄해 우선 개괄적으로 문학작품을 통해 덕적군도의 역사적 정체성을 일별해보았다. 백령, 대청, 연평 등 서해 북방한계선과 인접한 서해5도는 또 다른 측면에서 접근할 필요가 있어 대상지역에서 제외하였다. 물론, 서해5도를 포함해 인천 앞바다의 모든 도서지역과 연안을 포함한 해양문학을 검토할 때는 모두 포함해야 할

---

25) 이세기, 『서쪽이 빛난다』, 실천문학사, 2020, 75쪽.

것이다.

미흡한 검토에 그친 이 글을 통해 어부들의 섬이었던 근대 이후 덕적군도의 문학적 심상지리 일부를 읽어보려 했다. 하지만 이 글에서 검토한 문학작품들은 전체의 일부분일 뿐이다. 중요한 작품임에도 불구하고 필자의 게으름으로 미처 찾아보지 못한 작품도 없지 않을 듯하다. 이번 작업을 계기로 인천의 해양문학에 대해 본격적인 조사와 연구가 절실하다는 것을 새삼 되새기게 된다. 우선, 전설과 설화, 민담, 민요와 한시 등으로 표현되었을 전통문학까지 포괄하여 인천해양문학 전집의 발간을 공통의 과제로 추진했으면 좋겠다.

제4장
행정 및 인구 변화와 공동체 활동

I.
덕적면과 자월면의 행정구역과 인구

1. 들어가며: 행정구역과 인구의 의미

지역사회(community)는 학자들마다 다양하게 정의하는데,[1] Hillery[2]는 지역사회를 내부적인 사회적 관계, 연대감을 가지고 있으면서, 다른 지역과 구분되는 지리적 영역을 구성하는 하나의 사회라고 정의한다. Ross는 지역사회를 지리적 지역사회(geographical community)와 기능적 지역사회(functional community)로 구분하였다.[3] 지리적 지역사회는 지리

---

1) community는 공동체, 커뮤니티, 지역사회 등 다양하게 번역되고 표현된다. 공동체 (community)는 일반적으로 그 어떤 요소를 공통적으로 보유하고 있는 사람들의 집단 이고, 지역공동체(local community)는 공동체의 부분집합에 해당하는 것으로 구성원 들이 동일한 지역을 생활터전으로 삼고 있다는 점을 공통분모로 하여 형성되는 공동체 를 가리킨다. 다양한 공동체 중 지역공동체는 인류 역사에서 가장 오랜된 공동체이자 공동체의 원형에 해당한다(황익주·정규호·신명호·양영균, 『한국의 도시 지역공동체 는 어떻게 형성되는가』, 서울대학교출판문화원, 2017, 32~35쪽). 따라서 community 가 local community를 의미하기도 하고, 많은 연구들에서 커뮤니티를 지역사회로 표 현한다.

2) Hillery, George A. Jr., "Definitions of community. areas of agreement", *Rural Sociology*, Vol. 20, 1995, pp.111~123.

3) Ross, Murray G., *Community Organization: Theory and Practice*, New York:

적 단위(geographical unit)으로서, 일정한 구역과 공간 범위 안에서 밀접한 상호작용을 하는 사람들의 집단을 의미하고, 기능적 지역사회는 공간과 상관없이(in any geography) 공동의 관심과 기능을 공유하고 유대감을 형성하는 사람들의 집단을 의미한다. 본 연구의 대상인 덕적면과 자월면은 지리적 지역사회를 기반으로 하는데, 이후 논의에서는 지리적 지역사회보다는 지역사회라는 일반적인 용어를 사용하고자 한다.

지역사회의 대표적인 구성요소는 지리적 경계를 갖는 공간적인 구역과 지역에 거주하는 사람이다. 일정한 범위를 갖고 경계로 설정된 구역의 공간적 특성과 거주하는 사람들의 특성이 지역의 정치·경제·사회·문화에 영향을 주고, 이는 지역정체성으로 나타나기도 한다. 또한 구역과 사람은 행정과 정책의 중요한 단위이자 대상으로, 집합적·행정적 용어로 행정구역과 인구라고 표현한다.

따라서 공간적인 범위로서 행정구역과 사람들의 집합체로서 인구는 지역의 정치·경제·사회·문화적 특성을 구성하는 기본요소로, 지역의 여러 가지 특성을 파악하기 위해 우선적으로 살펴볼 필요가 있다.

덕적면과 자월면의 행정구역과 인구에 대해 본격적으로 논의하기 하기 전에 행정구역과 인구가 갖는 의미를 구체적으로 논의하고자 한다.

먼저, 구역은 일반적으로 지리적 개념과 법적·행정적 개념을 동시에 함축하고 있다.[4] 지리적 개념은 일정한 목적을 달성하기 위하여 특정 기준에 따라 국토공간을 구분한 지리적 경계이고, 법적·행정적 개념은 특정의 공공기관 또는 단체의 관할권이 미치는 지역적 범위이다. 이러한

Harper and Row Publishers, 1967.

4) 김병국·금창호·권오철, 「지방자치(행정)체제의 개편방안: 지방행정체층과 행정구역 개편대안을 중심으로」, 한국지방행정연구원 연구보고서, 1999.

법적·행정적 차원에서 규정되는 구역을 행정구역이라 하고, 지방행정구역은 지방자치단체의 통치권 또는 자치권이 미치는 지역적 범위를 지칭한다.[5)]

행정구역은 특정기준에 따라 몇가지 유형으로 구분 가능한데, 법적기준에 따라 자치구역과 행정구역으로 구분할 수 있다.[6)] 자치구역은 지방자치단체의 자치권이 미치는 범위를 말하고, 행정구역은 국가 또는 지방자치단체의 행정의 편의를 위하여 그 내부에 설정하여 놓은 지역적 단위를 말한다. 지방자치를 강조할 때 자치구역이 의미가 있지만 행정구역이 더 일반적으로 많이 사용된다. 행정구역은 지방의 행정을 합리적이고 능률적으로 수행하기 위한 기본골격을 형성하는 주요한 제도인 동시에 주민의 일상생활과 정치·경제·문화 등 사회전반에 영향을 미치는 행정의 기본제도이다. 즉, 행정구역은 행정작용이 미치는 범위를 말하며, 이는 보다 합리적이고 능률적으로 국가 및 지방의 목표를 추구하고, 자치기능을 구현시켜 나가면서 국민생활의 편익을 증진하기 위하여 설정된 것이라 할 수 있다.[7)] 따라서 행정구역은 지방행정을 위한 공간단위이면서 동시에 지역적 정체성이 만들어지는 삶의 공간이기도 하다.[8)]

행정구역과 함께 행정계층에 대한 이해가 필요하다. 계층은 구역의 수직적·입체적·비물리적 측면과 관련이 있는 것으로, 구역의 규모는 계층의 수에 따라 달라지기도 한다.[9)] 우리나라의 자치계층은 2개, 행정

---

5) 우종덕, 「행정구역 확대 논의의 타당성 검토」, 『지방행정연구』 제21권 제2호, 2007, 179~197쪽.
6) 오희환·김익식, 「지방행정구역 개편방향에 관한 연구」, 한국지방행정연구원 연구보고서, 1994, 7쪽.
7) 김종표, 「지방행정구역개편의 과제와 전략」, 『지방행정연구』 제8권 제2호, 1993.
8) 국토지리정보원, 『대한민국 국가지도집 1』, 2019, http://nationalatlas.ngii.go.kr/.

계층은 3~4계층으로 자치계층안에서 행정계층이 더 세분화된다. 특별
시·광역시·도와 시·군·자치구는 자치계층이면서 행정계층이지만 시·
군·자치구의 하부단위인 읍·면·동은 자치계층은 아니고 행정계층이
다. 따라서 행정계층은 특별시·광역시·도−시·군·자치구−읍·면·동
으로 구분되는데,[10] 군에는 읍·면을 두며, 시와 구에는 동을 둔다. 그리
고 읍·면에는 리를 두고, 동에는 통을 둔다.[11] 이러한 현재의 읍·면·
동과 통·리 체계는 1998년 지방지치의 부활과 함께 「지방자치법」 전면
개정을 통해 갖추게 되었다.[12]

읍·면·동은 지방행정을 구성하는 가장 하위 행정계층으로 최일선에

---

9) 김찬동, 「서울시 행정구역 및 계층의 합리화 방안」, 『서울연구포커스』 56호, 2006.
10~23쪽.

10) 일반적으로 행정계층은 3계층이지만 50만 이상의 시의 경우 도−시−행정구−읍면동
4개 계층으로 이루어지기도 한다.

11) 「지방자치법」(시행 2022.1.13., 법률 제17893호) 제3조 2항에 '특별시, 광역시, 특별자
치시, 도, 특별자치도(이하 "시·도"라 한다)는 정부의 직할(直轄)로 두고, 시는 도의
관할 구역 안에, 군은 광역시나 도의 관할 구역 안에 두며, 자치구는 특별시와 광역시의
관할 구역 안에 둔다.'고 규정하고 있다. 계속해서 제3항에 '특별시·광역시 또는 특별자
치시가 아닌 인구 50만 이상의 시에는 자치구가 아닌 구를 둘 수 있고, 군에는 읍·
면을 두며, 시와 구(자치구를 포함한다)에는 동을, 읍·면에는 리를 둔다'.고 규정하고
있다.

12) 읍·면·동의 역사를 간략히 살펴보면 다음과 같다. 면의 유래는 조선 태종(1413년)
때에 군현의 하부 행정구역으로 설치된 이후, 1910년 조선총독부지방관 관제 제25조에
의거하여 부·군 아래 면, 방, 사, 부를 면으로 통일하였다. 이후 1917년 면제가 지정되
었고, 면을 지정면과 보통면으로 구분하였다. 읍은 1917년 일제 행정구역 개편 당시
설치되었던 지정면이 1931년 읍으로 전환되면서 설치되었다. 즉, 지정면을 읍으로 그
리고 보통면을 면으로 칭한 것이다. 동은 1912년부터 문헌에 등장하고 있으며, 1914년
일제의 행정구역 개편으로 오늘날의 형태를 갖추게 되었다. 이후 1949년 제정된 「지방
자치법」에 의해 동은 리와 함께 시읍면과 시의 구에 설치되었으며, 1988년 「지방자치
법」 전부개정과 함께 동은 시의 하부행정구역으로 일원화되고, 리는 읍면의 하부행정
구역으로 설치되었다(행정자치부, 『지방자치 20년사』, 서울: 동진문화사, 2015).

서 지역주민들에게 행정서비스를 제공한다. 즉, 읍·면·동은 보다 가까운 거리에서 주민들에게 서비스를 제공하기 위해 설치되어 있으며, 선거구 획정과 국가통계 작성의 기준이 되며, 지역공동체의 공간적 범위로서도 작동한다.[13)

덕적면과 자월면의 행정구역 체계는 우리나라 지방행정체계 역사와 관련이 있다. 현재 인천광역시 옹진군 덕적면과 자월면에서 인천광역시와 옹진군은 자치구역이자 행정구역에 해당하고, 덕적면과 자월면은 옹진군의 원활한 행정을 위한 공간단위인 행정구역에 해당한다.

지역사회의 두 번째 구성요소는 사람(주민)으로 사람집단의 계수를 인구라고 하고, 인구는 정치적·경제적·사회문화적으로 구획된 일정한 지역 내에 거주하는 주민을 의미한다.[14) 즉, 인구란 일정 시점에 일정한 지역 내에 있는 모든 사람의 수로, 일정한 정치·경제·사회조직의 주체로서 그 지역에 살고 있는 자연, 사회, 경제 조건과 관련되어 있다. 따라서 인구현상은 지역현상의 의미를 함축하여, 인구구조 및 인구수 변화 등 인구현상을 통해 지역의 다양한 내용을 확인할 수 있다.[15)

인구는 생물적 존재로서 성·연령 등의 특성에 따라 지역의 특성이 달라지고, 사회적 존재로서 제도·사상·관습 등을 지닌다. 또한 그 생존을 위한 경제과정에서 노동력이라는 요인이 되는 경제적 존재이다. 이러한 인구는 각 시대와 나라, 사회에 따라서 그 구성과 형태 등이 끊임없이

---

13) 김대욱·금창호, 「읍면동 법적지위 전환문제 개선방안 연구」, 『지방행정연구』 제33권 제2호, 2019, 33~52쪽; 행정자치부, 2015, 앞의 책.

14) 한국학중앙연구원, 『한국민족문화대백과사전』의 '인구'에 대한 정의이다.

15) 나승만·신순호·조경란·이경엽·김준·홍순일, 『해양생태와 해양문화』, 서울: 경인문화사, 2007.

변화하는데, 인구의 증감이나 이동 또는 인구구조 등에 의해서 변화를 알 수 있다. 인구구조는 어느 지역의 인구상태를 특정 시점에서 질적으로 파악하는 것으로서, 각종 구성요소의 편성에 의하여 표현된다. 인구의 구성요소로는 성별·연령별·인종별 등 자연적 요인, 산업별·직업별·노동력별 등 경제적 요인, 거주지별·결혼상태·학력별 등 사회적 요인, 국적별·언어별·종교별 등 문화적 요인 등이 포함된다.[16] 최근 인구구조와 관련해서 고령화와 저출산율에 따른 성별·연령별 인구구조 변화로 인한 지역소멸 등의 다양한 이슈가 제기되고 있다.

본 연구는 덕적면과 자월면의 정치·경제·사회·문화적 특성의 가장 기본적인 요소로서 행정구역과 인구를 분석하여 제시한다. 행정구역은 행정을 위한 지리적 단위이지만 주민들의 생활공간으로도 의미를 갖는다. 덕적면과 자월면이 현재의 행정구역 체계를 갖추게 된 과정과 공간적인 특성으로서 토지지목과 함께 인천의 대표적인 섬지역으로서 섬과 관련한 현황을 살펴보고자 한다. 그리고, 인구는 전체적인 인구현황 및 변화추이와 함께 성별·연령별 인구구조, 경제적 특성으로서 인구구조인 농가인구와 어가인구, 그리고 마을별 인구특성을 다룬다.

행정구역과 인구는 옹진군 기본통계와 행정안전부의 주민등록인구통계, 통계청의 인구총조사 자료 등을 토대로 분석이 이루어지는데, 행정구역 체계 변화는 국가기록원 기록정보서비스의 법률 원문 정보 등을 통해 확인하였다.

한편 시간적 범위는 근현대로, 인구의 경우 각 통계의 작성시기와 공개범위에 따라 통계별로 시간범위에 차이가 있다. 예로 읍면동 전체 인

---

16) 한국학중앙연구원, 앞의 책.

구수는 인구총조사 통계가 1940년대 이전부터 공개되어 확인이 가능하나, 읍면동의 연령별(5세기준) 통계는 1998년부터 공개되어 확인이 가능하다.

2. 행정구역과 공간적 현황

1) 행정구역

덕적면은 2022년 기준 8개의 법정리와 14개의 행정리, 자월면은 3개의 법정리와 7개의 행정리로 이루어져 있다. 면(面)은 행정서비스를 위한 기관이 설치되고, 공무원이 근무하는 최하위 행정구역으로 효율적인 행정을 위해 면 아래 하부행정구역으로 리(里)[17)]가 설치된다. 리의 구역은

---

17) 현대에서 사용하고 있는 형태의 리는 일제강점기 부군면을 통폐합하면서 몇 개의 마을을 묶어 한 개의 규모가 큰 리로 편성한 것이 직접적인 시초이다. 1988년 「지방자치법」 전면개정에 따라 읍면지역 말단행정구역의 명칭을 리로 일원화하였다.

1949.7.4. 지방지치법 제정 (법률 제32호)	1960.1.1. 지방자치법 개정 (법률 제563호)	1988.4.6. 지방자치법 전면개정 (법률 제4004호)
제2조 본 법에서 지방자치단체라 함은 대별하여 좌의 2종을 말한다 1. 도와 서울특별시 2. 시, 읍, 면 도와 서울특별시는 정부의 직할하에 두고 시, 읍, 면은 도의 관할구역내에 둔다 제45조 도에 군을 두고 서울특별시와 인구 50만 이상의 시에는 구를 두고, <u>시, 읍, 면과 구에 동리를 둔다.</u> 군과 구의 명칭과 관할구역은 종전에 의하고 이것을 변경하거나 폐치분합할 대에는 법률로써 정한다. 단 울릉도는 울릉군으로 개칭한다. <u>동리의 구역은 자연촌락을 기본으</u>	제2조 본법에서 지방자치단체라 함은 대별하여 좌의 2종을 말한다. 1. 도와 서울특별시 2. 시, 읍, 면 도와 서울특별시는 정부의 직할에 두고, 시, 읍, 면은 도의 관할구역내에 둔다. 제145조 도에 군, 서울특별시와 인구 50만이상의 시에 구를 두고, <u>시,읍,면과 구에는 동, 리를 둔다.</u> 군과 구의 명칭과 구역은 종전에 의하고 이를 변경하거나 폐치, 분합할 때에는 법률로 정한다. <u>동, 리의 구역은 자연의 촌락을 기준으로 하되 그 명칭과 구역은 내무부장관의 승인을 얻어 자치단체의 조례로 정한다.</u>	제2조 (지방자치단체의 종류) ①지방자치단체는 대별하여 다음의 2종으로 한다. 1. 특별시와 직할시 및 도 2. 시와 군 및 구 ~ 중간 생략 제3조 (지방자치단체의 법인격 및 관할) ① 지방자치단체는 법인으로 둔다 ② 특별시와 직할 시 및 도(이하 시도라 한다)는 정부의 직할하에 두고, 시와 군은 도의 관할구역안에 두며, 자치구는 특별시와 직할시의 관할구역안에 둔다. ③ 특별시 또는 직할시가 아닌 인구 50만 이상의 시에는 자치구가 아닌 구를 둘 수 있고, <u>군에는 읍</u>

〈표 1〉 덕적면과 자월면의 행정구역(2022년 기준)

덕적면		자월면	
법정리(8)	행정리(14)	법정리(3)	행정리(7)
진리	진1리, 진2리, 진3리	자월리	자월1리, 자월2리, 자월3리
북리	북1리, 북2리	이작리(출장소)	이작1리, 이작2리, 이작3리
서포리	서포1리, 서포2리	승봉리	승봉리
굴업리	굴업리		
소야리	소야1리, 소야2리		
문갑리	문갑리		
백아리	백아리, 지도리		
울도리	울도리		

자료: 옹진군 리 명칭과 이장 정수 등에 관한 조례(인천광역시옹진군조례 제2255호)[별표1]

자연촌락을 기준으로 하되, 명칭과 구역을 변경하거나 리를 폐지·설치하거나 나누거나 합칠 때에는 그 지방자치단체의 조례로 정하도록 하고 있다.[18] 행정 능률과 주민의 편의를 위하여 그 지방자치단체의 조례에 따라 하나의 리를 2개 이상의 리로 운영하거나 2개의 리를 하나의 리로 운영하는 등 행정운영 상 리(행정리)를 따로 둘 수 있다. 따라서 현재 리는 법정리와 행정편의를 위한 행정리가 있다.[19] 행정리는 인구와 생활권을 고려하여 법정리에 1개 또는 여러 개 설치할 수 있는 행정구역으로, 주민

로 하되 그 명칭과 구역의 확정은 시, 읍, 면 조례로써 정한다.	동, 리의 하부조직은 당해 자치단체의 조례에 정하는 바에 의하여 둘 수 있다.	·면을 두며, 시와 구에는 동을, 읍·면에는 리를 둔다.

18) 「지방자치법」(시행 2022.1.13., 법률 제17893호) 제7조 제2항.

19) 법정리는 법으로 지정되어 있다고 해서 법정리이고, 예전부터 쓰여왔던 명칭이 한자로 등록된 형태가 많다. 현재의 법정리의 명칭과 경계선 등 큰 골격은 1914년 조선총독부에 의해 실시된 전국 행정구역 개편, 즉 부군면 통폐합에 따른다.

〈그림 1〉 덕적면과 자월면의 위치

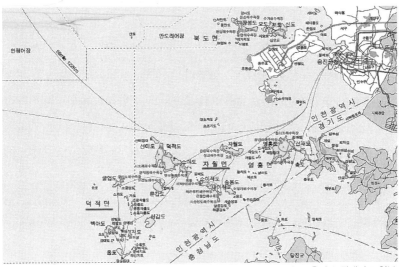

자료: 옹진군 관내지도 일부,
https://www.ongjin.go.kr/open_content/main/introduction/present/map.jsp

들이 모여사는 자연부락인 마을인 경우가 많다. 행정리에 이장을 두는
데, 이장은 주민의 대표자이자 행정을 보조하면서, 행정기관과 주민을
매개하는 역할을 한다.[20]

덕적면 8리, 자월면 3리의 현재 행정구역 체계는 1983년에 갖춰졌
다.[21] 먼저, 덕적면은 1914년 3월 1일 조선총독부령(朝鮮總督府令第) 제111

---

20) 「지방자치법 시행령」(대통령령 제32294호) 제 81조에 행정동의 통에는 통장, 읍면의
    행정리에는 이장을 두고, 이장 및 통장은 주민의 신망이 두터운 사람 중에서 해당 지방
    자치단체의 규칙으로 정하는 바에 따라 읍장·면장·동장이 임명하도록 규정하고 있다.
21) 이하 덕적면과 자월면의 행정구역 변화는 『옹진군지』 2편과 4편, 위키피디아, 국가기
    록원 기록정보서비스를 참고하여 기술하였다.

호「도의 위치·관할 구역변경 및 부·군의 명칭·위치·관할 구역 변경에 관한 규정」[22]에 따른 부군면 통폐합(府郡面 統廢合)[23]으로 인해 경기도 부천군에 속했다(경기도 부천군 덕적면). 1910년대 덕적면은 북리, 소야리, 진리, 익포리, 우포리, 백아리, 승봉리, 문갑리, 울도리, 굴업리 등 10개 리를 관할하다가 우포리와 익포리를 소포리로 통합하여 9개 리를 관할하게 된다.[24] 이후 부천군 관할이었던 덕적면은 1973년 7월 1일에 「시설치와 군의 폐치분합에 관한 법률」(법률 제2597호)에 의해 경기도 옹진군에 편입되었다.[25] 1983년 2월 15일 영흥면 자월출장소가 자월면으로 승격되면서 승봉도와 덕적군도의 선갑도를 관할한 승봉리가 자월면으로 이

---

22) 부평군 일원과 인천부 일부, 강화군 일부와 남양군 일부를 통합하여 15개면 146개리를 통합하여 거대한 부천군을 설치하였다. 이때 부평군은 해체되고 인천부의 구읍, 서면, 남촌면, 조동면, 다문면, 주안면, 신현면, 전반면, 황등천면, 영종면, 용유면, 덕적면 12개 면과 남양군의 대부면, 영흥면 2개면, 강화군의 북도면, 김포군의 노장면 당하리 일부를 병합하여 부천군 계양면 오류리라 하였다.

23) 부군면 통폐합은 1914년 3월 1일 조선총독부가 시행한 조선총독부령 제111호 「도의 위치·관할 구역 변경 및 부·군의 명칭·위치·관할 구역 변경에 관한 규정」(1913년 12월 29일 공포)에 의하여 대대적인 행정 구역 개편을 단행(13도 12부 329군 → 13도 12부 220군)하고, 이어서 4월 1일 각 도의 영에 의하여 각 군의 면을 개편한 것을 통틀어 이르는 말이다(위키백과, https://ko.wikipedia.org/wiki/).

24) 익포리와 우포리가 합쳐져서 서포리가 된 시기를 명확한 시기를 알 수 없다. 다만 면과 리 등의 명칭에 관한 자료를 토대로 추정하면 1916년경으로 파악된다. 大正 三年(1914년) (京畿道各府郡面東里町名調査書(경기도각부군면동리정명조사서)에 따르면 외포리와 익포리의 명칭이 있지만, 1916년, 1918년 지역 도면 기록에서부터 서포리라는 명칭이 보이기 시작한다(大正 五年(1916년) 德積面 西浦理 原圖; 大正 七年(1918년) 德~積面 西浦理 原圖).

25) 1973년 7월 1일 「시설치와 군의 폐치분합에 관한 법률」(법률 2597호)에 의해 대대적인 지방행정개편이 이루어졌는데, 부천군의 소사읍이 시로 승격되고 부천군이 폐지됨에 따라 부천군 관할이었던 영종면, 북도면, 용유면, 덕적면, 영흥면, 대부면 등 6개 면이 옹진군에 편입되었다. 이에 따라 영흥면의 자월출장소도 옹진군에 편입되었다(옹진군, 『옹진군지』 제2편).

〈표 2〉 덕적면과 자월면의 현재구역 변화

연도	덕적면	자월면	관련 법령	비고
1914년	부천군 덕적면(10리) (진리, 북리, 익포리, 우포리, 굴업리, 소야리, 문갑리, 백아리, 울도리, 승봉리)	부천군 영흥면에 속함 (자월리, 대이작리, 소이작리)	「도의 위치·관할 구역변경 및 부·군의 명칭·위치·관할 구역 변경에 관한 규정」 (조선총독부령 제111호)에 따른 부군면 통폐합	승봉리는 덕적면 관할
1966년		영흥면 자월출장소 설치	부천군 영흥면 자월 출장소 설치조례 (조례제137호)	
1973년	경기도 옹진군에 편입 (경기도 옹진군 덕적면)	경기도 옹진군에 편입 (경기도 옹진군 영흥면 자월출장소)	「시설치와군의 폐치 분합에 관한 법률」 (법률 제2597호)	경기도 부천군 폐지 옹진군의 행정구역이 8개면으로 확장
1983년	영흥면의 자월리, 이작리와 덕적면의 승봉리를 합하여 자월면을 설치하면서, 덕적면의 승봉리를(승봉도와 선갑도 관할) 자월면으로 이관 (영흥면 자월출장소가 자월면으로 승격)		「시군구읍면의 관할 구역변경 및 면설치 등에 관한 규정」(대통령령 제11027호)	현재 행정구역체계를 갖춤
1995년	인천광역시로 편입		「광역시·도간 관할 구역변경 등에 관한 법률」 (법률 제4802호)	옹진군이 인천광역시로 편입됨

주: 국가기록원 기록정보서비스의 법률 원문 정보, 『옹진군지』 제2편과 제4편, 위키피디아,
인천광역시의 『인천의 지명유래』를 종합적으로 검토하여 작성하였다.

관되어 덕적면은 현재의 8개의 리를 관할하게 되었다. 그리고 1995년
3월 1일[26] 옹진군이 인천광역시로 편입되면서 현재에 이른다.

---

26) 1995년 3월 1일 「광역시·도간 관할구역변경등에 관한 법률」(법률 제4802호)에 의거 특별시와 광역시 그리고 도간 관할구역이 변경되어, 강화군, 김포군의 검단면과 함께 옹진군이 인천광역시에 편입되었다(옹진군, 『옹진군지』 제2편).

자월면의 경우, 1914년 3월 1일 부군면 통폐합으로 자월리·이작리(대이작리, 소이작리)는 경기도 부천군 영흥면에, 승봉리는 덕적면에 속하였다. 1966년 8월 11일에 「부천군 영흥면 자월출장소 설치조례」에 따라 자월리·이작리에 영흥면 자월출장소가 설치되었고, 1973년 7월 1일에 부천군이 폐지되면서 경기도 옹진군으로 편입되었다. 1983년 2월 15일에 영흥면 자월출장소가 자월면으로 승격하고, 선감도를 관할하는 승봉리가 자월면으로 이관되었다. 그리고 1995년 3월 1일 옹진군이 인천광역시로 편입되었고, 2019년 2월 8일 이작리에 이작출장소가 설치되었다.[27]

〈표 3〉 덕적면과 자월면의 행정체계 관련 법규정

1966년 부천군 영흥면 자월출장소 설치조례 (부천군수조례 제137호)	1973년 시설치와 군의 폐치분합에 관한 법률 (법률 제2597호)

----

27) 옹진군은 2018년 민선 7기 출범과 함께 '지역과 계층간 차별 없는 균형발전'을 목표로 그간 각종 행정 서비스에서 소외된 소규모 도서 주민을 위한 시책을 발굴하였는데, 2019년 자월면 이작출장소를 시작으로 순차적으로 4개 섬에 행정지원센터를 설치한다(인천일보, 「섬 안나가도 등본 뗄수 있게. 옹진군, 소규모 행정지원센터 짓기로」, 2021년 3월 22일자, https://www.incheonilbo.com/news/articleView.html?idxno=1085329).

1983년 시군구읍면의 관할구역변경 및 면설치 등에 관한 규정 제1조 (대통령령 제11027호)(관보제9336호)	1994년 서울특별시 광진구 등 9개 자치구설치 및 특별시·광역시·도간 관할구역변경등에관한법률 (법률 제4802호, 1994. 12. 22. 제정)

좌측:

국무회의의 심의를 거친 시·군·구·읍·면의 관할구역변경및설치등에관한규정을 이에 공포한다.

대 통 령 전 두 환 印

1983년 1월 10일

국무총리 김 상 협

국무위원
내무부장관 노 태 우

◉대통령령제11,027호

시·군·구·읍·면의관할구역변경및
면설치등에관한규정

❶경기도 옹진군에 자월면을, 김포군에 옹진면을, 포천군에 화현면을 각각 다음과 같이 설치한다.

군	면의명칭	관 할 구 역
옹진군	자 월 면	옹진군 영흥면 자월리·이자리·옹진군 대저면 승봉리
김포군	풍 진 면	김포군 양촌면 마송리·도사리·수참리 김포군 월곶면 용정리·고정리·서암리·귀전리·동을산리 김포군 대곶면 가현리
포천군	화 현 면	포천군 내촌면 화현리·지현리·명덕리

❷경기도 옹진군 영흥면의 관할구역중에서 자월리·이자리를, 경기도 옹진군 덕적면의 관할구역중에서 승봉리를, 경기도 김포군 양촌면의 관할구역중에서 마송리·도사리·수참리를, 경기도 김포군 월곶면의 관할구역중에서 용정리·고정리·서암리·귀전리·동을산리를, 경기도 김포군 대곶면의 관할구역중에서 가현리를, 경기도 포천군 내촌면의 관할구역중에서 화현리·지현리·명덕리를 각각 제외한다.

우측:

제10조(인천광역시와 경기도 관할구역 변경)
① 인천광역시의 관할구역에 경기도의 강화군 및 옹진군을 각각 편입한다.
② 경기도의 관할구역 중에서 강화군 및 옹진군을 각각 제외한다
③ 인천광역시 서구의 관할구역에 경기도 금포군의 검단면 일원을 편입한다
④ 경기도 김포군의 관할구역 중에서 검단면을 제외한다
⑤ 경기도 부천시의 관할구역에 다음 지역을 편입한다.
  제4조제1항의 규정에 의한 인천광역시 부평구(종전의 北區)의 서운동중 57의358번지, 57의359번지, 57의360번지, 57의361번지, 65의1번지, 66번지, 66의1번지, 67번지, 68번지, 69번지, 69의1번지, 70번지, 70의1번지, 71번지, 71의1번지, 71의2번지, 71의3번지, 72번지, 72의1번지, 72의2번지, 73번지, 73의1번지, 74번지, 74의1번지, 75의1번지, 75의2번지, 76번지, 77번지, 78번지
⑥ 제4조의 제1항의 규정에 의한 인천광역시 부평구(종전의 북구)의 관할구역 중에서 제5항의 지역을 제외한다

자료: 국가기록원 기록정보서비스: 국가법령정보센터, http://www.law.go.kr

[주요 시기별 덕적면과 자월면의 관할구역과 리의 명칭에 관한 기록]

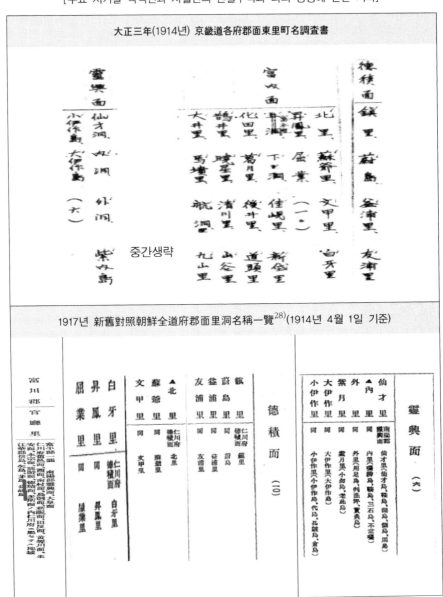

大正三年(1914년) 京畿道各府郡面東里町名調査書

靈興面 | 仙才洞 奴隷洞 外洞 (六) 紫牙島 大作島 小作島

富收面 | 化里 斗月洞 下洞 佳峴里 後井里 淸川洞 九山里 馬墻里 暧月里 蕫業里 屈業里 昇風里 北里 鵲井里 大井里 航洞

중간생략

徳積面 | 鎮里 蔚島 釜浦里 友浦里 蘇爺里 文甲里 白牙里 新金里 道頭里 山念里

1917년 新舊對照朝鮮全道府郡面里洞名稱一覽[28](1914년 4월 1일 기준)

靈興面 (六) | 仙才里 同 南陽郡靈興面 仙才里(仙才洞, 蒋島, 福島, 側島, 周島) / ▲內里 同 蒋興面 內黑運勝島, 鵲島, 三石島, 不當 / 外里 同 外里黑足島, 刺盆界, 實素島 / 紫月里 同 紫月黑(小卻島, 老此島) / 大伊作里 同 大伊作黑大伊作島 / 小伊作里 同 小伊作黑(小伊作島, 代島, 乱號島, 倉島)

徳積面 (10) | 鎮里 仁川府 徳積面 鎮里 / 蔚島 同 蔚島 / 益浦里 同 徒浦里 / 友浦里 同 友濟里 / 文甲里 同 文甲里 / ▲北里 同 北里 / 蘇爺里 同 蘇爺里 / 昇鳳里 同 昇鳳里 / 屈業里 同 屈業里 / 文甲里 / 白牙里 仁川府 徳積面 白牙里 / 昇鳳里 / 鳳業里

富川郡 官廳里 | (본문 하단 세로쓰기 기록)

大正五年(1916) 德積面 西浦理 原圖

大正七年(1918) 德積面 西浦理 原圖
第五號 筆七十號 六 內之校七

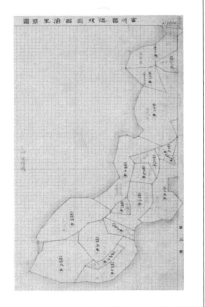

옹진군 이장정원 조례 개정조례(1973년 6월 20일)

2) 공간적 특성

지역의 공간적 특성은 생활·경제·문화에 영향을 준다. 덕적면과 자월
면 모두 임야가 80%이상으로 높은 비중을 차지하는 가운데, 임야 외 토
지지목을 보면 지역의 특성을 파악할 수 있다.

덕적면은 전답이 266만㎡로 전체 지목의 7.3%이고, 도로와 주거용지
인 대지가 각각 50만㎡(1.4%), 48만㎡(1.3%)를 차지하고 있다. 자월면의
지목은 전답이 170만㎡로 전체 지목의 9.6%로 높은 비중을 차지하고,
대지 38만㎡(2.2%), 도로 24만㎡(1.4%), 목장용지[29] 20만㎡(1.1%)의 순으
로 나타난다. 자월면의 경우 전답과 목장용지를 합치면 전체 지목의 10%
이상으로 가축을 사육하는 농가가 많다. 관련하여 자월면 자월도에는
조선 중엽에 설치한 목장이 조선후기까지 존속되었으며, 현재도 고사리
골에는 마성의 흔적이 있다.[30]

---

28) 신구대조 조선전도부군면리동명칭일람은 일제가 식민지화 과정에서 통치의 효율성
　 을 강화하기 위해 1914년 4월 1일에 단행했던 전국의 행정구역 변경 내용과 지명 변
　 경에 관한 사항을 신 행정구역과 구 행정구역으로 대조해볼 수 있도록 1917년에 제작
　 한 책이다.
29) 목장용지는 '축산업 및 낙농업을 하기 위하여 초지를 조성한 토지, 축산법 제2조제1호
　 에 따른 가축을 사육하는 축사 등의 부지, 여기에 접속된 부속시설물의 부지이다'(「공
　 간정보의 구축 및 관리 등에 관한 법률 시행령」(대통령령 제33047호) 제58조 제4호).
30) 인천광역시 홈페이지, 지명유래, https://www.incheon.go.kr/IC040312/1516714.

〈그림 2〉 덕적면과 자월면의 토지지목 현황(2020년 기준)

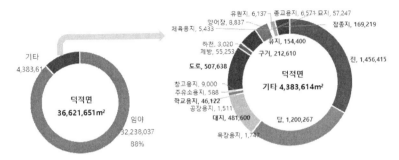

덕적면 토지지목

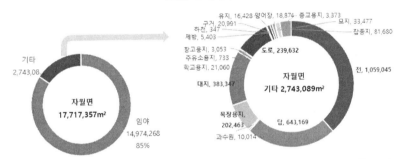

자월면 토지지목

자료: 인천광역시 옹진군 기본통계, http://kosis.kr

또한 덕적면과 자월면은 여러 개의 유인도와 무인도 등 많은 섬으로 이루어져 있어, 어족자원이 풍부하고 생태환경이 우수하다. 덕적면은 덕적도를 중심으로 43개의 섬을 관할하고 있는데, 7개의 유인도와 36개의 무인도로 이루어져 있다. 자월면은 18개의 섬을 관할하고 있는데, 4개의 유인도와 14개의 무인도가 있다.[31)32)] 이렇듯 덕적면과 자월면에 소재한 섬은 61개로, 옹진군 전체 섬의 절반 이상(54.0%)을 차지한다. 특히, 옹진

〈표 4〉 옹진군 면별 유인도와 무인도 현황(2019년 기준)

단위: 개, %

	계		유인도		무인도	
합계	113	(100.0)	23	(100.0)	90	(100.0)
북도면	15	(13.3)	4	(17.4)	11	(12.2)
연평면	7	(6.2)	2	(8.7)	5	(5.6)
백령면	1	(0.9)	1	(4.3)	0	(0.0)
대청면	4	(3.5)	2	(8.7)	2	(2.2)
덕적면	43	(38.1)	7	(30.4)	36	(40.0)
자월면	18	(15.9)	4	(17.4)	14	(15.6)
영흥면	25	(22.1)	3	(13.0)	22	(24.4)

자료: 옹진군, 『2020년 옹진군기본통계』, 2019

군 전체 섬 중에서 덕적면과 자월면의 유인도 비중은 47.8%, 무인도 비중은 55.6%로 무인도가 다른 지역보다 많다.

도서(섬)지역의 개발 및 관리를 위해 다양한 정책을 계획·실행하고 있는데, 이의 법률적 근거로 유인도에 대해서는 행정안전부의 「섬발전촉진법」, 무인도에 대해서는 해양수산부의 「무인도서의 보전 및 관리에 관한 법률」과 환경부의 「독도 등 도서지역의 생태계 보전에 관한 특별법」이 있다.

먼저, 유인도서에 대해 행정안전부는 「섬발전촉진법」에 따라 도서의 생산·소득 및 생활기반시설의 정비·확충으로 생활환경을 개선함으로써 도서지역 주민의 소득증대 및 복지 향상을 도모하고자 개발대상섬을 지

---

31) 옹진군, 『옹진군 기본통계연보』, 2020.
32) 옹진군은 유·무인도 등 도서현황에 대한 통계를 2019년(2020년 작성 통계)까지만 제공하고 있다.

정(지정섬)하여 고시하고 있다. 개발사업의 내용은 첫째, 주민소득증대, 일자리 확충, 문화 등 개발사업 추진, 둘째, 섬의 특수성이 반영된 관광기반시설·프로그램 개발 등 관광사업 추진, 셋째, 도서에 주민들이 지속 거주할 수 있는 생활 인프라 구축이다(행정안전부고시 제2018-20호).[33]

2018년 3월 19일 덕적면 7개, 자월면 4개 유인도 모두 개발대상섬으로 지정되었고, 인천시는 도서종합개발계획에 따라 지정된 섬들에 대한 연도별 시행계획을 수립·실행하고 있다.

한편, 인천시는 「인천광역시 섬 발전 지원조례」[34]에 따라 그간 추진해 온 개발정책과 지원사업을 재검검하고 실현가능성을 높이기 위해 2022년 4월에 「인천섬 발전 기본계획(2022년~2026년)」을 수립하였다. '모두가 살고 싶은 지속가능한 인천 섬'을 비전으로 하여, 살고 싶은 섬(정주환경), 삶의 터전인 섬(지역경제), 지속가능한 섬(교통 및 접근성, 문화관광)을 3대전략으로 제시하였다. 다양한 섬 발전 전략들 중 덕적도의 자(子)도간 쾌속유람선 도입(18억, 2024~2026년)과 자월도 달빛바람공원 조성사업(20억 원, 2022~2023년)을 계획하고 있다.

유인도 발전계획과 함께 무인도에 대한 관리전략을 마련하여 시행하고 있다. 무인도서란 바다를 둘러싸고 있고 만조시에 해수면 위로 드러나

---

33) 「도서개발촉진법」 제4조에 따라 제4차 도서종합개발계획(2018~2027) 수립을 위한 개발대상도서를 지정하였다. 「도서개발촉진법」은 2020년 12월 22일 「섬발전촉진법」으로 명칭이 변경되었으며, 이에 따라 개발대상도서도 개발대상섬, 지정도서도 지정섬이라고 변경하였다.

34) 인천광역시는 2019년 2월 20일 「인천광역시 도서 발전 지원조례」를 제정하였는데, 행정안전부가 2021년 6월 23일 '도서'를 '섬'으로 바꾸어 「도서개발 촉진법」을 「섬 발전 촉진법」으로 개정함에 따라 인천광역시도 2021년 11월 8일에 「인천광역시 섬 발전 지원 조례」로 조례 명칭을 변경하였다. 이에 따르면 인천광역시는 섬 발전 기본계획을 5년마다 수립하여야 한다.

〈표 5〉 인천광역시 제4차 도서종합개발계획에 따른 연도별 시행사업 및 계획(덕적면, 자월면)

연도	사업(2018~2021년)	사업비 (백만 원)	사업유형
2018년	소이작 선착장정비	1,375	소득증대
	자월 달바위 물량장 승상	650	소득증대
	자월 산바다 활용 힐링공원 조성	1,750	복지·문화·의료·교육
	덕적-소야 연도교 건설	7,024	교통개선
	덕적 주민안전시설	275	주민정주여건 개선
	소이작 주민안전시설	225	주민정주여건 개선
2019년	덕적 주민안전 시설(계속)	725	주민정주여건 개선
	소이작 주민안전 시설(계속)	1,775	주민정주여건 개선
	덕적 임대아파트 생활 기반확충	100	주민정주여건 개선
2020년	대이작-소이작 연도교	1,000	교통개선
	덕적 임대아파트 기반시설(계속)	400	주민정주여건 개선
2021년	대이작-소이작 연도교(계속)	4,000	교통개선
	대이작 해안경관도로 조성	250	주민정주여건 개선
	소이작 해안경관도로 조성	300	주민정주여건 개선
2022~2027년 계획		**투자계획**	**사업유형**
소이작 휴양체험마을(25~27년)		1,875	복지·문화·의료·교육
소야도 다목적회관 신축(22~23년)		1,000	주민정주여건 개선
소이작도 다목적회관 신축(23년)		1,000	주민정주여건 개선
문갑도 마을생활개선 사업(22~23년)		2,000	마을환경개선 패키지
백아도 마을생활개선 사업(24~26년)		2,000	마을환경개선 패키지
소야도 마을생활개선 사업(22~25년)		2,500	마을환경개선 패키지
울도 마을생활개선 사업(24~26년)		2,000	마을환경개선 패키지
자월 마을생활개선 사업(22~24년)		2,500	마을환경개선 패키지
지도 마을생활개선 사업(24~25년)		500	마을환경개선 패키지

주1: 사업유형은 소득증대, 복지·문화·의료·교육, 교통개선, 관광활성화, 주민정주여건개선, 마을환경개선패키지 등이다.
주2: 지정섬의 지정기간은 10년으로, 행정안전부가 지정섬의 개발목표, 개발 등을 내용으로 하는 도서종합개발계획(10년)을 수립하고, 지정섬을 관할하는 시·도지사는 세부 사업계획과 연도별 사업계획을 수립하여 사업을 시행한다.
주3: 2022~2027년 계획은 제4차 도서종합개발계획에 제시된 것이다.
자료: 인천광역시, 「제4차 도서종합개발계획 각 년도 추진계획」, 2018~2021 각년도, 인천광역시 정보공개포털, https://www.incheon.go.kr/open/OPEN020501/2076809

는 자연적으로 형성된 땅으로 사람이 거주하지 아니하는 곳을 말한다.[35] 무인도서는 해양생태계의 보고이자 원시적 해양 생태체험 및 생태교육의 장으로 무궁무진한 활용가치와 함께 미래 해양관광레저 메카로서의 가치가 무한하다. 우리나라 전체 무인도서는 2,918개로 인천에 153개의 무인도서가 있고, 인천의 무인도 중 상당수 중 덕적면과 자월면에 있다.[36]

먼저, 해양수산부는 「무인도서의 보전 및 관리에 관한 법률」(이하 「무인도서법」)에 따라 무인도서를 관리하고 있다. 해양수산부장관은 무인도서의 보존 관리를 위하여 10년마다 무인도서와 그 주변해역의 보전 및 이용·개발에 관한 무인도서종합관리계획을 수립하고, 무인도서의 효율적인 보전·관리를 위하여 무인도서에 대한 종합적인 실태조사를 실시하고 있다.[37] 그리고, 실태조사 결과를 토대로 무인도서의 효과적인 관리를 위하여 절대보전무인도서, 준보전무인도서, 이용가능무인도서, 개발가능무인도서로 관리유형을 지정하여 관리하고 있다.[38]

우리나라에서 가장 큰 무인도는 자월면의 선갑도로, 덕적군도에 속하고 총면적은 365만㎡이다. 두 번째로 큰 무인도는 덕적면의 선미도로,

---

35) 등대관리 등 대통령령으로 정하는 사유로 인하여 제한적 지역에 한하여 사람이 거주하는 도서는 무인도서로 본다.

36) 무인도서통계, http://uii.mof.go.kr/UII/mn/mng_card/stat.do(검색일 2022년 11월 10일). 해양수산부의 무인도서 통계는 이름이 지정되지 않은 도서도 포함되어 있어서 옹진군 기본통계에서 제시된 무인도서 통계와 다를 수 있다.

37) 「무인도서법」 제6조, 제9조.

38) 「무인도서법」 제6조, 제10조. 절대보전무인도서는 섬의 형상과 생태계 보전을 위해 출입이 전면 금지된다. 준보전 무인도서는 건물 신·증축은 불가능하지만 트레킹 등 일부 레저 용도 이용과 출입이 허용된다. 이용가능 무인도서는 섬의 형상 등을 훼손하지 않는 범위에서 일정한 행위가 허용되고, 개발가능 무인도서는 특별한 제한이 없이 정부 승인을 받은 뒤 일정 범위 내에서 개발이 허용된다.

총 면적은 129만m^2, 해안선 길이는 7km에 달한다.[39] 덕적면의 무인도는 상당수가 국유지이지만, 자월면에 있는 무인도는 동백도, 소초지도, 뭉퉁도를 제외하고는 모두 사유지이다. 위에서 말한 우리나라에서 가장 큰 무인도인 선갑도도 사유지이고, 선미도는 국유지와 사유지가 혼재되어 있다. 무인도서 관리유형을 보면, 33개의 무인도가 관리유형이 지정되었지만, 통갈흑도 등 덕적면 13개, 자월면 3개의 섬이 아직 관리유형이 지정되지 않았다. 한편 관리유형을 보면 절대보전무인도서는 덕적면의 대령도와 소령도 2개 섬이고, 준보전무인도서는 덕적면 16개, 자월면 1개이다. 이용가능무인도서는 덕적도 5개(벌섬 등), 자월면 5개(하공경도)이고, 개발가능무인도서는 덕적면의 1개(선미도)와 자월면의 3개(사승봉도 등)이다.

〈표 6〉 덕적면과 자월면의 무인도 목록

구분	무인도서명	리	토지 소유 구분	토지 전체 면적(m^2)	무인도서 관리유형	주변해역 관리유형	지정고시일 (법령고시일)
덕적면	오도	굴업리	국유지	6,065	준보전	준보전	2012년 12월 04일
	할미지	문갑리	국유지	12,287	준보전	준보전	2012년 12월 04일
	계도	백아리	국유지	8,231	준보전	준보전	2011년 09월 01일
	도랑도	백아리	국유지	3,273	이용가능	이용가능	2011년 09월 01일
	목덕도	백아리	국유지	32,231	준보전	준보전	2012년 12월 04일

---

39) 선미도는 덕적도 서북쪽 능동 망재능선 해안에서 약 600m 거리에 있다. 본래 무인도였는데 1937년 등대가 설치되면서 등대를 관리하는 공직자 2~3명이 상주하게 되었고, 1·4후퇴때 피난민들이 몇 가구 들어와 살았다(인천광역시 홈페이지의 지명유래 내용을 참고하였다). 해양수산부의 유인등대 복합기능화 전략에 따라 유인등대를 무인등대로 전환하고 있는데, 선미도등대도 그 대상으로 2023년부터 무인화할 전망이다(인천투데이, 「인천해수청, 옹진군 선미도등대 2022년 무인화」, 2022년 1월 17일자).

구분	무인도서명	리	토지 소유 구분	토지 전체 면적(m^2)	무인도서 관리유형	주변해역 관리유형	지정고시일 (법령고시일)
덕적면	가덕도 (소가덕도)	백아리	국유지	23,108	준보전	준보전	2012년 12월 04일
	가덕도 (대가덕도)	백아리	국유지	120,595	준보전	준보전	2012년 12월 04일
	대령도	백아리	국유지	11,405	절대보전	절대보전	2012년 12월 04일
	소령도	백아리	국유지	5,752	절대보전	개발가능	2015년 12월 31일
	토끼섬	백아리	국유지	4,661	미지정	미지정	-
	납섬	백아리	국유지	15,868	준보전	준보전	2011년 09월 01일
	상광대도	백아리	국유지	15,273	미지정	미지정	-
	멍애섬	백아리	국유지	36,397	미지정	미지정	-
	관도	백아리	국유지	15,074	준보전	준보전	2011년 09월 01일
	하벌섬	백아리	사유지	28,066	이용가능	이용가능	2011년 09월 01일
	벌섬	백아리	사유지	44,231	이용가능	이용가능	2011년 09월 01일
	상벌섬	백아리	사유지	15,768	이용가능	이용가능	2011년 09월 01일
	장구도	백아리	국유지/ 사유지	415,239	미지정	미지정	-
	소지도	백아리	국유지	22,116	준보전	준보전	2011년 09월 01일
	오도 (까마귀섬)	백아리	국유지	38,479	준보전	준보전	2011년 09월 01일
	선미도	북리	국유지/ 사유지	1,290,114	개발가능	개발가능	2012년 12월 04일
	통각흘도	서포리	국유지	9,223	미지정	미지정	-
	중통각흘도	서포리	국유지	4,562	미지정	미지정	-
	소통각흘도	서포리	국유지	4,959	미지정	미지정	-
	소가도	서포리	국유지	694	준보전	준보전	2011년 09월 01일
	서각흘도	서포리	국유지	892	미지정	미지정	-
	가도	서포리	사유지	172,562	준보전	준보전	2011년 09월 01일
	각흘도	서포리	사유지	382,314	미지정	미지정	-
	소낭각흘도 (소행낭이)	서포리	사유지	19,041	준보전	준보전	2011년 09월 01일

구분	무인도서명	리	토지 소유 구분	토지 전체 면적(m^2)	무인도서 관리유형	주변해역 관리유형	지정고시일 (법령고시일)
덕적면	낭각흘도 (행낭이)	서포리	사유지	44,727	준보전	준보전	2011년 09월 01일
	곰바위섬	서포리	국유지	15,780	준보전	준보전	2012년 12월 04일
	물푸레섬	소야리	국유지	4,463	미지정	미지정	–
	중울도	울도리	사유지	15,372	이용가능	이용가능	2011년 09월 01일
	하고도	울도리	사유지	29,653	미지정	미지정	–
	중고도	울도리	사유지	4,661	미지정	미지정	–
	상고도	울도리	사유지	74,38	미지정	미지정	–
	먹도	진리	국유지	224,926	준보전	준보전	2011년 09월 01일
자월면	하공경도	승봉리	사유지	52,066	이용가능	이용가능	2011년 09월 01일
	사승봉도	승봉리	사유지	168,910	개발가능	개발가능	2011년 09월 01일
	상공경도	승봉리	사유지	205,983	개발가능	개발가능	2011년 09월 01일
	금도	승봉리	사유지	65,354	이용가능	이용가능	2011년 09월 01일
	선갑도	승봉리	사유지	3,653,883	미지정	미지정	–
	동백도	이작리	국유지	1,983	준보전	준보전	2011년 09월 01일
	벌안(벌도)	이작리	사유지	17,454	이용가능	이용가능	2011년 09월 01일
	독바위 (할미염)	자월리	사유지	11,702	개발가능	개발가능	2015년 12월 31일
	소초지도	자월리	국유지	35,702	미지정	미지정	–
	동초지도	자월리	사유지	20,430	이용가능	이용가능	2011년 09월 01일
	대초지도	자월리	사유지	88,165	이용가능	이용가능	2011년 09월 01일
	뭉퉁도	자월리	국유지	4,333	미지정	미지정	–

주: 무인도서의 정보는 매년 업데이트 중에 있으며, 옹진군기본통계의 '무인도서 현황'과 다를 수
있다. 원래 제시된 무인도서 목록 중 무인도서가 부여되지 않은 도서는 제외하였다.
자료: 무인도서통계, http://uii.mof.go.kr/UII/mn/mng_card/stat.do(검색일 2022년 11월 10일)

한편, 무인도서 중 자연생태계·지형·지질·자연환경(이하 자연생태계)
이 우수한 도서를 환경부 장관이 고시하여 관리하는데 이를 특정도서라

한다.[40] 특정도서 지정요건은 첫째, 화산, 기생화산, 계곡, 하천, 호소, 폭포, 해안, 연안, 용암동굴 등 자연경관이 뛰어난 도서, 둘째, 수자원(水資源), 화석, 희귀 동식물, 멸종위기 동식물, 그 밖에 우리나라 고유 생물종의 보존을 위하여 필요한 도서, 셋째, 야생동물의 서식지 또는 도래지로서 보전할 가치가 있다고 인정되는 도서, 넷째, 자연림(自然林) 지역으로서 생태학적으로 중요한 도서, 다섯째, 지형 또는 지질이 특이하여 학술적 연구 또는 보전이 필요한 도서, 여섯째, 그 밖에 자연생태계 등의 보전을 위하여 광역시장, 도지사 또는 특별자치도지사(이하 "시·도지사"라 한다)가 추천하는 도서와 환경부장관이 필요하다고 인정하는 도서이다.[41]

특정도서에서는 건축물·공작물의 신축·개축·증축, 공유수면의 매립, 도로 신설, 흙·모래·자갈·돌의 채취, 광물의 채취, 지하수의 개발, 가축의 방목, 야생동물의 포획·살생 또는 그 알의 채취, 야생동물의 채취 등의 모든 개발행위가 제한된다.

인천시의 경우 특정도서로 31개소가 지정 관리중인데, 자월면(3개)과 덕적면(15개)에 절반 이상인 18개가 소재하고 있다. 멸종위기 생물인 물수리, 노랑부리백로, 매 등이 서식하고, 자연경관이 우수하여 보존가치가 크다.

---

40) 「독도 등 도서지역의 생태계 보전에 관한 특별법」 제2조.
41) 「독도 등 도서지역의 생태계 보전에 관한 특별법」 제4조.

〈표 7〉 덕적면과 자월면의 특정도서 현황

연번	지정번호	도서명	지 정 사 유	소 재 지	지정년도	
1	12	뭉퉁도	• 멸종위기생물 물수리 번식지 • 괭이 갈매기 번식지	자월면 자월리	'00.09.05	1차
2	13	소초지도	• 식생 보존상태 우수	자월면 자월리	'00.09.05	1차
3	14	할미염	• 멸종위기생물 노랑부리백로가 서식하고, 가마우지 집단 서식	자월면 자월리	'00.09.05	1차
4	16	각흘도	• 자연경관 우수, 희귀남방계 식물다양 • 멸종위기생물 매 번식지 • 관목형 혼합 활엽수림의 자연성 우수	덕적면 서포리	'00.09.05	1차
5	17	통각흘도	• 멸종위기생물 노랑부리백로 서식	덕적면 서포리	'00.09.05	1차
6	18	소통각흘도	• 식생의 자연성이 우수	덕적면 서포리	'00.09.05	1차
7	19	중통각흘도		덕적면 서포리	'00.09.05	1차
8	20	부도	• 멸종위기생물 매, 벌매, 물수리, 잿빛개구리매, 조롱이 서식 • 혼합 활엽수림 및 자연초지 우수	덕적면 백아리	'00.09.05	1차
9	21	토끼섬	• 초지의 자연성이 우수	덕적면 백아리	'00.09.05	1차
10	22	광대도	• 관목형 혼합 활엽수림 및 초지의 자연성이 우수	덕적면 백아리	'00.09.05	1차
11	23	상바지섬	• 관목형 혼합활엽수림의 자연성 우수	덕적면 울도리	'00.09.05	1차
12	24	중바지섬		덕적면 울도리	'00.09.05	1차
13	25	하바지섬		덕적면 울도리	'00.09.05	1차
14	26	멍애섬	• 관목형 혼합 활엽수림 및 초지의 자연성이 우수	덕적면 백아리	'00.09.05	1차
15	224	대가덕도	• 다양한 화강암 풍화지형 및 탁월한 해식애, 대규모 해식동 등 지형경관이 우수 • 특정식물종 산마늘 생육하는 등 자연생태가 우수하고 다양한 조류의 중간 기착지	덕적면 백아리	'15.12.23	14차
16	225	낭각흘도	• 절리면을 따라 해식애가 발달하고 지형적 자연성이 우수 • 괭이갈매기 집단번식지	덕적면 서포리	'15.12.23	14차
17	226	소낭각흘도	• 해식애, 해식대, 대규모 해식동 등 지형경관이 우수 • 괭이갈매기 집단번식지	덕적면 서포리	'15.12.23	14차

연번	지정번호	도서명	지 정 사 유	소 재 지	지정년도	
18	227	서각흘도	• 풍광이 뛰어나며, 지형경관이 우수 • 괭이갈매기, 한국재갈매기의 집단 번식지	덕적면 서포리	'15.12.23	14차

자료: 환경부, 특정도서 지정현황('21.12월 기준)

여기서 한 가지 주목할 점은 무인도와 관련한 정책부처는 해양수산부와 환경부로, 두 개의 부처가 동일 무인도를 서로 다른 성격의 유형으로 지정·관리하고 있어 혼란을 야기하고 있다는 것이다. 해양수산부의 관리유형과 환경부의 특정도서를 비교해보면, 서포리의 각흘도, 자월리의 뭉퉁도와 같이 대부분은 해양수산부에서 관리유형으로 지정하지 않은 무인도를 환경부에서 특정도서로 지정하였다. 그러나 자월리의 할미염의 경우 환경부에서는 특정도서로 지정하여 개발행위를 제한하는데, 해양수산부에서는 개발가능무인도서로 지정하여 개발이 가능하여 한 개의 섬에 서로 다른 형태의 관리가 가능하도록 되어 있다.

3. 인구구조로 본 특성

1) 인구의 기본 현황과 변화

덕적면과 자월면은 옹진군에서 대청면과 함께 인구가 가장 적은 지역에 해당한다(2,000명 미만). 2021년 12월 기준 세대수와 주민등록인구수를 보면 덕적면에는 1,159세대에 1,894명의 인구가 거주하고, 자월면에는 791세대에 1,320명의 인구가 거주하는 것으로 나타났다. 세대당 인구수는 덕적면 1.6명, 자월면 1.7명으로 세대당 인구가 평균 2명이 되지 않는다.

덕적면의 세대수는 1970년 1,525세대였던 것이, 1980년 927세대, 1990년 641세대, 2000년 662세대로, 30년간 거의 절반이상 감소하였다. 그러나 이후 다시 세대수가 증가하여 2011년 이후 1,000세대를 넘어선 후 등락을 보이고 있다. 이러한 세대수의 변화와 함께 덕적면의 인구는 큰 변화를 보이는데, 해방을 전후로 대폭 증가했다가 1970년 이후 도시화에 따른 도시로의 인구이동과 함께 급격하게 감소한 후 1998년 이후 소폭이지만 증가추세에 있다.

시대별 인구변화에 대해 자세히 살펴보면, 덕적면은 한국전쟁 피란민들이 정착하면서 한 때 약 3만 1천명이 살았던 지역으로,[42] 인구총조사 결과 1944년 5,621명이었던 인구는 1955년 9,772명으로 1만명에 육박하였다. 그러나 1970년 이후 급격하게 인구가 감소하기 시작하여 1970년 8,019명, 1975년 5,838명, 1980년 3,426명, 1985년 2,282명, 1990년 1,608명으로, 20년동안 거의 1/5수준으로 줄어들었다. 이러한 인구감소는 1997년(1,333명)까지 이어지다가 1998년부터 다시 증가하기 시작하여, 2000년 1,413명, 2005년 1,643명, 2010년 1,951명이 되었다. 이러한 증가추세는 이후에도 계속되어 2014년 2,035명으로 2,000명을 넘어섰다. 그러나 2018년에 다시 1,977명으로 감소하는 등 이후 계속 등락을 보이면서 2021년 기준 1,894명으로 2,000명을 넘지 못하고 있다.

덕적면의 인구는 70년대 이후 급격하게 감소하였는데, 그 이유로, 첫

---

42) 인천투데이, 「모래와 함께 사라져버린 덕적도와 자월도의 꿈」, 2015년 4월 29일자, https://www.incheontoday.com/news/articleView.html?idxno=30849.

번째 한국사회의 경제발전과 도시화에 따른 농촌인구의 도시로의 이동에 따른 농촌인구 감소를 들 수 있다. 두 번째, 1983년에 승봉리가 덕적면에서 자월면에서 이관됨에 따라 통계상 인구가 감소하였다. 세 번째, 덕적도, 승봉도, 이작도 등은 대표적인 모래섬으로, 무분별한 모래 채취로 인한 어패류의 산란지 파괴, 어족자원 고갈과 어장파괴에 따라 인구가 급격하게 줄어들었다는 의견도 있다.[43] 참고로 2012년~2017년 굴업지적 등 총 18.9km^2를 골재채취예정지로 지정하여 2013년~2017년 동안 굴업도와 덕적도에서 대대적인 바다골재 채취가 이루어졌는데,[44] 2017년까지 인구가 증가하던 것이 2018년부터 다시 감소추세로 돌아선 것도 이와 무관하지 않다.

자월면은 1983년 면으로 승격되어 인구통계가 작성된 이래로, 인구총조사 결과 1985년에서 1990년까지의 감소를 제외하고, 1995년 이후 세대수와 인구 모두 계속 증가하고 있다. 세대수는 1995년 343세대에서 2002년 404세대, 2006년 514세대, 2010년 609세대, 2016년 708세대로 20여 년간 2배 이상 증가하였고, 이후에도 계속 증가추세에 있다. 인구수도 세대수와 비슷한 변화를 보이는데, 1985년 1,197명에서 1990년 837명, 1995년 797명으로 감소하였지만 그 이후 계속 증가하여 2006년에 1,000명을 넘어섰다. 그리고 계속해서 2015년에 1,300명을 넘어선 후 2017년 1,363명까지 증가했다가 2018년 1,302명까지 감소했지만 2019년 이후 다시 증가추세로 돌아서 2021년 1,320명을 기록하고 있다.

---

43) 월간 섬, 「[박상건 시인의 '섬을 걷다'] 옹진군 자월면 승봉도」, 2020년 1월 14일자, http://www.sumlove.co.kr/newsView/isl202001140001; 인천투데이, 2015년 4월 29일자, 앞의 신문.

44) 인천광역시·해양수산부, 「인천 해양공간관리계획」, 2021.

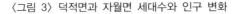

〈그림 3〉 덕적면과 자월면 세대수와 인구 변화

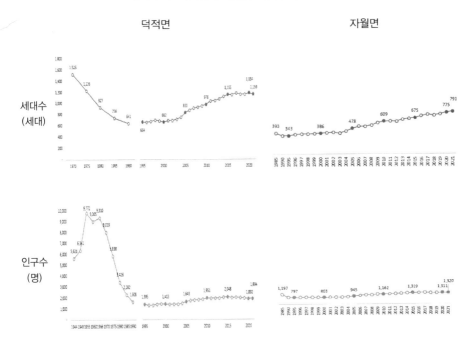

주: 자월면은 1983년에 자월면으로 승격하였기 때문에 1985년 이후부터 통계가 작성되었다.
자료: 1995년 이전 자료는 5년마다 실시하는 인구총조사 자료이고, 1995년부터는
웅진군기본통계의 면별 세대 및 인구, 행정안전부의 주민등록인구통계이다.

덕적면과 자월면의 인구변화 추이를 보면 전체적으로 1995년 이후 인구가 증가하였다. 이는 자연인구 증가보다 인구이동에 따른 것으로, IMF 이후 귀농·어가들의 유입, 어촌뉴딜 300사업 등으로 정주여건 개선되면서 인구가 증가한 것으로 보인다.[45][46]

---

45) 웅진군의 7개면 중 1996년부터 2005년까지 10년 동안 영흥면이 50.3%으로 가장 많이 늘었다. 다음으로 자월면(15.8%), 덕적면(11.3%), 북도면(6.1%), 연평면(5.8%), 백령면

　이와 관련하여 덕적면과 자월면의 출생건수와 사망건수를 토대로 작성한 자연증가·감소 현황을 살펴보았다. 덕적면은 2004년 이후 모든 연도에서 사망건수가 출생건수보다 많아 자연감소하고 있고, 자월면은 2009년과 2012년을 제외하고 2004년부터 2020년까지 모두 자연감소하고 있다. 전체적으로 출생건수보다 사망건수가 많은 가운데, 덕적면의 출생건수는 2004년 13명에서 2014년 11명, 2015년 10명까지 증가한 적이 있지만 2016년 이후에는 5명 이하로 매우 낮고, 2020년에는 1명밖에 되지 않는다. 자월면의 출생건수는 2012년 11명까지 늘었다가 2014년 이후 5명 이하로 줄었다. 계속해서 2019년 7명으로 증가하였지만 2020년에는 다시 3명으로 줄어들어 계속 등락을 보이고 있다. 전체적으로 덕적면과 자월면 모두 2016년부터 연간 출생건수가 10명도 되지 않아 저출산 문제가 심각함을 알 수 있다.

　이러한 인구의 자연감소 원인은 노인인구의 증가에 따른 사망자수 증

(4.6%) 순으로 증가한 반면 대청면은 3.7% 감소했다. 옹진군의 인구 증가 원인으로 인천국제공항 및 경제자유구역 등 국제적 도시지역과 인접해 지리적 입지여건이 향상되고 있으며, 적극적인 관광홍보 및 기반시설 확충 등으로 인구유입이 늘어난 것으로 파악하고 있다(중부일보, 「옹진군민 10년전에 비해 증가」, 2020년 6월 15일자, http://www.joongboo.com/news/articleView.html?idxno=36289). 이와 함께 옹진군에 귀어인이 늘어나고 있다는 통계도 있다(인천일보, 「귀어인 느는 옹진군, 정착 지원책 절실」, 2022년 7월 3일자, http://www.incheonilbo.com/news/articleView.html?idxno=1151132). 그러나 귀농어·귀촌인 통계에서 옹진군의 귀어인이 늘어나지만, 정확히 어느 지역으로 어떻게 유입되었는지는 파악하기 힘들다. 다만 어촌뉴딜 300의 정주여건 개선과 위에서 제시한 유인도 섬 관련 정책들로 정주여건이 개선되면서 인구유입이 이루어질 것으로 추정한다.

46) 어촌뉴딜 300사업은 전국의 항·포구와 어촌마을 중 300곳을 선정해 어촌의 필수 기반시설을 현대화하고, 어촌지역의 다양한 자원을 활용해 지역별로 특화된 사업을 추진하는 해양수산부 사업으로 덕적면과 자월면의 경우 2019년 대소이작항, 2020년 자월2리항, 2021년 서포리항이 그 대상으로 선정되었다.

가와 저출산에 따른 것으로, 성별·연령별 인구구조 분석을 통해 더욱
명확해진다.

〈표 8〉 덕적면과 자월면 인구 자연증가·감소 현황

단위: 명

	덕적면			자월면		
	출생건수	사망건수	자연증가건수	출생건수	사망건수	자연증가건수
2004	13	13	0	6	7	−1
2005	5	15	−10	3	5	−2
2006	10	17	−7	9	14	−5
2007	4	23	−19	6	12	−6
2008	6	26	−20	6	22	−16
2009	8	21	−13	10	9	1
2010	10	17	−7	9	12	−3
2011	10	20	−10	10	13	−3
2012	7	22	−15	11	10	1
2013	6	25	−19	7	13	−6
2014	11	21	−10	4	12	−8
2015	10	24	−14	5	16	−11
2016	1	49	−48	5	8	−3
2017	4	27	−23	2	17	−15
2018	5	26	−21	2	17	−15
2019	4	23	−19	7	12	−5
2020	1	24	−23	3	9	−6

자료: 국가통계포털, 「인구동향조사」, 읍면동 인구 동태건수, http://kosis.kr

2) 성별·연령별 인구구조

성별구조를 보면 전체적으로 덕적면과 자월면 모두 남자가 여자보다
많다. 덕적면은 남자 1,034명, 여자 860명으로 각각 54.6%, 45.4%이고,

자월면은 남자 703명, 여자 617명으로 각각 53.3%, 46.7%의 비중을 차지하고 있다(2021년 기준).

이러한 남자와 여자의 성비는 연도에 따라 변화를 보이는데, 덕적면은 1997년까지는 여자의 비중이 높은 해도 있고 남자의 비중이 높은 해도 있었지만, 1998년부터 여자보다 남자의 비율이 높고, 그 간격이 점점 커지고 있다. 자월면은 1990년부터 2007년까지 남자와 여자의 비중이 거의 같았으나, 2008년부터 남자의 비중이 높고, 이후 남자와 여자의 비중 차이가 점점 커지고 있다.

다음으로 2021년 기준 연령별 분포에서 60세 이상이 차지하는 비중이 덕적면 55.1%, 자월면 53.1%로, 전체 인구의 절반이상을 차지하고 있다. 연령구간별 분포를 보면 덕적면은 19세 미만 135명(7.2%), 20대 132명(7.0%), 30대 82명(4.3%), 40대 154명(8.1%), 50대 348명(18.4%), 60대 495명(26.1%), 70대 332명(17.5%), 80대 173명(9.1%), 90세 이상 43명(2.3%)이

〈그림 4〉 덕적면과 자월면의 남녀 비율 연도별 변화

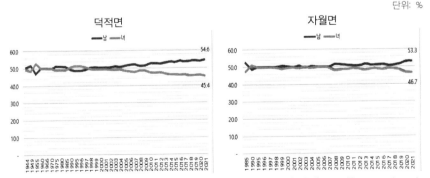

자료: 옹진군 기본통계. http://www.ongin.go.kr

다. 자월면은 10세 미만 32명(2.4%), 10대 45명(3.4%), 20대 102명(7.7%), 30대 56명(4.2%), 40대 118명(8.9%), 50대 267명(20.2%), 60대 332명 (25.2%), 70대 22명(16.7%), 80대 117명(8.9%), 90대 31명(2.3%)이다. 덕적 면과 자월면 모두 60대가 가장 많은 비중을 차지하는 가운데, 50대, 70 대 순으로 높은 비중을 차지하고 있다.

연령별로 성별 분포를 보면 덕적면의 경우 10대에서 60대까지 남자의 비율이 높고, 80대 이상은 여자의 비율이 월등히 높다. 자월면의 경우에 는 10세 미만과 20대부터 70대까지 남자의 비율이 높고 80대와 90대는 여자 비율이 월등히 높다. 덕적면과 자월면 모두 20대부터 60대까지는 여자보다 남자의 비율이 높고, 80대 이상은 여자의 비율이 높지만, 10세 미만과 10대, 70대의 경우에는 서로 다른 양상을 보이고 있다.

〈표 9〉 덕적면과 자월면의 연령별 인구와 비중(2021년 기준)

단위: 명, %

면	구분	0~9세	10~19세	20~29세	30~39세	40~49세	50~59세	60~69세	70~79세	80~89세	90세 이상
덕적면	인구수	39	96	132	82	154	348	495	332	173	43
	비율	2.1	5.1	7.0	4.3	8.1	18.4	26.1	17.5	9.1	2.3
자월면	인구수	32	45	102	56	118	267	332	220	117	31
	비율	2.4	3.4	7.7	4.2	8.9	20.2	25.2	16.7	8.9	2.3

자료: 국가통계포털, 행정안전부 주민등록인구(성별, 연령별), http://kosis.kr

〈그림 5〉 덕적면과 자월면의 연령별, 성별 분포

단위: 명

자료: 국가통계포털, 행정안전부 주민등록인구(성별, 연령별), http://kosis.kr

연령별 분포에서 알 수 있듯이 덕적면과 자월면은 농촌의 고령화 현상을 그대로 보이고 있다. 덕적면은 1998년에 고령화율이 25.3%로 이미 초고령화 사회로 진입하여 전체인구의 1/4이상이 65세 노인인구이다.[47] 고령화율이 2011년 30%, 2020년 40%를 넘어서 인구의 절반에 가까운 수가 노인이다. 자월면의 경우에도 1998년에 고령화율이 24.0%로 초고령사회로 진입했으며, 2003년에는 30%를 넘었다(30.4%). 그러나 2005년 이후 20%대로 떨어졌다가[48] 2015년에 다시 30%를 넘어선 이후 2021

---

47) UN은 65세 이상 인구의 비율이 7%이상이면 고령화사회, 14% 이상이면 고령사회, 20% 이상이면 후기고령사회 또는 초고령사회로 구분한다.

48) 이는 2005년, 2006년 10대와 20대, 30대, 40대, 50대 인구 증가에 따른 것이다. 2004년 대비 2005년 연령별 인구변화를 보면 65세 이상 인구는 14명 증가한데 반해 30대는 17명, 40대는 11명, 50대는 33명 증가하였다. 그리고 2005년 대비 2006년에 65세 이상 인구는 6명 증가하였지만 10대 18명, 20대 22명, 40대 15명, 50대 25명이 증가하였다. 이렇듯 2005년 이후 노인인구보다 10~50대의 인구증가 폭이 더 커서 고령화율이 낮아졌다.

년 39.5%로 40%에 육박한다.

최근 농촌지역의 인구소멸이 문제가 되고 있는데, 대표적인 인구소멸지역 중 하나가 옹진군이다.[49] 10년 이내 인구변화를 보면 덕적면은 2017년 이후 감소하고 있고, 자월면은 인구가 증가하고 있음에도 불구하고, 두 지역 모두 인구소멸지수가 0.1로 소멸고위험지역에 해당한다.[50]

인구소멸위험지수 계산을 위한 지표가 65세 이상 노인인구와 20~39세 여성인구로, 20~39세 여성 인구를 보면, 덕적면의 경우, 2000년 98명에서 2020년 87명으로 거의 20년간 11명 줄어들었고, 전체 인구에서 차지하는 비중은 2000년 6.9%에서 2020년 4.6%로 감소하였다. 이는 자월면도 마찬가지이다. 2000년 20~39세 여성 인구는 61명에서 2020년 71명으로 증가했지만 전체 인구에서 차지하는 비중은 7.6%에서 5.4%로 감소하였다. 즉, 덕적면과 자월면 모두 노인인구수와 노인인구비율은 증가하는데, 20~39세 여성인구수는 감소하거나 증가하더라도 전체 인구 증가율보다 낮아 그 비율이 점점 낮아져 인구소멸위험지수는 더 악화되고 있다.

한편 성별·연령별 분포가 2000년 대비 2020년 급격한 변화를 보이고 있다. 전체적으로 인구구조는 인구감소형에 해당하는 항아리형(방추

---

49) 행정안전부는 2021년 6월에 「국가균형발전특별법 시행령」을 개정해서 인구감소지역 지정·지원의 근거를 마련하여, 인구증감률, 고령화비율, 조출생률 등 8개 지표를 이용하여 인구감소지역을 선정 고시하였는데, 여기에 옹진군이 포함되었다(행정안전부 고시 제2021-66호, 인구감소지역 지정고시, 2021년 10월 19일).

50) 인구소멸지수는 20~39세 여성수를 65세 이상 노인인구수로 나눠서 계산하는데, 1.5이상이면 소멸저위험지역, 1.0~1.5미만이면 소멸위험보통지역, 0.5이상 1.0미만이면 소멸위험주의지역, 0.2이상 0.5미만이면 소멸위험지역, 0.2미만이면 소멸고위험지역에 해당하다.

〈그림 6〉 덕적면과 자월면의 고령화 현황

단위: 명, %

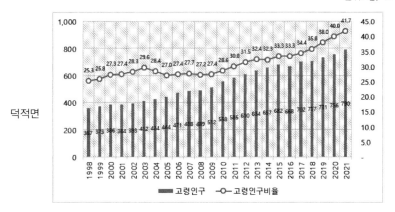

덕적면

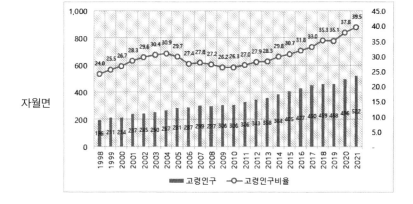

자월면

자료: 옹진군 기본통계; 행정안전부 주민등록인구(성별, 연령별)

형)[51]으로 양옆의 꼭지점이 점점 올라가 위층이 두꺼워지고 있다. 또한 연령별 성별 분포도 계속 변화하고 있다.

---

51) 항아리형은 출생률과 사망률이 모두 낮지만 출생률이 사망률보다 낮아 인구가 감소하는 유형이다.

〈그림 7〉 덕적면과 자월면의 연도별 연령별, 성별 인구구조 변화

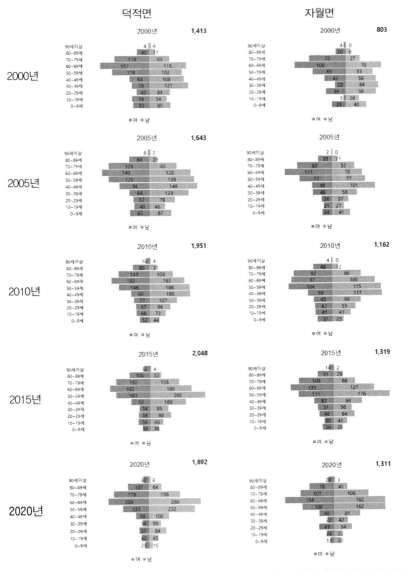

주: 행정안전부의 연령별 주민등록인구 통계를 이용하여 연도별 인구피라미드를 작성하였다.

덕적면의 경우 2000년에 50세 이상은 여성이 더 많은데, 49세 이하는 남성이 더 많아 연령에 따라 여성과 남성의 분포가 다르다. 그러나 2020년에는 9세 이하를 제외하고, 69세 이하는 모든 연령대에서 남자가 여자보다 더 많고, 70세 이상은 남자보다 여자가 더 많은 것으로 분석되었다. 자월면의 경우 2000년에는 49세 이하는 여성보다 남자가 더 많은데 반해 50세 이상은 여자가 남자보다 많다. 그러나 2020년에는 69세 이하는 남성이 여성보다 많고, 70세 이상은 여성이 남성보다 많다. 덕적면과 자월면 모두 젊은 층은 남성이 더 많고 고령층은 여성이 더 많은 특징을 보이고 있다.

이와 함께 90세 이상 인구가 계속 증가하고 있다. 덕적면은 2000년 8명에서 2010년 22명, 2020년 38명으로 증가하였으며, 자월면은 2000년 4명에서 2020년 23명으로 20년간 약 6배 증가하였다. 특히 90세 이상 인구의 남녀 성비는 매우 불균형적인데, 덕적면의 경우 2020년 90세 이상 인구 38명 중 여성 30명, 남성 8명으로 여성이 남성보다 3배 이상 많고, 자월면은 90세 이상 인구 23명 중 여자가 20명, 남자가 3명으로 여자가 남자보다 거의 7배 가깝게 많다.

3) 농가가구 및 농가인구와 어가가구 및 어가인구

덕적면과 자월면은 농어촌지역으로 어업과 농업을 중심으로 경제활동이 이루어지고 있다. 이에 따라 어업, 농업과 관련한 어가가구 및 어가인구와 농가가구 및 농가인구 현황을 살펴보고자 한다.

먼저 어가가구와 어가인구 현황을 보면, 덕적면의 어가가구는 2011년 471가구에서 2020년 393가구로 10년간 78가구가 줄어들었으며, 이에

〈그림 8〉 덕적면과 자월면의 어가가구와 어가인구

단위: 가구, 명

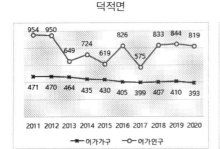

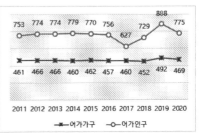

주: 어가가구는 전업가구와 겸업가구를 합친 값이다. 겸업가구는 조사 기준일 직전 1년 동안
가구 수입 가운데 어업 경영수입과 어업 경영 수입 이외의 수입이 있는 가구를 의미한다.

자료: 옹진군 기본통계

따라 어가인구도 2011년 954명에서 2020년 819명으로 135명이 줄어들
었다. 특히 2017년에 어가인구가 575명까지 줄어든 적이 있다. 그러나
2018년 833명으로 늘어나 2020년까지 800명대를 유지하고 있다. 덕적
면의 어가가구 중 전업가구와 겸업가구 모두 줄어들고 있는데, 2011년
전업가구 140가구, 겸업가구 331가구에서 2020년 전업가구 111가구, 겸
업가구 282가구로 줄어들었다.

자월면은 어가가구와 어가인구 모두 지난 10년간 증가한 것으로 조사
되었다. 어가가구는 2011년 461가구에서 2020년 469가구로 증가했다.
2019년에는 492가구까지 증가한 바 있다. 어가인구 또한 2011년 753명
에서 2020년 775명으로 10년간 22명이 증가하였으며 2019년에는 888명
까지 증가하였다. 흥미로운 점은 옹진군 전체 어가인구는 2018년 6,147
명에서 2019년 6,048명으로 감소하였다.

옹진군의 지역 중 북도면, 연평면, 백령면, 영흥면의 어가인구는 모두 줄어든 반면, 자월면(159명), 덕적면(11명), 대청면(3명)만 어가인구가 증가하였다. 특히 자월면의 어가인구 증가폭이 두드러진다. 이러한 어가인구 증가이유는 겸업인구의 증가에 따른 것으로 파악된다. 즉, 어가가구 중 전업가구는 2018년, 2019년 80가구로 동일하지만 겸업가구가 2018년 372가구에서 2019년 412가구로 40가구 증가하였다.

어가가구 및 어가인구의 변화와 함께 어촌의 중요한 경제활동 수단인 등록어선 수 변화를 보면 덕적면의 어선 수 감소가 뚜렷하게 나타나고 있다. 즉 2011년 등록어선 수는 56척에서 2020년 32척으로 10년간 24척이 감소하였다. 이에 반해 자월면은 등락을 보이는데, 2011년 46척에서 2015년 52척까지 증가했다가 이후 감소하여 2018년 38척까지 줄어들었지만 다시 증가하여 2020년에는 44척이 되었다.

이렇듯 어가가구에게 어선은 중요한 경제활동 수단으로 어가가구 중

〈그림 9〉 덕적면과 자월면의 등록어선 현황

단위: 척

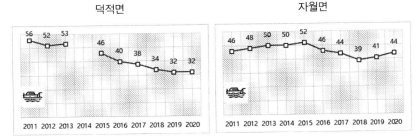

주: 덕적면의 2014년 통계값의 일관성 문제로 본 서에서 제외하였다.
자료: 옹진군 기본통계

감에 따라 등록어선 수가 변화하는데, 덕적면의 경우 어가가구와 등록어
선 수 모두 감소하고 있다. 이에 반해 자월면은 어가가구가 2019년 증가
함에 따라 등록어선 수도 증가하였다.

다음으로는 덕적면과 자월면의 또 다른 중요한 경제활동 수단인 농업
과 관련하여 농가가구와 농가인구 현황을 보고자 한다.

덕적면의 농가가구는 2011년 363가구에서 2015년 397가구까지 증가
했다가 2016년 268가구로 감소하였다. 이후 2017년 263가구까지 감소
했다가 2018년부터 증가하여 2020년에는 284가구에 이른다. 최근 농가
가구가 증가하긴 했지만 2011년에 비해 거의 80가구가 감소하였다. 이에
따라 농가인구도 감소하였는데, 2011년부터 2014년에는 900명 이상이
던 것이 2015년에 741명으로 대폭 감소한 이후 2020년에는 580명으로
10년간 382명이 감소하였다. 농가가구 통계에서 흥미로운 점은 전업가
구 수의 변화이다. 전업가구 수가 2015년 115가구에서 78가구로 감소하

〈그림 10〉 덕적면과 자월면의 농가가구와 농가인구

단위: 가구, 명

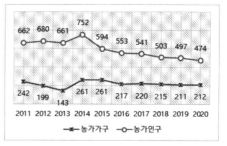

주: 옹진군 기본통계에 따르면 2013년 농가인구 통계값이 과대하여 옹진군청에 확인하여 수정하였다.

자료: 옹진군 기본통계

였다가 2019년에는 다시 43가구로 감소하여 감소폭이 두드러진다.

자월면의 농가가구는 2011년 242가구에서 2020년 212가구로 30가구 감소하였는데, 2014년, 2015년에는 261가구까지 대폭 증가한 바 있다. 농가인구 또한 2011년 662명에서 2014년 752명까지 증가했다가 이후 계속 감소하여 2020년 474명이 되어 지난 10년간 농가인구는 188명이 감소하였다.

4) 마을별 인구

덕적면과 자월면의 마을(행정리)[52] 별 인구를 보고자 한다.

먼저, 덕적면에서 세대수와 인구가 가장 많은 마을은 258세대에 423명이 거주하고 있는 진1리이고, 세대수와 인구가 가장 적은 마을은 17세대의 30명이 거주하고 있는 백아2리(지도)이다. 서포3리(굴업도)의 경우에는 세대수는 23세대이지만 인구수는 30명으로 덕적면에서 인구가 가장 적은 마을에 해당한다(2022년 10월 31일 기준).

2015년 대비 2020년 세대수와 인구 변화를 보면, 전체적으로 세대수는 증가하지만 인구수는 감소한 가운데, 북1리와 문갑리는 세대수와 인

---

52) 마을은 걸어다닐 수 있는 정도의 범위를 지닌 공동체의 거점 역할을 수행하며 물리적인 범주보다는 인근 지역에 거주하는 사람들 간의 긴밀한 관계를 주로 의미한다(조영재·윤정미·유학열·박경철·이관률·엄성준·김정하, 「과소화·고령화에 대응한 '한계마을정책' 도입을 위한 기초연구」, 충남발전연구원, 2013). 마을은 주민이 일상생활을 영위하면서 사회적 심리적 유대관계를 형성하는 통리나 읍면동의 행정구역으로 지역보다 상대적으로 더 좁은 범주를 의미하는 경향이 있다. 지역과 마을은 동일한 의미를 갖지만 동시에 개념적 차이를 가지는데, 지역은 상대적 공간적 영역을 강조하고 마을보다 상대적으로 큰 영역을 의미하는데, 마을은 사람들간의 관계를 강조하고 지역보다 상대적으로 좁은 공간규모를 나타낸다(행정안전부, 「지역공동체의 이해와 활성화」, 연구기관: 한국정책학회, 2017).

구수 모두 증가하였고, 백아2리는 세대수는 변화가 없지만 인구수는 증
가하였다. 반면 북2리, 서포1리, 백아1리는 세대수와 인구수 모두 감소
하였고, 특히 북1리의 인구가 56명 줄어들어 감소폭이 가장 크다.

2020년 대비 2022년 약 2년간 가장 최근 마을별 세대수와 인구변화를
보면, 전체적으로 세대수와 인구수 모두 소폭이지만 증가한 가운데, 진1
리, 진3리, 서포1리, 서포3리, 소야리(1리, 3리), 울도리는 세대수와 인
구수 모두 증가한 반면, 북1리, 북2리, 서포2리, 문갑리, 백아1리는 세대

〈표 10〉 덕적면의 리별 세대와 인구

단위: 세대, 명

	2015.10.31		2020.10.31		2022.10.31		유인도 인구 (2022.10.31.기준)
	세대	인구	세대	인구	세대	인구	
덕적면 전체	1,165	2,062	1,193	1,920	1,215	1,933	
진1리	242	392	249	377	258	423	덕적도 (875세대/1,371명)
진2리	90	178	98	170	98	159	
진3리	83	129	84	119	93	129	
북1리	57	104	69	108	61	97	
북2리	149	232	117	176	98	149	
서포1리	147	250	143	219	168	247	
서포2리	92	187	104	185	99	167	
서포3리	15	31	19	27	23	30	굴업도
소야1리	135	290	93	166	101	175	소야도 (160세대/277명)
소야2리	–	–	59	107	59	102	
문갑리	63	105	66	108	65	107	문갑도
백아1리	37	64	34	54	30	43	백아도
백아2리	17	26	17	32	17	30	지도
울도리	38	74	41	72	45	75	울도

자료: 옹진군 통계, 주민등록인구통계, https://www.ongjin.go.kr

수와 인구수 모두 감소하였다. 무엇보다 진1리는 인구수가 가장 많이 증가하였고(46명), 서포1리는 세대수가 가장 많이 증가하였다(25세대).

2015년 대비 2022년 변화를 보면, 세대수는 증가했지만 인구수는 감소한 가운데, 진2리와 북1리, 서포1리, 서포2리, 서포3리, 소야1리는 세대수는 증가하였지만 인구는 계속 감소하였다. 그러나, 북2리와 백아1리는 세대수와 인구수 모두 계속 감소하였고, 진1리, 문갑리, 울도리는 세대수와 인구수 모두 증가하였다.

특히, 북2리의 경우 2015년 10월 31일 기준 149세대, 232명에서 2022년 10월 31일 기준 98세대 149명으로 감소폭이 매우 크다(51세대, 83명 감소). 이에 반해 진1리는 2015년 10월 31일 기준 242세대 392명에서 2022년 10월 31일 기준 258세대 423명으로 세대수와 인구가 가장 많이 증가한 마을에 해당한다(16세대, 31명 증가).

자월면의 경우, 자월1리가 237세대 382명으로 가장 인구규모가 가장 크고, 다음이 승봉리(140세대 236명)이다. 인구가 가장 작은 마을은 46세대의 84명이 거주하고 있는 이작3리이다. 자월면은 이작1리를 제외한 모든 마을의 인구가 100명 이상이다(2022년 10월 31일 기준).

한편 인구변화를 보면, 먼저 2015년 대비 2020년 전체적으로 세대수는 증가하지만 인구는 소폭 감소한 가운데, 자월1리와 이작리(1리, 3리), 승봉리는 세대수는 증가했지만 인구는 감소하였다. 그러나 자월2리, 자월3리, 이작2리는 세대수와 인구 모두 증가하였다.

2020년 대비 2022년 최근 2년간 변화를 보면, 전체적으로 세대수와 인구수 모두 증가한 가운데, 자월1리, 자월2리, 자월3리, 이작1리, 승봉리는 세대수와 인구수가 증가하였다. 그러나 이작3리는 세대수와 인구수 모두 감소하였고 이작2리는 세대수는 변화가 없지만 인구수가 감소하였다.

2015년 대비 2022년 변화를 보면, 세대수와 인구수 모두 증가한 가운데, 자월1리, 자월2리, 자월3리는 세대수와 인구수 모두 증가한 반면 이작리(1리, 3리), 이작2리, 승봉리는 세대수는 증가했지만 인구수는 감소한 특징을 보이고 있다.

〈표 11〉 자월면 리별 세대와 인구

단위: 세대, 명

	2015.10.31		2020.10.31		2022.10.31		유인도 인구 (2022.10.31. 기준)
	세대	인구	세대	인구	세대	인구	
자월면 전체	680	1,323	771	1,316	805	1,335	
자월1리	213	377	220	373	237	382	덕적도 (875세대/1,371명)
자월2리	72	169	102	182	106	189	
자월3리	66	129	95	147	96	150	
이작1리	142	289	108	174	113	189	이작출장소 (226세대 /378명)
이작3리			47	89	46	84	
이작2리 (소이작)	59	111	67	116	67	105	
승봉리	128	248	132	235	140	236	승봉도

자료: 옹진군 통계, 주민등록인구통계, https://www.ongjin.go.kr

마을별로 세대수와 인구 변화 양상이 차이를 보이는데, 이의 구체적인 원인을 찾기 위해서는 마을의 인구특성과 사회경제적 현황에 대한 구체적이고 심도깊은 분석이 필요하다.

4. 마무리하며

덕적면과 자월면은 각각 8개의 법정리와 14개의 행정리, 3개의 법정리와 7개의 행정리와 이루어진 지역이다. 덕적면과 자월면의 현재의 행정구역과 행정체계는 1983년 「시군구읍면의 관할구역변경 및 면설치 등에 관한 규정」에 의해 자월출장소가 자월면으로 승격되고, 승봉도와 선감도를 관할하던 승봉리가 자월면으로 이관되면서 갖추어졌다.

덕적면과 자월면의 공간현황을 보면 임야가 대부분을 차지하는 가운데, 전답이 높은 비중을 차지한다. 특히 자월면의 경우 전답과 목장용지의 비중이 높아 어촌지역이지만 농업 또한 경제활동의 중요한 비중을 차지하고 있음을 알 수 있다.

덕적면과 자월면은 여러 개의 유인도와 무인도로 이루어져 있는데, 덕적면은 43개의 섬, 자월면은 18개의 섬을 관할하고 있다. 옹진군 전체 섬은 113개로 그 중 절반이 덕적면과 자월면에 소재하고 있어, 덕적면과 자월면의 인천의 대표적인 해양수산자원과 관광자원의 보고라 할 수 있다. 한편, 옹진군 전체 90개 무인도 중 자월면과 덕적면에 각각 36개, 14개가 소재하여 절반이상을 차지하는데, 이름이 없는 무인도서까지 포함하면 그 수는 더욱 더 많다. 환경부는 자연생태계·지형·지질·자연환경이 우수한 도서를 지정하여 관리하고 있는데, 인천시 31개소 중 절반이상인 18개가 덕적면과 자월면 소재지이다.

덕적면과 자월면의 인구는 다른 농어촌 지역과 마찬가지로 70년대와 80년대에 감소하다가 1990년대 이후 변화 양상이 조금 다르게 나타난다. 덕적면의 인구는 1995년 이후 2015년까지 증가했다가 이후 다시 감소추세에 있는 반면 자월면의 인구는 1995년 이후 2020년까지 지속적으

로 증가하고 있다. 덕적면의 인구감소의 원인으로 낮은 출산율과 도시화
·산업화와 함께 도시로의 인구이동이라는 사회적 현상과 함께 무분별한
모래 채취에 따른 어족자원 고갈과 어장파괴에 따른 관광소득과 어업소
득 감소도 그 원인이라고 볼 수 있다.

한편 20년간 덕적면과 자월면의 인구는 증가했는데, 특히 최근의 인
구증가는 자연증가가 아닌 외부인구 유입에 따른 것으로 분석된다. 덕적
면과 자월면은 출생건수보다 사망건수가 많은 인구 데드크로스가 2005
년부터 일어났다. 특히, 고령화 등으로 우리나라 전체 농어촌 지역의 인
구구조가 변하고 있는데, 덕적면과 자월면도 마찬가지이다. 그리고 덕적
면과 자월면의 고령화율이 각각 2021년 기준 41.7%, 39.5%로 전국(17.1%)
보다 높아 고령화가 심각하다.

이러한 인구 데드크로스는 성별·연령별 인구구조를 보면 더 명확해진
다. 덕적면과 자월면 모두 점차적으로 여자보다 남자의 비중이 높아지는
가운데, 20~39세 여성인구수와 비율은 감소하지만 65세 이상 노인인구
수와 비율은 증가하였다. 덕적면은 20~39세 여성인구가 2000년 98명에
서 2020년 87명으로 감소한데 반해, 65세 이상의 노인인구는 2000년
386명에서 2021년 790명으로 거의 20년간 404명이 증가하였다. 이에
따라 노인인구가 전체인구에서 차지하는 비중도 2000년 27.3%에서
2021년 41.7%로 증가하였다. 자월면은 20~39세 여성인구가 2000년 61
명에서 2020년 71명으로 증가하였는데, 그 보다도 65세 이상 노인인구
는 2000년 214명에서 2021년 522명으로 308명 증가하였다. 이에 따라
자월면은 최근 인구가 증가하고 있기는 하지만, 인구구조를 보았을 때
덕적면과 자월면 모두 인구소멸고위험지역에 해당한다.

덕적면과 자월면은 농어촌 지역으로 주요 경제활동이 어업과 농업으

로 어가가구와 어가인구, 농가가구와 농가인구를 보면, 덕적면은 어가인구와 농가인구 모두 감소한데 반해, 자월면은 어가인구는 증가하고 농가인구는 감소하였다. 어가인구 증감과 관련해서 등록어선 수가 덕적도는 2011년 56척에서 2020년 32척으로 대폭 감소하였지만 자월면은 2011년 46척에서 2020년 44척으로 소폭 감소하였다. 그리고 두 지역 모두 농가인구가 감소한 것과 관련해서 농가가구 중 전업가구가 대폭 감소하였는데, 농업을 전업으로 하는 가구는 감소하고 농업 외 경제활동을 통해 수익을 얻는 겸업가구가 증가하였다. 농업과 어업은 대표적인 육체활동으로 덕적면과 자월면의 고령화가 어가인구와 농가인구의 감소의 중요한 요인이기도 하다.

한편 이러한 인구변화가 어느 마을에서 일어나는지 구체적으로 보면, 각 마을별로 인구변화가 서로 다른 양상을 보이는데, 덕적면의 경우 2015년 10월 31일 대비 2022년 10월 31일 인구가 증가한 마을은 진1리, 문갑리, 백아2리, 울도리이고, 나머지는 모두 인구가 감소하였다. 특히 북2리의 경우 2015년 10월 31일 232명에서 2022년 10월 31일 149명으로 감소하여 7년간 83명이 감소하였고, 그 다음으로는 백아1리(백아도) 21명, 서포2리 20명, 진2리 19명 순으로 감소하였다.

자월면은 2015년 10월 31일 대비 2022년 10월 21일 인구가 소폭 증가(12명)한 가운데, 자월도에 있는 자월1리, 자월2리, 자월3리의 인구는 증가한데 반해 대이작도와 소이작도, 승봉도의 주민은 감소한 것으로 나타났다.

덕적면과 자월면은 섬이라는 해양생태계와 경관 및 관광자원의 보고라는 공간적인 특성을 갖고 있지만 최근 농어촌인구의 감소로 인한 인구소멸로부터 자유롭지 않다. 이에 중앙정부와 지방자치단체는 지역활성화를 위한 다양한 정책들을 추진하였고, 추진할 예정이다.

옹진군(2013)의 「장기종합발전계획(2014~2025)」의 공간환경계획에 따르면, 덕적면과 자월면은 덕적·자월 생활권으로 생태자원과 수산자원이 우수한 해양생태 관광지로 육성하고 있다. 그 외에도 옹진군과 인천광역시를 비롯한 지방자치단체뿐만 아니라 국토교통부의 공공임대주택 공급 및 골재채취허가, 해양수산부의 어촌뉴딜 300, 행정안전부의 섬발전계획, 문화체육관광부의 가고 싶은 섬, 환경부의 특정도서 지정관리 등 각 정부부처에서 각종 정책을 계획·실행하고 있다. 최근 덕적도·자월도·이작도의 PAV(Personal Air Vehicle) 특별자유화구역 선정, 덕적도 대규모 해상낚시 공원 조성 계획, 인천-문갑도-굴업-백아-울도-지도 등 덕적도 외곽 섬을 순환하는 직항선 도입 등을 계획하고 있다.[53] 이와 함께 정부는 인구감소시대에 접어들면서 2020년 6월 10일 「인구감소지역 지원특별법」을 제정하여 2023년부터 시행할 예정이다.

그러나 이러한 정책들의 담당 부처가 다름에 따라 장기적·종합적·체계적인 접근에 한계가 있다. 즉, 무인도는 환경부, 유인도는 행정안전부 담당으로 두 부처의 섬에 대한 정책의 접근 논리가 서로 상이하다. 즉,

---

53) 최근 덕적면과 자월면 관련 계획들은 다음과 같다. 첫째, 2021년 2월에 옹진군의 덕적도, 자월도, 이작도가 PAV(Personal Air Vehicle) 특별자유화구역으로 지정 공모에 최종 선정되어 자월도에 '인천 PAV실증화 지원센터'를 조성하는 업무협약을 체결하는 등 미래 신산업 활성화 전략을 추진하고 있다(인천광역시 보도자료, 「인천시(옹진군), PAV 특별자유화구역 최종 선정」, 2021년 2월 14일자). 둘째 덕적도에 약 800평(2,658 m^2) 넓이의 부유시설을 바다에 띄워 300여명이 동시에 낚시를 즐길 수 있는 대규모 해상낚시공원이 조성된다(월간 섬, 「인천 덕적도에 대규모 해상낚시공원 조성」, 2022년 12월 13일자). 셋째, 교통여건을 향상시키기 위해 인천항에서 연안여객터미널에서 덕적도를 거치지 않고 인천-문갑도-굴업-백아-울도-지도 등 덕적도 외곽 섬을 순환하는 직항선을 2024년 상반기를 목표로 하여 도입할 계획이다(인천투데이, 「인천~덕적도 외곽 섬 직항선 2024년 상반기 투입」, 2022년 8월 25일자).

환경부는 보존, 행정안전부는 지역균형발전을 위한 개발이 그것이다. 그러나 무인도에 대한 정책은 유인도에 사는 거주민들에게도 영향을 주기 때문에 두 개가 별개의 정책으로 이루어지는 것은 한계가 있다.

　따라서 덕적면과 자월면의 현황과 특색에 적합한 정책들을 통해 정주여건 개선 등 지역활성화와 인구유입을 도모하는 종합적이고 체계적인 접근이 필요하다. 이를 위해서는 각 정부부처에서 계획·실행하고 있는 정책들에 대한 종합적인 분석이 필요하다. 또한 섬은 자원을 넘어 주민들의 삶의 공간으로, 섬의 역사·문화·환경적 가치를 살리고 섬의 정체성을 보전할 수 있는 사업과 함께 섬 주민들의 건강과 복지 등 다양한 차원에서 정책적인 접근이 필요하다. 마지막으로 섬의 지속가능한 발전을 위한 주민들의 공동체를 활성화하기 위한 지원이 적극적으로 모색될 필요가 있다.

Ⅱ.
격랑의 섬 굴업도, 다시 찾은 평화

1. 굴업도의 특성

인천광역시 옹진군 덕적면은 7개의 유인도와 36개의 무인도로 이루어졌으며 굴업도는 43개의 덕적군도 중 하나의 섬이다. 덕적면은 인천광역시 옹진군의 덕적도, 소야도, 문갑도, 굴업도, 백아도, 울도, 지도의 섬으로 이루어진 행정구역이다. 덕적도는 덕적면의 본섬으로 면적은 22.97㎢, 해안선 길이는 37.6㎞로 이루어져 있다. 인천에서 이동하는 거리상으로는 옹진군 백령도가 멀지만, 육지와의 거리는 덕적도가 육지로부터 가장 멀리 떨어져 있다.

지명에 대한 유래는 깊고 '큰 바다에 위치한 섬'이라는 의미인 '큰 물섬'이었다고 한다. 이것이 한자화되면서 덕물도(德勿島)로, 다시 덕적도(德積島)로 변화되었다고 한다. 고려 시대 남양부(南陽府)가 설치된 이후 남양부에, 조선 초기까지는 남양도호부에 소속되었다고 기록되어 있다. 조선 성종 때에 인천도호부로 이속되었고 숙종 때는 덕적진(德積鎭)이 설치되었다. 일제강점기 행정구역 개편으로 경기도 부천군에 편입되었다가 1973년 경기도 옹진군에 편입되었다. 1995년에 옹진군이 인천광역시에 편입되면서 인천광역시 옹진군 덕적면이 되었다. 덕적군도를 이루는 한 개의 섬인 굴업도는 위와 같은 역사적 유래를 같이하고 있다.

현재 덕적면의 행정구역은 8개의 법정리와 14개의 행정리로 구성되어 있다. 덕적도에 7개 리(진리 3개, 북리 2개, 서포리 2개), 굴업도에 1개 리(서포리), 소야도 2개 리(소야리 2개), 문갑도 1개 리(문갑리), 백아도 1개 리(백아1리), 지도 1개 리(백아2리), 울도 1개 리(울도리)로 구성되어 있다.

세대수는 1,216세대에 인구는 1,933명이고 가구당 인구는 1.59명이며 남성 1,070명, 여성 863명으로 남성의 비율이 124%로 높은 남초현상이 나타나고 있다.[1]

덕적도의 2018년 말 유인도서 현황의 통계자료를 보면 굴업도의 면적은 '지도'보다 5배나 크지만, 인구는 '지도'보다 조금 작게 나타났다. 가구당 인구 비중은 전체 1.7명으로 나타났고 굴업도는 1.3명으로 7개의 섬 중에서 가장 작은 것으로 분석되었다. 특이한 것은 덕적면 전체는 118%의 남초현상이 나타났는데 문갑도는 103.6%, 굴업도는 116.7%의 여초현상을 나타내고 있었다. 7개 섬에서 면적 비중은 굴업도가 5.1%, 지도는 1.3%의 비중 순으로 분석되었고 인구 비중은 지도 1.6%, 굴업도 1.3%로 가장 낮게 나타나고 있었다. 따라서 2018년도와 2022년 11월을 비교하면 세대수 1,158세대에서 1,216세대로 증가하여 5.0% 정도 증가하였고 인구는 1,977명에서 1,933명으로 나타나 −4.1% 감소하여 세대는 늘어나는데 인구가 감소하는 현상으로 혼자 사는 가구가 늘어나고 있다고 판단할 수 있다.

---

1) 덕적면 홈페이지 2022년 11월 기준.

〈표 1〉 덕적면 유인도서 현황

도서명	리	주요 마을	2018.12.31					2022.10.31	
			면적	세대	인구	인구 (남)	인구 (여)	세대	인구
덕적도	7	진1리	20.8	836	1,399	777	622	875	1371
소야도	2	소야1리	3.04	145	284	143	141	160	277
문갑도	1	문갑리	3.54	64	112	55	57	65	107
백아도	1	백아1리	3.13	37	58	31	27	30	43
굴업도	1	서포3리	1.76	20	26	12	14	23	30
울도	1	울도리	2.11	38	67	34	33	45	75
지도	1	백아2리	0.45	18	31	19	12	17	30
합계	14	덕적면	34.83	1,158	1,977	1,071	906	1,215	1,933

자료: 유인도서현황 2018년 12월 31일 공공데이터에 최근 데이터 가공

굴업도는 인천광역시 옹진군 덕적군도를 이루는 43개 섬 중 하나다. 인천항에서 직선거리로 85㎞ 떨어져 있고 직접 가는 배편도 없어 덕적도에서 배를 갈아타야 한다.

굴업도를 가본 사람들은 알겠지만, 배의 운항은 아래의 지도처럼 문갑도, 지도, 울도, 백아도, 굴업도 순으로 짝숫날에 오른쪽으로 운항하고, 홀숫날은 덕적도에서 굴업도, 백아도, 울도, 지도, 문갑도 순으로 5개 섬을 운항하고 있다.

인천 앞바다의 작은 섬 굴업도는 덕적도 서남방 13㎞ 거리에 있는 섬이다. 『대동지지』 덕적도진(德積島鎭)조에 "굴압도는 사야곶 서쪽에 있다"라고 기록하고 있다. 굽을 굴(屈)자와 오리 압(鴨)자 '굴압도'는 지형이 물 위에 구부리고 떠 있는 오리의 모양과 같다 하여 붙여진 지명이라고

한다. 그러나 1910년경부터는
굴압도가 굴업도(屈業島)로 바뀌
었고 1914년에는 팔 굴(掘)자와
일 업(業)자를 써서 덕적면 굴업
리(掘業里)로 변천되었다.

굴업(掘業)은 땅을 파는 일이
주업이라는 뜻으로 굴업도는 쟁
기로 끌 만한 농지는 거의 없고

〈그림 1〉 덕적도 인근 5개 섬을
운항하는 나래호

자료: 옹진군청 홈페이지

괭이나 삽 등으로 파서 일구어야 하므로 굴업(掘業)이란 지명이 되었다는
설도 있다. 굴업도는 대부분 지형이 낮은 구릉지 형태로 해발고도는
100m 이내로 이루어진 섬이다.

섬에 얽힌 다른 이야기로 1923년 8월 26일 자 『조선일보』 기사에 보면
갈매기와 백로가 우는 섬의 의미로 '堀業島(굴업도)는 鷗鷺泣島(구노읍도)
五百年(오백년) 歷史(역사)를 말하는 流配地(유배지) 이번 참상[2]은 과연 무
정한 새도 울일'이라는 기사 제목으로 이번의 비참한 상황은 새도 울 일이
라고 하며 굴업도(堀業島)는 지금까지 세상 사람들이 무인도로만 알뿐이
고 부근에서 민어가 많이 산출함으로 어업에 종사하는 어선이 많이 모여
드는 줄로 아는 곳인데 굴업도는 5백 년간의 장구한 역사를 가진 구로읍
도(鷗鷺泣島)로써 근래에 굴업도로 불리고 있다. 구로업도(鷗鷺泣島)라고
한 것부터 무한히 의미가 있을 것이다. 이조초엽(李朝初葉)에 고려 유신들
을 감화하고자 노력하였으나 그들은 '충신은 불사이군(不事二君)」이라고

---

2) 1923년 8월 13일 굴업도에 들이 닥친 태풍 때문에 생긴 엄청난 피해를 말하며 이는
뒤 절에서 따로 다룬다.

의리로 죽기를 한하여 이조에 복종하지 않으므로 마침내 무인고도(無人孤島)인 구로읍도(鷗鷺泣島)에 유배를 하여 많은 고려 충신들의 아름다운 혼을 그 외로운 섬 속의 이야기를 만들었으며 그 참혹한 광경은 파도 위에 날아다니는 갈매기와 백로 등 덧없는 새들도 운다.'는 내용과 '이번 참상도 갈매기와 백로도 울게 되었더라.'는 기사를 확인할 수 있었다. 기사를 통하여 확인되었지만, 굴업도가 오백 년 역사 속 고려 충신들의 이야기와 굴업도가 '구로읍도'라는 의미이다. 구로읍도에서 굴업도로 변했다는 기사 내용과 '갈매기와 백로가 우는 섬 구로읍도(鷗鷺泣島)'는 굴업도의 자연적 모습과 역사적 의미가 숨어 있는 섬이라는 것이다.

굴업도의 한자로 '굴'자가 손으로 파는 굴의 '굴(掘)'과 땅을 판다는 堀(굴)'자와 굽다 혹은 굽히다는 의미의 '屈(굴)'자로 사용되는 것을 확인할 수 있었다. 어느 것이 객관적 사실인지는 관련 학자에게 맡기고 필자는 굴업도의 의미가 구로읍도에서 굴업도로 변했다는 기사 내용과 갈매기와 백로가 우는 섬 구로읍도(鷗鷺泣島)는 고려 충신들의 불사이군 정신과 유배지 굴업도에 대한 다양한 이야기가 굴업도에 대한 섬의 의미와 스토리텔링에 다양한 소재가 될 수 있다는 것이다.

해안선은 굴곡이 심하며 두 개의 모래톱으로 연결되어 있고 섬은 본래 두 개의 독립된 섬으로 이루어져 있었으나 중간에 모래톱으로 연결되었다고 한다. 예전에는 물이 들어오면 두 개의 섬이고 물이 빠져나가면 다시 연결되었는데 지금은 모래톱이 높게 쌓여 연결된 상태라고 한다.[3]

굴업도에 가면 제주도처럼 검은 바위가 많은 이유를 궁금해하시는 분들이 많다고 한다. 그 이유는 굴업도가 8천만~9천만 년 전 중생대 백악

---

3) 한국섬선교회 홈페이지 자료, 「굴업도 두 개의 모래톱이 하나되어」.

기 말 화산활동의 영향으로 생겨난 응회암 섬이기 때문이다. 화산 폭발 후 재가 날아와 쌓이면서 만들어진 해변은 화산활동의 흔적을 고스란히 간직하고 있고 해안선은 굴곡이 심한 리아스식 지형이다. 그래서 굴업도를 작은 제주도라고 부르기도 한다.

굴업도는 섬 대부분이 산지로 되어 있고 자연환경이 잘 보존되었을 뿐만 아니라 풍경이 아름다워서 한국의 갈라파고스라고 불리기도 한다. 천혜의 수려한 자연환경이 고스란히 남아 있고, 불빛이 적어 여름밤에는 은하수를 감상할 수 있어 개머리언덕을 중심으로 캠핑족들의 발길이 끊이지 않고 있는 곳이다.

굴업도의 특산물로는 해안에서는 김, 굴 등이 있고 농작물로는 땅콩과 고구마 등이 있다. 굴업도가 한때 땅콩밭을 만들기 위해 산림을 개간하여 산에는 대부분 나무가 없고 야생초와 억새들이 산 정상까지 이어졌다고 한다. 토양은 물 빠짐이 좋은 세사토가 많아서 고구마와 땅콩재배에 유리하여 실제 많은 재배가 이루어졌다고 한다. 특산물로는 야생 흑염소와 더덕이 유명하다.

굴업도에서 밀물과 썰물에 따라 건너가는 토끼섬에는 오랜 세월 동안 파도와 소금에 의해 형성된 기이한 바위들이 절경을 이루고 있다. 토끼섬 절벽 아래에는 바닷물의 침식에 의해 비를 피할 정도의 공간이 만들어져 있는데 이것을 '해식와'라고 한다. 해식와(海蝕窪)는 바닷물의 침식작용 때문에 해안 절벽 아래 생겨난 깊고 좁은 침식지형으로 '노치(Norch)'라고도 한다. 굴업도는 응회암 절벽에 바로 해식와가 긴 터널처럼 형성되어 있다. 이는 굴업도의 보존가치를 높여주는 훌륭한 자원이다.

토끼섬에는 전 세계에 1만 마리 정도만 남아 있는 멸종 위기종 검은머리물떼새와 천연기념물인 황새, 황구렁이, 먹구렁이가 서식하고 있다.

〈그림 2〉 굴업도의 지형지도와 위성지도

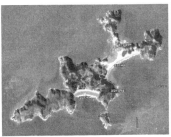

자료: 네이버 지도

천연기념물 323호이자 환경부 지정 멸종위기 야생 동·식물 1급인 매도 매년 5~6월 번식기면 15마리 정도가 관찰되기도 한다. 굴업도는 또한 아열대성 식물과 아한대성 식물이 공존하고 있는 특이한 식물군락을 갖고 있고 섬 전체가 천연기념물의 가치가 있는, 보존이 시급한 섬이다.[4]

천혜의 섬 굴업도의 비경은 지질과 생태에도 그 흔적이 남아 있다.

박종관(2009)은 '굴업도는 주로 중생대 백악기의 래필리 응회암(lapilli tuff)에 의해 구성되며, 일부 지역에서 화산각력암(volcanic breccia) 또는 집괴암(agglomerate)이 협재되어 나타나고 있다. 섬 중남부에는 화강반암인 반심성암(半深成岩)이 관입되어 있다. 섬 내에는 여러 방향의 단층과 수평, 수직절리가 발견되는데 N15°W 방향의 단층과 EW 방향의 절리군이 우세하다.'고 했다.

굴업도에서는 사빈과 사구, 해안단구, 해식애, 해식동, 파식대, 해식와, 시스택 등 다양한 해안퇴적 및 침식지형을 볼 수 있고 사빈 주변에는

---

4) 프레시안 기사, 2015년 3월 15일 자, 「해의 황홀! 굴업도 인문학습원 알림」.

해풍에 의해 퇴적된 해안사구가 해발 30여m 고도까지 넓게 분포한다. 한편, 해식지형의 발달도 탁월해 사빈을 제외한 섬 주변부의 해안선은 대개 10m 전후의 높이를 갖는 급사면 절벽으로 이루어져 있다. 그중 섬 북부의 서해안에는 해발 20m 전후 높이의 해안단구가 두 곳에서 발견되며, 단구 전면에 발달된 절리면을 따라 해식애와 해식동 등의 해식지형이 분포되어 있다.

굴업도 부속섬인 토끼섬 동쪽 해안에는 파식대를 비롯해 길이 120m의 해식와가 발달되어 있다. 굴업도 해안지형의 백미인 이 해식와(notch)는 국내 최대 규모의 것으로 천연기념물로 시급히 지정, 보전해야 한다는 목소리가 높다.

굴업도는 섬 전체가 천혜의 해안 경관을 잘 간직하고 있어 지리여행을 위한 야외학습장으로 적극 활용되어야 할 것이다. 이뿐만 아니라 오현경 외(2016)는 굴업도의 전체식물상은 81과 201속 252종 3아종 22변종 5품종으로 총 282분류군이 확인되었다고 한다.

다양한 식물군과 지질은 굴업도가 가지는 내적 자원으로, 이를 잘 활용해서 주민이 참여하는 생태관광 혹은 에코투어리즘의 섬 개발이 추진되어야 할 것이다.

2. 격랑의 섬 굴업도 이야기

조그만 섬에 얽힌 역사적인 일들이 한국의 근현대사를 간직하고 있다고 해도 과언이 아닐 정도로 다양하다. 자연재해와 민어파시, 땅콩 이야기, 국가정책사업과 충돌인 핵폐기장, 대기업의 개발사업으로 이어진 이야기를 모아보면 '격랑의 섬' 굴업도가 된다.

1) 태풍이 휩쓸고 간 굴업도와 민어파시

평화롭던 무인고도(無人孤島)인 굴업도가 민어가 많이 잡히면서 사람이 들어오고 1920년대는 민어잡이 기간의 인구밀도를 추정하면 1,466.7명/㎢[5]으로 당시 바다 위의 작은 도시라 할 정도로 면적에 비교하여 엄청나게 많은 사람이 모여들었고 민어잡이로 경제적 삶을 유지하고 있었던 것으로 보인다. 이런 섬이 한순간 태풍에 휩쓸려서 쑥대밭이 되었고 민어파시의 명성은 점점 사라져갔다.

1923년 엄청난 태풍이 굴업도를 휩쓸고 가기 전『조선일보』 8월 12일 자 '유망한 굴업도 어장'의 기사를 보면 '거주민 5백 명에 어선은 90여 척이고 인천항 남쪽 40해리[6] 무인절도인 섬이었는데 어업의 발달로 사람들이 모여들어 조선인 호수 200여 가구이고 인구는 조선 사람과 일본인 호수 6가구에 17명이고 중국인은 2가구에 인구는 3명으로 총 494명의 섬 주민이 어업에 종사하였고 어선도 약 백 척에 달하며 음식점 87호에 기생도 2명이 있었고 또 포목상, 사진관, 이발소, 재봉소 등 발전하여 인천 다음에 가는 어업장이 될 것이다.'라고 추측하는 내용이 기록되어 있다. 태풍이 몰아친 8월 13일『동아일보』 16일 자 '漁期中(어기중)의 堀業島全滅(굴업도전멸)' 기사는 고기잡이 기간에 굴업도에서 해일과 폭풍 피해로 전멸하였다는 기사의 내용이다. 그 피해 규모는 '선박 파괴 200

---

5) 성어기 1,200명을 면적으로 나누면 1,466.7명/㎢이며 2020년 기준 인천광역시가 5,552.5명/㎢이다.

6) 1해리는 1.852km로 40해리는 약 74km 정도이며 현재 거리는 85km와 10km의 차이를 보인다.

여 척, 가옥 130호, 행방불명 1,200명, 민어가 많이 잡히는 곳으로 삼백
여 척의 민어잡이 배가 있었고 항구 외에 있던 배 200여 척이 해일과
폭풍으로 파손되었다는 기사와 한배에 5명에서 6명이 승선하고 있었는
데 합쳐서 1,200명이 행방불명으로 보고 있고 항구 내에는 100여 척도
전부 파손되었고 조선사람 가옥과 일본 중국 모두 바람에 날아갔으며
그 참담한 광경을 눈으로 볼 수 없다'고 기사화되어 있다.

당시 굴업도의 피해는『조선일보』12월 31일 자 '波瀾重疊(파란중첩)한
過去一年(과거일년)'이라는 제목의 기사를 보면 한해를 되돌아보면서 대
형사고를 소개하면서 새해 벽두 경성 종로서 폭탄투척과 8월 13일 인천
굴업도의 참상과 9월 1일의 동경 대지진을 소개할 정도로 굴업도의 해일
과 태풍피해가 얼마나 컸는지 짐작할 수 있다.

두 기사의 내용에서 굴업도가 민어잡이로 얼마나 번창하였는지를 알
수 있고 그날의 해일과 폭풍의 규모가 지금으로 이야기하면 초대형 태풍
이었다는 것으로 판단된다.

당시 굴업도 상황은 여러 곳에서 검색되고 있지만, 필자는 굴업도의
인구와 생활환경 규모에 초점을 맞추어 보고자 한다. 민어파시로 찬란하
던 굴업도는 일제가 어업의 근거지를 덕적도 '북리'로 새롭게 건설하면서
옮겨가게 되었다. 태풍이야 여름철이면 늘 있었던 일이지만 굴업도의
1923년 태풍은 굴업도의 흥망에 아주 중요한 자연재해가 되고 말았다.
당시 굴업도의 세대수는 130가구에서 20가구로 84.6%로 감소하였고 인
구는 494명에서 26명으로 94.7%로 감소하였다.

기사를 통해 통계자료를 정리하면 인구 5.7명당 음식점이 1개가 있을
정도로 성업하고 있었고 민어파시 등 고기잡이배가 들어오면 13.8명당
음식점이 1개로 분석할 수 있다.

　이렇게 보면 굴업도는 당시 덕적도 근처 섬들의 경제적 중심지 역할을 하고 있다고 추정할 정도의 규모이다. 인구총조사의 통계자료를 보면 1944년 덕적면 전체는 5,621명이고 1955년에 9,772명으로 증가하였다.

　이렇게 번창했던 굴업도는 1920년대 민어파시(波市)가 형성되던 어업 전진기지로써 역할을 수행해 왔음을 알 수 있다.

　파시는 어업 기술과 운반·저장 시설이 미비하던 시기, 잡아 올린 생선을 곧바로 처리하기 위해 해상의 어장과 가까운 포구에 형성돼 각종 거래와 행위를 한 후 해산하고, 이듬해에 또다시 그것을 재현하는 장터다. 자연의 법칙에 따라 정해진 일정대로 시작과 끝이 있고, 주기적으로 되풀이되는 아주 독특한 시장이다. 파시는 우리가 익히 알고 있는 '조기' 파시뿐만 아니라 잡히는 어종에 따라 민어, 멸치, 삼치, 고등어 등 다양한 종류가 있다. 봄철이면 서남해역 수많은 섬 사이로 흐르는 난류를 따라 회유성 어류들이 북상하므로 그 지역도 다르게 나타나고 있다. 파시를 형성하는 어종은 모두 회유성과 더불어 군집성(群集性)을 띠고 있는 것이 특징이다. 「세종실록」 지리지에 최초로 등장하는 민어(民魚)는 백성 '民'자를 쓰고 있어 일반 백성들의 음식으로 인식되고 있는 듯하지만, 아이러니하게 일반 백성보다는 국가가 관리하고, 왕이나 고관대작들이 즐긴 고급 생선이다. 민어는 경기도는 남양, 안산, 부평, 강화, 김포, 교동의 특산물이었고 조선시대 이래 경기도의 토공(土貢)으로 중앙 정부에서 공물로 지정된 품목이었다. 민어포의 경우 임금의 수라상에도 올랐고, 중국 북경의 황실에 보내는 진헌물로 사용됐으며, 나이 80세가 된 전직 고위 관료인 봉조하(奉朝賀)에게도 민어를 하사했다는 기록이 자주 등장하고 있다. 병인양요 후에는 군사들에게도 민어를 하사하고 있다. 전라남도 신안군 임자면 태이도(台耳島)는 조선시대 이래 대표적인 민어

어장이었다. 1906년 일본 어민이 태이도에서 안강망(鞍鰊網)을 사용해 큰 성과를 거둔 뒤부터 이곳에서는 매년 여름이면 민어파시인 '타리파시'가 열렸다.[7]

『동아일보』 '島嶼巡禮(도서순례) 荷衣島方面(하의도방면)' 1928년 8월 18일 자 기사 내용 중에 '태이어장은 민어어장으로 조선에 제일 큰 곳이고 그다음이 굴업도 어장이라고 한다. 산물 중에서 가오리(일명 포), 부서(부어) 등을 합하여 연간 삼십만 원의 고기가 잡히고 파시(개장기간)는 6월 상순부터 10월 하순까지 약 5개월 동안이며 제일 많이 잡히는 달이 8월이라고 소개하고 있다.' 기사 내용에서 굴업도는 조선의 두 번째 가는 큰 민어시장으로 자리를 잡고 있었다.

그러나 위에서 언급한 바와 같이 1923년 8월 13일 해일과 폭풍으로 굴업도의 민어어장이 덕적도 북리로 이동하게 되면서 굴업도의 명성은 점차 사라져 갔다. 『조선일보』 1925년 8월 14일 자 기사 '德積北里(덕적북리)의 新設漁場近況(신설어장근황)'을 보면 '신설어장의 번창에 관한 기사에서 부천군 덕적면 굴업도 어장을 같은 면 소재지의 '북리'로 이전하였다는 내용과 종업선을 백칠십 척이 입항하고 바깥 바다에(외해)에 어선 약 삼십 척에 달한다.'는 기사와 북리에 마련되는 위생시설로 요리점 8곳, 음식점 46곳, 이발소 2곳, 목욕탕 1곳, 옥돌 1곳, 포목상 2곳, 사립장이 4곳, 세탁소 1곳, 잡종상 3곳, 야채 및 과일점 2곳, 빙수집 1곳, 한약국 2곳, 요리옥고 26인, 작부 8인, 기외여관업여자 36인으로 기록되어 있다. 이런 규모를 보면 굴업도의 1923년 8월의 상황과 비슷하며 굴업도

---

7) 『기호일보』 기사 오피니언(강덕우 인천개항자연구소 대표), 2021년 7월 9일 자, 「인천의 민어파시」.

〈그림 3〉 1960년대 전국에서 온 민어잡이 배로 북적이던 덕적도 북리항

『경인일보』, 2009.06.17, 〈옛 인천의 황금어장을 찾아서-15〉

의 생활시설들이 덕적도 북리로 이전하였음을 알 수 있고 민어의 거대어장 중심지도 덕적도 북리로 이전하였음이 확인된다.

그러나 1926년 1월 1일(『조선일보』) 기사 제목은 '堀島復興(굴도부흥)과 漁況會社(어황회사)의 創立(창립)'이라는 기사의 내용을 보면 인천의 모유지의 발기로 인천 서해안의 수산물을 흡수하는 일대 요항(중요한 항구)으로 일년 어산액이 140만 원에 달하며 어업에 종사하는 어선은 조선인이 일본인의 약 팔구할(80~90%)을 점하였다. 1923년에 폭풍으로 인하여 북리로 이전한 어장은 조난의 우려는 없으나 선로가 불편하여 일반어업자는 굴업도 어장의 회복을 요망하는 중이라고 하며 당지유지는 굴도의 어장을 부활하려면 노도 격랑의 위험이 없도록 좌우에 제방을 쌓지 못함으로 총액 5만 원의 어황주식회사를 창립하기로 발기하였다는 기사이다. 1926년까지 북리의 어항이 일반어업자들에게 불편한 사항이 있어서

활성화되지 못하고 있다고 유추할 수 있다.

당시 140만 원의 가치는 현재 얼마일까? 추정해 보면 간송미술재단의 자료를 보면 1935년 간송 전형필 선생이 2만 원에 구입한 청자 상감운학문매병이 당시 서울의 기와집 20채 가격이라고 나온다. 140만 원은 지금 1,400채를 살 수 있는 금액이며 2022년 10월 말 기준 서울의 아파트 가격이 강북 14개 구의 평균이 9억 9천만 원이고 강남 11개의 평균은 15억 1천만 원 수준임으로 1조 3,860억에서 2조 1,140억 규모로 추정된다. 최병택·예지숙(2009)의 '경성 리포트 식민지 일상에서 오늘의 우리를 보다'라는 책에서 보면 1920년대 1원은 현재 3만 원에서 5만 원 정도라고 나와 있어서 이를 바탕으로 계산하면 420억에서 700억 원 정도로 계산할 수 있다. 2009년 출판을 고려하면 현재 대략 512억 4천만에서 854억 규모로 추정[8]이 가능하다. 집값은 부동산 투기의 대상이 되면서 비교가 너무 과하다고 할 수 있지만 아래의 512억 4천만에서 854억 규모는 현실성이 있으며 나아가 이 정도로 매우 큰 규모의 어장이라고 할 수 있다.

한반도 서해 임자면의 태이도가 가장 큰 민어어장이고 그 다음으로 인천 앞바다 민어어장이 바로 굴업도이다. 위에서 살펴본 바와 같이 수산물의 생산으로 벌어들이는 돈이 당시 140만 원(현재 시가 5백억에서 8백억 규모)의 어획고를 올렸던 굴업도는 1923년 8월에 태풍으로 항구를 덕적도 북리로 옮기면서 그 명성이 사라지고 지금은 민어파시가 유명했던 곳으로 전해지고 있다.

---

8) 통계청의 화폐 가치 환산으로 2009년 물가와 2021년 물가를 비교하여 추정한다.

2) 아몬드에 밀린 땅콩

굴업도는 민어파시로 400명이 넘게 살던 섬이 겨우 30명 내외가 사는 섬이 되고 말았다. 어부가 없는 마을이 되어버린 굴업도 주민들과 얽힌 땅콩 이야기는 모르는 사람이 많다.

땅콩은 흔히 땅속에서 나오기에 고구마처럼 뿌리에서 열리는 것으로 생각하기 쉽지만 그렇지 않다. 꽃이 수정되고 나면 그 줄기가 아래로 자라 땅속을 파고 들어가서 어느 정도 깊이에 들어가서야 땅콩이 열리기 시작한다. 이런 특징 때문에 붙은 이름이 낙화생(落花生)이다. 이 때문에 바깥에서 땅콩을 열리게 할 수 없어서 화분 재배는 까다로운 편이다. 땅콩은 지표면 바로 아래서 열매가 달리기 때문에 25cm 정도의 깊이를 가지고 꼬투리가 내려와 물 빠짐이 좋은 흙이 땅콩재배에 적합하다. 이러한 이유로 굴업도는 땅콩을 재배에 적합한 토양을 가지고 있었다.

1994년 굴업도 핵폐기장 들어온다는 소식이 들어온 12월 23일 자『경향신문』을 보면 굴업도는 1940년대는 70여 가구가 민어잡이를 생업으로 했고 해안가를 따라 하꼬방(판자집)과 술집까지 흥청거리는 섬지역의 독특한 분위기마저 보였다고 한다. 이는 아마도 민어어장인 굴업도가 1940년대와 50년대까지 그 명맥을 유지하고 있었던 것으로 판단된다. 그리고 1960년대 들어서면서 주민이 빠져나가기 시작해 1970년대부터는 18가구만이 땅콩을 전문적으로 재배해 생계를 유지했다고 한다. 그나마 땅콩재배에 두엄이 부족하여 토양마저 척박해 지면서 땅콩재배가 어렵게 되자 1980년대 중반부터 주민이 생계유지를 위해 인천 등지로 빠져나가 1994년 말에는 5가구만이 섬을 지키고 있었다고 한다.

굴업도가 고운 모래로 이루어진 백사장을 갖추고 있는데 주변에 우럭

등 각종 어종이 서식한다는 사실이 알려지면서 80년대 후반부터는 낚시
꾼과 관광객들이 몰려들기 시작했고 1994년 당시 굴업도는 숙식 제공과
낚싯배 임대 등 관광업으로 가구당 연간 2천만 원에서 8천만 원 정도
관광수익을 올리는 지역으로 생계수단이 변화하고 있었다.

굴업도의 땅콩재배는 1970년대부터는 18가구가 전문적으로 재배해
생계를 유지했을 정도라고 한다. 다음 자료는 덕적도 인구와 두류(콩,
땅콩) 생산량을 나타내는 1972년 당시 내무부 자료이다.

〈표 2〉 덕적면 두류 생산 현황(1972년 내무부 자료)

섬	면적(㎢)	인구(명)	두류(톤)	면적당(톤)	인구당(kg)
덕적도	21.9	5,274	21.4	1	4.1
소야도	1.13	857	4.3	3.8	5
문갑도	2.16	530	5.2	0	9.8
백아도	3.15	270	2	0.6	7.4
울 도	1.6	181	1.1	0.7	6.1
굴업도	1.83	78	13	7.1	167
승봉도	4.36	574	5	1.1	9

자료: 『인천in』 2014년 8월 22일 자 '덕적도, 굴업도 민어파시'

실제 땅콩이 포함된 두류 생산량을 분석하면 덕적도가 21.4톤으로 가
장 많고 다음이 굴업도로 13톤 정도 생산했던 것으로 파악되었다. 그러
나 면적과 인구로 그 규모를 비교하면 굴업도가 얼마나 땅콩을 많이 생산
하고 있었는지를 알 수 있었다. 섬의 면적 대비 두류(콩, 땅콩) 생산량은
굴업도는 7.1톤이고 덕적도는 1톤으로 무려 면적 대비 생산량은 굴업도
가 7배나 많고, 굴업도 다음의 소야도는 3.8톤으로 가장 높으나 소야도
의 2배 정도 생산하였던 것으로 분석되었다.

인구대비 생산량을 살펴보면 가장 많이 생산하는 덕적도는 인구 1인당 생산량이 4.1kg이고 굴업도는 덕적도의 40.7배 정도로 인구 1인당 생산을 했던 것으로 분석되었다. 굴업도 다음으로 많은 지역이 문갑도로 1인당 9.8kg 생산하였는데 그보다 생산량이 17배나 많은 것으로 분석되었다. 굴업도 1인당 땅콩 생산은 167kg으로 다른 섬보다 인구대비 상당히 많은 수확을 했던 것을 알 수 있다.

땅콩은 쌀 가격보다 2.5배로 비싼 편이었고 매일경제 1981년 1월 13일자 기사를 보면 '한동안 보합세를 보이던 땅콩 값이 오름세를 보이고 있다. 산지로부터 반입량이 달려 75kg들이 가마당 5천 원이 오른 12만 5천 원에 도매되고 있다. 상인들은 지난해 땅콩 생산이 좋지 않아 산지재고가 많지 않기 때문에 수입땅콩의 대량방출이 이뤄지지 않는 한 당분간 강세를 보일 것으로' 전망했다.

이에 땅콩을 수입하자 1986년에 땅콩 값이 많이 하락하여 많은 사람이 굴업도를 떠나 인천 등 육지로 발길을 돌렸다.

'올해 땅콩수매 정량은 모두 2천 9백 17톤으로 전체 생산량의 28%에 지나지 않아 농민들은 최소 5천6백 톤은 수매해야 한다고 주장하고 있다. 농민들은 정부가 지난봄 땅콩수매예시 가격고시와 함께 생산자금 12억 3천만 원을 융자지원 전량을 수매하겠다고 발표해 놓고 생산량의 28% 수매에 그치는 것은 농민들 기만한 행위라고 반발하고 있다'(『동아일보』 1988.11.26.).

위에서 언급했던 땅콩재배에 두엄이 부족하여 토양마저 척박해지고 땅콩재배가 어렵게 되자 1980년대 중반부터 주민이 생계유지를 위해 인천 등지로 빠져나갔다는 기사 내용과 매우 일치하며 땅콩재배가 어렵게 된 이유가 바로 매일경제 기사처럼 수입 땅콩의 대량방출 때문이었으며 당시 땅콩 농사를 짓던 사람들의 이야기는 수입 땅콩은 국산 땅콩에 비해 고소하지 않아서 그런대로 경쟁력을 유지하고 있었지만, 수입 땅콩 대신 아몬드를 대체재로 들여오면서 아몬드에 땅콩이 밀리기 시작한 것이다. 1986~8년에 땅콩 값이 하락한 이유를 보면, 1981년 등장한 전두환 정권은 미국의 수입개방 요구에 따라 공산품 및 농산물도 개방하였다. 땅콩의 대체품목인 아몬드 수입이 1985년 3백 45톤, 1986년 6백 21톤으로 많이 늘어난 사실을 기사를 통하여 알 수 있다. 따라서 아몬드 수입이 큰 폭으로 증가하여 땅콩의 영역을 잠식하자 땅콩 생산량은 감소하기 시작하였다.

　땅콩 수입 증가와 대체품인 아몬드를 대량 수입하여 땅콩가격은 하락하였고, 여기에 정부 수매 감소 정책이 겹치면서 굴업도에서 다시는 큰 규모의 땅콩재배를 구경하기 어려웠다.

　'漁夫(어부) 없는 섬마을'『경향신문』1987년 7월 1일 자 기사를 보면 11가구 28명이 살고 있고 강풍과 절벽으로 목축은 물론이고 지상 작물의 재배도 어렵다. 따라서 뿌리 농사로 생업을 유지하는데 주로 감자, 땅콩, 마늘, 양파 등 땅속에서 자라는 식물을 선호하며 1만여 평의 밭에 재배하는 주 농사는 땅콩재배이며 강한 바람에도 가장 내성이 강한 작물이다. 굴업도에서 당시 생산되는 땅콩은 연평균 150여 가마니 정도이며 고소한 맛이 뛰어나 가구당 17만 원씩 팔아서 연 2천 5백만 원의 수입이 되었다. 현재 물가로 따지며 대략 가구당 56만 원에서 연 8천 187만 원 정도 되는 규모이다.

　굴업도는 1980년대 땅콩밭을 만들기 위해 산림을 개간하여 산에는 대부분 나무가 없고 야생초와 억새들이 산 정상까지 이어졌다고 한다. 토양은 물 빠짐이 좋은 가늘고 고운 모래로 된 세사토로 되어 있어서 땅콩재배에 매우 유리하며 우리가 흔히 알고 있는 고구마도 모래땅에서 재배가 유리하다.

굴업도는 1920년대 민어파시로 유명세를 날리다가 태풍과 해일로 그 명성을 본섬인 덕적도 북리로 옮겨가면서 모두가 떠난 섬이 되었다. 1980년대 30명 남짓의 인구가 땅콩으로 생계를 유지하며 살았는데 땅콩마저 아몬드에 밀려 판로가 적절하지 않자 모두 인천 등 각지고 떠나고 무인고도가 된 섬에서 오히려 많은 자연 생태계가 보존되고 있었다.

3) 빛나는 승리, 파괴된 공동체

"굴업도는 인천 앞바다에 떠 있는 보석 같은 섬입니다."

인천시민들은 노란색 엽서에 인천의 핵폐기장 반대를 염원하는 소중한 의견을 담아 청와대 민원청원운동을 했다.

필자는 당시 학생으로 핵폐기장 반대 운동에 참여하였으며 인천시민과 학생들로부터 소중한 의견을 받은 엽서 6천 장을 청와대에 전달했다.

사실 전달하지 못할 것을 예상하고 전경차에 실려서 멀리 뿌려질 것을 염려해 각자 대비를 해 청와대로 향했다. 당시 청와대로 가는 학생들의 대표가 된 필자는 학생 15명과 경복궁을 향했다. 전달하지 못할 것이라는 예상을 뒤엎고 우여곡절 끝에 경찰의 주선으로 대표 2인을 청와대로 보내고 엽서 접수증을 받아서 나왔다. 한국 사회운동의 역사에서 청와대에 민원을 직접 접수한 것은 그때가 처음이 아닐까 싶다.

굴업도 핵폐기장 반대 운동, 그 빛나는 승리에 관한 내용이 담긴 책과 논문, 언론기사가 상당히 많다. 1994년 12월에 시작한 투쟁은 1995년 12월 16일 정부가 원자력위원회를 개최하여 굴업도 핵폐기장 지정 고시 철회를 결정해 굴업도 핵폐기장 반대 운동은 마무리되었다.

조금만 구체적으로 보면 1994년 12월 15일 MBC 저녁 뉴스에서 '굴업도가 핵폐기장 최종 후보지로 유력하다.'는 보도가 되면서 인천지역에 떠돌던 소문이 사실로 받아들여지기 시작했다. 12월 16일 옹진군청 직원과 기획단은 면사무소에서 덕적면 노인회 회원과 마을 유지, 새마을 지도자 등 2~30여 명의 주민을 대상으로 설명회를 개최하였다. 설명회에서는 주로 '핵폐기장이 들어서면 덕적도는 잘살게 된다. 지역개발을 위해 500억 원의 기금이 조성되어 있으며 이를 주민에게 줄 것이다. 그리고 정부가 조사를 해보니 굴업도는 핵폐기장 부지로 최적지다.' 등의 내용으로 주민을 설득하려고 했다.

그러나 덕적도 주민 56명이 12월 17일에 모여 '굴업도 핵폐기장 결사 반대 서포1리 투쟁위원회'를 구성하고 서명운동을 시작하였다.

12월 22일 정부는 방사성 폐기물 종합관리 시설부지로 굴업도를 확정 발표하였다. 당시 과기부 장관은 "굴업도가 방사성 물질 흡착력이 뛰어난 응회암을 주암종으로 암반균열이 적은 단일암체로 형성되는 등 다른 지역에 비해 우수한 지질적 부지조건을 갖추고 있어 굴업도를 최종후보지로 선정했다."고 밝혔다. 그러나 주민들의 집회, 투쟁, 농성, 그리고 죽음, 학생들의 인천시청 점거 등 1년의 과정에서 헌신과 각고의 주민운동을 통해서 값지고 눈부신 승리의 확답으로 1995년 11월 30일 과기부 차관이 기자회견을 열어 핵폐기장 부지 지정 백지화 발표했다. 1995년 12월 16일 정부는 원자력위원회를 개최하여 굴업도 핵폐기장 지정 고시 철회를 결정하며 굴업도 핵폐기장 투쟁을 마무리하게 된다.

당시 기억에 지워지지 않는 활동으로는 1995년 5월 20일 집회로 시민, 학생 1,500여 명이 참석한 3차 궐기대회였다. 학생들과 덕적 주민들은 답동성당까지 평화 행진을 하였고, 차량통행을 차단한 채 연좌 농성 등

〈그림 4〉 1995년 3월 25일 1차 인천시민궐기대회 후 거리행진

자료: 『인천투데이』, 2015.10.02. 인천앞 바다 핵폐기장 대책 범시민협의회 결성

벌였다. 경찰은 페퍼포그를 발사하였고 시위 대열 앞뒤의 사람들은 심한 구타와 폭력으로 다수가 부상당하고 연행되었다. 계속되는 저항에 경찰은 최루탄을 발사하며 학생들을 연행했고 산발적인 저항과 행진이 계속되자 전경과 백골단은 구타와 연행을 넘어 답동성당으로 진입하여 정리 집회를 하던 당시 인부총련 대학생들 다수가 크게 상처를 입었다. 이에 학생 다수가 중부경찰서 앞에서 항의시위를 했고 그 과정에 또다시 백골단이 학생들을 구타해 50여 명의 부상자가 발생했고 134명이 연행되었으며 학생 4명 구속, 2명 불구속, 9명이 즉심에 넘겨졌다.[9]

굴업도 핵폐기장 반대 투쟁이 기록된 자료를 보면 '인천 답동성당에서 172일간 농성, 서울 명동성당에서 32일간 농성, 집회 도중 추운 날씨로

---

9) 『인천in』, 2014.09.26., 굴업도 핵폐기장 반대 투쟁 20년을 회고하며.

인하여 노인 1분의 사망자와 11명의 대학생이 인천시장실 점거와 연행 구속' 등 엄청난 일들이 일어났다. 당시 경찰의 폭력진압의 진상은 1996 년『경향신문』보도 '시위 중 경찰 과잉진압으로 부상 대학생 9명 損賠 (손배)승소' 판결의 기사에서 확인할 수 있다.

'빛나는 승리, 눈부신 승리'를 강조하는 이유는 정부가 교묘하게 준비 된 지역으로 굴업도를 선택했기 때문이다. 그러나 지역주민과 지역사회 가 똘똘 뭉쳐 싸웠으며 강고한 연대를 통해 빛나고 눈부신 승리를 할 수 있었다. 구체적 내용을 정리하면 다음과 같다.

첫째, 굴업도는 동력자원부[10](현, 산업통상자원부)가 1989년 전국의 도 서 지역과 임해 지역을 대상으로 핵폐기장 후보지 조사 시 활성단층에 의해 부적합 지역으로 제외된 곳이 굴업도이다. 그런데 곳곳에서 주민 반대로 핵폐기장 후보지를 선정하지 못한 정부는 최소한의 안전장치도 무시하고 주민과 환경단체의 반대를 무력화할 수 있는 외딴섬을 후보지 로 지정했다. 그러나 열악한 조건에서도 지역주민과 인천시민이 한목소 리로 싸워 승리를 거둔 것이다.

나아가 정부는 주민들의 반대 운동을 진압하고자 총경급을 단장으로 하는 경찰 10개 중대 1,500명 규모의 '핵폐기물 처리장 관리경비단'을 섬에 상주시키며 주민운동을 탄압하였다. 이뿐만 아니라 신문방송과 각 종 여론을 활용하여 핵폐기장의 필요성과 허위 이미지 광고를 통해 여론 전을 펼쳤지만 승리했다.

---

10) 동력자원부는 1977년부터 1993년까지 사용한 이름으로 동력·지하자원·전기·연료(신탄 은 제외) 및 열관리에 관한 사무를 관장, 국내 에너지의 공급과 수요를 총괄하고 지원외 교를 담당함. 독립부처의 필요성에 따라 1977년 12월 16일 신설되었으나 1993년 상공 부와 통합되어 상공자원부로 개편되면서 폐지.

둘째, 회유정책과 주민을 갈라놓는 정부에 맞선 주민 자치운동에 의한 승리이다. 주민들의 반대를 막기 위해 인구가 적고 50대 이상의 주민이 90%인 섬에 부지를 선정했다. 정부는 굴업도의 모섬 덕적도에 500억 원을 지원하겠다는 당근정책과 주민들을 갈라놓는 정책을 펼쳤지만 주민들은 이 계략을 극복했다. 굴업도는 인천에서 80km 가량 떨어진 섬이고 덕적군도의 40여 개 중 하나의 섬이다. 덕적도 주민들의 강고한 지지와 흔들림 없는 마음이 없이는 결코 이기기 힘든 반대 운동이었다. 주민 중심의 반대 운동으로 지정고시를 철회한 운동이었다.

셋째, 가치공동체의 소통과 연대를 끌어낸 승리였다. 환경과 안전이라는 두 가치로 덕적군도 전체의 주민들과 나아가 인천시민 그리고 더 나아가 서울시민과 전국의 반핵운동가들까지 끈끈하게 연대하여 투쟁한 승리다.

농성과 거리투쟁, 한겨울 아스팔트 위에서 앞장선 주민들의 헌신 그리고 지역의 시민사회와 환경단체들의 결합, 나아가 인천지역 대학생들의 연대는 다시 서울지역 대학생들의 연대까지 만들었다.

굴업도 핵폐기장 반대 운동의 빛나는 성과는 주민 중심의 헌신과 투쟁이었다. 과거 핵폐기장운동과의 차이점은 정부의 공식적인 폐기장 부지의 지정과 고시에 맞선 운동에 자칫 주체(주민 9명)가 없어서 어려울 수 있는 싸움을 인접 섬들이 공동의 사안으로 받아들이고 함께 만들어 냈다는 것이다.

도시를 개발하는 과정에서 개발에 찬성하는 주민과 반대하는 주민 간의 불신이 존재한다. 이는 운동이나 투쟁이 끝나면 없어지는 것이 아니라 점점 더 안 좋아진다. 이러한 공동체 파괴 현상이 굴업도에도 없지는 않았다. 그 배경에는 유치하고자 하는 단체나 사람들을 배후 조종하는 정부기관과 경찰이 있었다. 주민공동체는 찬반으로 나뉘어서 파괴되고 심지어 주민을 이용한 민간사찰까지 일어나며 극심한 불신과 불편한 관계가 만들어지기도 하였다.

당시 굴업도 핵폐기장 반대 운동은 덕적본도와 인근 섬에 사는 주민 총 6백여 명 중 4백여 명이 생계를 팽개치고 섬을 빠져나와 싸웠던 투쟁이다. 핵폐기장 반대 투쟁으로 덕적도 주민들 사이 갈등이 깊어지고 찬성과 반대로 나뉜 두 갈래의 주민들은 지금도 한마을에 살면서 서로 이야기도 하지 않는다. 찬성하는 사람들은 그리 많지 않다. 당초 정부발표에서 찬성이 70%라고 했지만 이는 터무니 없는 것으로 드러났다. 찬성하는 사람은 40여 명에 불과하나 찬성하는 사람들은 '고향 팔아먹는 놈'이라는 비난을 받아야 했으며 한 마을에서 같이 살아온 사람들에게 깊은 상처를 서로 안겨주었다.[11]

굴업도는 태풍으로 파도가 쓸고 간 그 자리에 다시 핵폐기장 부지선정이라는 정부 정책에 의한 파도가 높게 쓸고 지나갔다. 다시 잠잠해진 보석 같은 섬 굴업도에 우리는 평화를 기원하였다.

4) 핵폐기장 넘어 골프장 그리고 해상풍력발전소

1994년 김영삼 정부의 원자력위원회가 섬 주민이 소수라서 주민의 반발이 수월할 것이라는 판단으로 선정하였던 굴업도 핵폐기장이 덕적면 주민들과 인천시민, 시민사회단체 그리고 학생들의 건설반대 싸움으로 결국 무산되었다.

---

11) 안선웅, 〈르뽀〉 굴업도 핵폐기장 부지선정 이후.. 황해문화, 새얼문화재단, 1995, 278~287쪽.

당시 정부의 무리한 사업 추진으로 굴업도와 덕적도 주민, 대학생과 시민사회단체 간부들의 구속 등 엄청난 저항과 환경전문가와 환경단체가 핵폐기장이 들어설 굴업도에 활성단층이 있어서 부지가 적합하지 않다는 주장이 받아들여지면서 정부는 굴업도 핵폐기장 백지화를 선언하였다.

정부의 무리한 핵폐기장 신설과 백지화 선언으로 풍랑을 겪었던 굴업도가 다시 CJ그룹이라는 대기업이 섬을 개발하면서 골프장과 레저시설로 만들겠다고 하여 다시 섬 주민들은 찬반으로 갈라서야 했다.

핵폐기장의 찬반은 불편한 주민 갈등의 수준이었다면 CJ의 굴업도 개발에 대한 찬반은 팽팽한 찬반으로 나뉘면서 주민 간 갈등은 매우 심각했다. 이는 섬 주민과 지역사회가 함께 만들어 낸 핵폐기장 부지선정 철회 이후 굴업도에 대한 지역사회의 관심이 느슨해지면서 굴업도 개발은 주민들에게는 숙원사업이었는데 지역사회는 주민과 제때 소통하지 못했다. 늦었지만 굴업도를 주민의 섬, 시민의 섬으로 거듭날 수 있도록 지역사회가 관심을 모아 대안을 세워야 할 것이다.

CJ그룹의 계열사인 'C&I 레저산업(주)'은 2005년부터 굴업도 땅을 매

〈그림 5〉 주민들의 상반된 입장

자료: 2009.12.02. 『경인일보』 환경단체들의 개발반대 기자회견 　　자료: 2012.01.10. KNS 뉴스통신 개발을 찬성하는 주민 기자회견

입하기 시작했다. 당시 굴업도 임야는 3.3㎡(1평)당 2만~10만 원에 불과
했지만, 'C&I 레저산업(주)'은 빠른 사업 추진을 위해 3.3㎡당 25만 원
이상을 주고 매입했다. 'C&I 레저산업(주)'은 2007년 5월 굴업도에 18홀
골프장과 관광호텔을 신설하는 '오션파크(Ocean Park)' 사업 제안서를 옹
진군에 제출했다. CJ 측은 2014년 인천 아시안게임 개막 이전인 2013년
까지 해양리조트 마리나·해수욕장·숙박시설·워터파크·골프장 등을
개설하고 여기에 들어가는 3,900억 원의 투자비를 골프장과 콘도 분양
권 판매로 회수하겠다는 계획이었다.[12) 그러나 'C&I 레저산업(주)'은 인
천광역시 덕적면 굴업도의 토지 172만6천㎡(굴업도 전체의 약 98.5%)를 구
입하고, 'Ocean Park 관광단지' 개발계획을 수립하여 2009년 인천시에
관광단지 지정을 신청하였다. 굴업도에 골프장(18홀), 콘도미니엄, 호텔,
생태 학습장 등을 조성하여 대규모 해양관광단지를 조성한다는 개발계
획은 민선5기 송영길 시장 시절 환경훼손 우려가 있다며 골프장 건설
계획을 불허했다. 인천시는 대신 골프장 대신 숙박시설 등 사업규모를
축소해 자연 훼손 면적을 최대한 줄이는 방식으로 굴업도를 개발한다면
사업계획을 승인할 수 있다는 조건을 달았다. 하지만 'C&I 레저산업(주)'
은 결국 골프장을 제외한 관광단지는 사업성이 떨어진다고 보고 2010년
6월 관광단지 지정 신청서를 자진 취소했다.

  2011년 골프장 크기를 축소 수정하여 재신청하였으나, 인천시는 2011
년 11월 28일 최종적으로 골프장 조성을 제외한 굴업도 개발계획을 승인
하였다.[13)

---

12) 『인천투데이』 기사, 2009년 9월 7일자, 「최고 비경 간직한 굴업도, 골프장 추진으로
    '위태 위태'」.
13) 정진원·김천권, 「굴업도 Ocean Park 관광단지 개발에 관한 설문조사 분석 ─인천광역

그러나 'C&I 레저산업(주)'은 2014년 드디어 CJ그룹이 굴업도 골프장 개발사업을 철회했다. 7월 23일 CJ그룹 계열사 C&I 레저산업(주)은 보도자료를 통해 이 같은 내용을 공개, 골프장 건설을 뺀 관광단지로 조성하겠다고 발표했다.

'C&I 레저산업(주)'은 철회 발표문에서 "굴업도에 오션파크(해양공원) 관광단지를 조성해 지역경제를 활성화하고 건전한 여가 문화공간을 마련하려고 노력했지만, 관광단지 내 골프장 조성 계획으로 인한 사회적 갈등이 발생했다"며 "굴업도 내 골프장 사업계획을 전면 철회하겠다"고 밝혔다. 그러나 'C&I 레저산업(주)'은 철회는 했지만 매입한 부지에 대한 언급은 없었다.

굴업도는 '한국의 갈라파고스'라 불리는 천혜의 섬이다. 아름다운 섬, 지질과 생태가 살아 있는 섬 굴업도에 민간 대기업 'C&I 레저산업(주)'는 다시 해상풍력발전사업을 신청하여 또다시 격렬한 찬반 대립이 예상되고 있다.

산업자원통상부는 'C&I 레저산업(주)'이 신청한 해상풍력발전사업을 2020년 9월 22일 허가했다. 이 사업은 굴업도 서쪽 해상에 2024년 2월까지 233.5MW 규모의 해상풍력발전소(5.56MW 발전기 42기)를 설치하는 것이다. 연간 발전량 55만 3196Mwh 규모이다.

2020년 3월에 개정된 해양환경관리법은 9월 25일 시행을 앞두고 있었다. 이 법이 통과되어 효력이 발생하기 3일 전에 허가가 이루어진 것이다. 누가 봐도 행정에서 안정성을 확보하기 위해 법 시행 이후로 미루어야 할 사안을 오히려 앞당겨 허가를 내주었다. 이 법에 따르면 'C&I 레저산업(주)'의 해상풍력발전사업은 '해역에 대한 영향평가'를 받아야 한다.

'한국수산산업총연합회' 등 어업인들은 8월 25일 일방적인 해상풍력발전소 건립에 반대하는 결의문을 채택하고 서명운동에 돌입해 50여만 명의 서명을 받았다. 해상풍력발전사업의 절차적 정당성 문제는 전남, 전북, 인천 등 전국적 문제로 비화하고 있다.

인천에서도 반대 운동이 본격화됐다. 섬 주민과 어민들, 시민단체들이 '인천 해상풍력발전 대책위원회(준)'을 발족했다. 대책위는 성명에서 "굴업도는 주민, 시민, 학계, 시민단체, 법조계, 종교계 등 지역사회가 핵으로부터 인천의 바다를 지킨 역사가 있는 곳이다. 그런 굴업도 바다에 지역사회와 협의도 없이 여의도 면적의 12배도 넘는 해상풍력발전단지를 설치하는 것을 우리는 결코 좌시하지 않을 것이다. 아울러 덕적도, 초치도 남동발전 해상풍력발전사업도 인천시 비호 아래 일방적으로 추진한다면, 이 역시 강력히 대응할 것"이라고 밝혔다.'[14]고 한다.

굴업도라는 작은 섬은 또 무슨 일이 일어날지 모른다. 굴업도가 어민들과 주민이 만들어가는 아름다운 섬 그리고 자연과 환경이 보존되는 섬으로 개발되어 평화가 지속되기를 기대해 본다.

3. 평화를 기원하며

굴업도는 참으로 아름다운 섬이다. 아름다운 섬의 주인이 주민이 되어야 하는데 굴업도는 2006년 CJ그룹이 매입해 현재 98.5% 대기업 소유의

---

14) 『인천투데이』, 2020년 11월 13일 자, [신규철 칼럼] 「굴업도 해상풍력 허가는 CJ그룹 4세 위한 특혜(?)」.

땅이 되어 있다. 생태학적으로 보존가치가 높고 지질학적으로 가치가 있는 섬이 대기업의 사적 이익을 위한 도구로 전락한다면 안타까운 일이다. 따라서 누구나 이용할 수 있는 생태 섬으로 보존하고 누구나 이용하는 시민의 섬이 되어야 한다.

굴업도는 구로읍도(鷗鷺泣島)라 하여 '고려의 충신들이 이 섬으로 도망가자 갈매기와 백로조차 울고 갔다'는 전설에서 나온 지명이며 굴압도(屈鴨島)는 굽힐 굴(屈)에 오리 압(鴨)으로 굴압도라는 명칭은 '대동지지'에 덕적도진조의 지형이 물 위에 구부리고 떠 있는 오리의 모양 같다고 하여 지어진 지명이다. 굴업도(屈業島)는 굽힐 굴(屈) 일 업(業)으로 '대동여지도(大東與地圖)'와 '청구도(靑邱圖)' 등에 사람이 엎드려서 일하는 모양을 굴업도라 하였고 굴업도(掘業島)는 팔 굴(掘)자와 일 업(業)으로 이는 1914년쯤부터 사용했던 지명이다.

굴업도는 역사적으로 고려 충신들의 유배지였고, 서해안의 민어파시가 열릴 정도로 해산물의 어획량이 많았던 섬이다. 1920년대 엄청난 태풍이 몰아치면서 민어파시의 시장은 덕적도 북리로 옮겨지면서 굴업도에서 사람들이 서서히 빠져나갔다.

굴업도는 1920년 전후 민어어장이 발견되면서 전국 각지에서 어선들이 몰려들어 파시가 형성되어 이를 '민어파시'라고 하였으며 굴업도 바다는 연평도, 백령도, 대청도 등과 함께 인천의 대표적인 어장으로 덕적군도 최초의 어업 근거지였다. 장수리(목기미사주)에 파시가 형성되었으며 목금이 마을, 장수리, 작은 마을에 임시가옥이 가득하였으며 목기미 너머 바다에 민어잡이 중선이 200여 척 정도 모여들었고 외지 상인들이 들어와 음식점 등 다양한 점포들이 들어섰다.

1920년대 민어파시가 열릴 때면 1,000명이 넘는 사람들이 굴업도에

있어서 살인사건 등 사건 사고가 많아 인천의 순사와 의사가 파견되기도
하였다. 당시 언론기사를 살펴보면 1925년 6월 25일 자 '굴업도 파시'
기사에 3개월 동안 어부와 음식점, 매소부 등을 합하면 3천여 명이 굴업
도에 있었던 것으로 파악되며 1927년에도 어부 500~600명과 상인 500
여 명 등 모두 1천여 명이 파시를 형성하였다고 전해진다. 이후 덕적도
북리의 축항 공사가 완료되면서 굴업도 민어파시는 규모가 작아졌다.

굴업도의 인구가 1920년대는 500여 명에 달했고 1945년 8·15 해방 때는
6가구가 있었다고 하고 1952년에는 피난민의 유입으로 23가구가 있었다
고 한다. 1972년에는 78명이 있었으나 1994년 핵폐기장 지정고시 때는
9명이 살았고 그 후 2000년대 들어와서는 30명 내외의 인구가 살고 있다.

아래의 그래프에서 나타난 것처럼 덕적면 섬들의 인구 변화는 여타
섬들과 비슷한 퍼포먼스로 나타나고 있는 것으로 확인되었다.

〈그림 6〉 덕적면의 유인도별 인구추이 데이터 가공

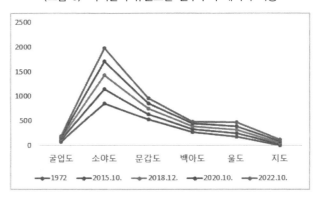

1994년 굴업도에 핵폐기장 반대 투쟁은 굴업도를 비롯한 덕적군도 주
민 중심으로 인천의 시민단체 환경단체, 지역의 대학생 등 인천지역의

주민이 함께한 투쟁이라서 더 의미가 깊다. 투쟁 승리 후에도 굴업도를 지키기 위한 활동이 계속되고 있다.

핵폐기장 반대 투쟁 당시만 해도 주민 간 갈등은 있었지만, 찬반이 대등하기보다는 반대가 압도적으로 많아서 주민 간 큰 문제가 되지는 않았다. 그러나 CJ의 굴업도 개발은 찬반이 팽팽히 갈리면서 주민 간 갈등이 매우 심했다. 핵폐기장 당시 9명이 살고 있던 굴업도에 이제 30여 명이 사는 섬이 되었다.

핵폐기장 계획이 철회되고 난 뒤에도 CJ기업의 골프장과 초대형 리조트 건설계획에 이은 해상풍력발전소 건설계획으로 섬은 다시 몸살을 앓았다. 굴업도의 유래 중 '사람이 엎드려서 일하는 모양을 굴업도'라 하였다고 했는데 그래서였을까 굴업도의 근현대사는 참 피곤하다.

CJ그룹은 굴업도에 골프장과 리조트 관광개발을 위해 98.5% 땅을 사들였고 골프장은 개머리초원, 큰말 뒷산으로 리조트는 큰마을, 작은마을, 장수리에 요트계류장은 선착장에 계획하고 있었다. C&I 레저산업 (주)는 CJ그룹이 페이퍼컴퍼니를 설립하여 섬 하나를 통째로 사들이고 개발하려 했던 굴업도 개발사업이다. CJ그룹이 2006년을 전후하여 자회사로 설립하였고 이 회사는 회장과 자녀 2명의 지분이 100%로 패밀리기업이자 페이퍼컴퍼니이다. C&I 레저산업(주)은 굴업도 땅을 비밀리에 매입하는 과정에는 CJ 비자금이 투입됐다는 증언과 은행으로부터 200억 원을 빌릴 때 CJ그룹 회장이 보증을 섰다는 소문 등 검찰이 CJ그룹의 비자금 관련 수사를 하면서 굴업도 개발이 중단되기도 하였으나 최근 굴업도에 해상풍력발전소 건설로 다시 시끄러워지면서 굴업도는 참 고단한 섬이 되어가고 있다.

굴업도에는 전 세계에 1만 마리 정도만 남아 있는 멸종 위기종 검은머리물떼새와 천연기념물인 황새, 황구렁이, 먹구렁이가 서식하고 있다. 천연기념물 323호이자 환경부 지정 멸종위기 야생 동·식물과 1급인 매도 관찰되기도 하며 또한 아열대성 식물과 아한대성 식물이 공존하고 있는 특이한 식물군락을 갖고 있다.

굴업도의 지질은 중생대 백악기 말 9,000만 년 전의 화산활동으로 만들어진 섬이며 지질은 화산각력암층인 유천층군과 주로 산성 화산암류인 응회암질 암석이며 응회암 하부에 집괴암으로 화강암, 편마암, 편암, 화산암 등을 다양하게 포함하고 있다.

섬은 오랜 세월 무인고도로 남아 있어 희귀한 지형의 원시 모습을 간직하고 있다. 굴업도의 지형으로 해식애(海蝕崖), 해식와(海蝕窪, notch), 해안단구(海岸段丘), 코끼리바위(sea stack), 해빈(beach)과 육계사주, 사구가 있고 고도가 낮은 산으로 덕물산, 연평산 그리고 개머리초원이 있다.

생물학자에게는 한국의 갈라파고스라고 하고 지질학자에게 굴업도는 지질학 교과서라고 한다.

굴업도는 고기잡이를 주업으로 60년대는 땅콩으로, 80년대 후반부터 낚시 관광객들에게 고깃배를 빌려주거나 사슴, 흑염소 등을 사육하며 생계를 이어왔다.

여성들은 고운 백사장 너머 푸른 바다 바위틈에 지천으로 널려있는 굴을 따는 일로 고달픈 섬 생활 속에서도 평화롭게 살아왔다. 조그만 섬 굴업도는 남섬과 북섬이 백사장으로 이뤄져 있으며 3개의 해수욕장이 있고 전체 면적의 60%가 40미터 이하의 평지로 이루어져 있고 자연경관이 아름답고 잘 보존되어 있다.

굴업도는 일출도 일몰처럼 환상적이며 서해안에서 일출을 볼 수 있는 곳이기도 하다. 아름다운 해변, 고운 모래와 어우러진 해안선, 평원을 뛰노는 꽃사슴, 하늘을 나는 송골매 등 우리는 굴업도에서 마음의 평화를 느낀다. 섬을 핵폐기장으로부터 지켜냈던 사람들과 오랜 시간 동안 우여곡절을 겪은 사람들 역사가 녹아있는 섬, 하늘이 내린 아름다운 섬 굴업도는 우리가 지켜야 할 보석 같은 섬이다.

굴업도는 민어파시, 핵폐기장 등 많은 사람의 이해관계가 연결된 섬이다. 이런 섬에 리조트와 골프장 등이 개발되어 소수의 사람만 이용하는 섬이 아니라 인천시민 누구라도 찾아가는 섬으로 보존되어야 한다.

많은 사람의 기억과 추억이 살아 있는 생태 섬으로, 지속가능한 평화가 찾아오기를 기원해 본다.

참고문헌

【소정방을 통해 보는 동아시아 접경성의 연결고리, 덕적도】

『삼국사기』
『삼국유사』
『輿地圖書』
『大東地志』
『고려사절요』
『仁川府邑誌』
『구당서』
『신당서』
『資治通鑑』
『일본서기』
(譯註) 仁川島嶼地域의 地誌資料

강봉룡, 『바다에 새겨진 한국사』, 한얼미디어, 2005.
_____, 「바다로 보는 한국사」, 『역사학보』, 역사학회, 2016.
_____, 『바닷길로 찾아가는 한국고대사』, 경인문화사, 2016.
_____, 「새만금 바다', 고대 동아시아의 해양 허브」, 『한국학논총』 50, 국민대 한
        국학연구소, 2018.
강석화 역주, 『譯註 덕적도 고문서 자료집』, 인천광역시역사자료관, 2011.
고경석, 「신라의 對中 해상교통로 연구-중부횡단항로와 남부사단항로 개설 시기
        를 중심으로-」, 『新羅史學報』 21, 2011.
고석규, 「설군 논의를 통해 본 조선후기 섬의 변화」, 『도서문화』 15, 목포대 도서문

화연구소, 1997.

권덕영, 「황해 개척과 진출」, 『신라의 바다 황해』, 일조각, 2012.

김광현, 『덕적도사』, 덕적도사편찬위원회, 1985.

김경옥, 『수군진-물고기 비늘처럼 설치하라-』, 민속원, 2019.

김영관, 「나당연합군의 백제공격로와 금강」, 『백제와 금강』, 서경문화사, 2007.

김용만, 「2次 高句麗·唐 戰爭(661~662)의 進行 過程과 意義」, 『民族文化』 27, 2004.

노중국, 『백제부흥운동사』, 일조각, 2003.

문안식, 「백제의 동아시아 해상교통로와 기항지」, 『사학연구』 119, 2015.

박노석, 「백제 황산벌 전투와 멸망 과정의 재조명」, 『인문과학연구』 27, 2010.

박순발, 「백제의 해상 교통과 기항지-對 中國 航路를 중심으로-」, 『百濟學報』 16, 2016.

윤명철, 「고구려 해양교섭사 연구」, 성균관대학교박사학위논문, 1993.

이상훈, 「나당연합군의 군사전략과 백제 멸망」, 『역사와 실학』 59, 2016.

_____, 「백제멸망기 신라 수군의 성격과 역할」, 『한국고대사탐구』 27, 한국고대 사탐구학회, 2017.

이재준, 『백제멸망과 부흥전쟁사』, 景仁文化社, 2017.

李昊榮, 「三國統合戰爭의 展開」, 『新訂 新羅三國統合과 麗濟敗亡原因研究』, 書景文 化社, 2001.

임기환, 「삼국의 각축과 통일전쟁의 격화」, 『한국군사사2 고대Ⅱ』, 육군본부, 2012.

임학성, 「19세기 서해 設鎭 도서지역의 호적자료를 통해서 본 戶政 및 주민의 특성- 국사편찬위원회 소장 德積島 안동김씨가의 準戶口를 중심으로-」, 『인하사 학』 10, 인하대 인하사학회, 2003.

_____, 「조선전기 경기 도서지역의 공간인식 변화-국영목장 설치(조선 전기)에 서 수군진 설치(조선 후기)로-」, 『도서문화』 43, 목포대 도서문화연구원, 2014.

_____, 「조선 후기 경기 도서지역의 수군진 설치와 주민 생활 양태-水軍防禦營이 설치된 永宗島의 호족자료 분석 사례-」, 『역사민속학』 57, 한국역사민속

학회, 2019.

정수일 편, 『해상실크로드사전』, 창비, 2014.

_____, 「동북아 海路考－羅唐해로와 麗末해로를 중심으로－」, 『문명교류연구 2』, 한국문명교류연구소, 2011.

정진술, 『한국의 고대 해상교통로』, 韓國海洋戰略研究所, 2009.

洪思俊, 「炭峴考」, 『歷史學報』 35·36합집, 1967.

【20세기 후반 이후 덕적면 섬마을 공동체의 변화와 최분도의 활동】

『인천일보』

『한국일보』

『경향신문』

김옥경, 『가거라 내가 너를 보낸다 : 서해의 빛나는 별 최분도 신부』, 다인아트, 2016.

김의기·송은호·이세기·장정구·조강희·최인숙·허선규 대담, 양재훈 정리, 「덕적도 좌담회」, 『덕적도』, 민속원, 2016.

남승균, 「격랑의 섬, 다시 찾은 굴업도」, 『인천 연안 도서지역 주민들의 삶과 공동체 : 덕적면 자월면을 중심으로』, 보고사, 2023.

덕적도사편찬위원회 편, 『덕적도사(德積島史)』 1985.9 발행

백정미, 「덕적면과 자월면의 행정구역과 인구」, 『인천 연안 도서지역 주민들의 삶과 공동체 : 덕적면 자월면을 중심으로』, 보고사, 2023.

서재송 구술, 윤진현 교열 정리, 『옆에서 함께 한 90년 : 서재송(徐載松)』, 도서출판 다인아트, 2018.

윤상호, 「도서지역의 개발계획연구－덕적도를 사례로－」, 『한국지역개발학회지』 제12권2호, 한국지역개발학회, 2000.

이세기, 「섬사람 최분도 신부」, 『덕적도』, 민속원, 2016.

장정구, 「덕적도의 생태 르포」, 『덕적도』, 민속원, 2016.

조강희, 「덕적주민의 굴업도 핵폐기장 반대운동」, 『덕적도』, 민속원, 2016.

홍재상, 「대이작도와 풀등의 조간대 저서환경과 해양 저서동물상」, 『대이작도·소
　　이작도』, 황해섬네트워크, 2022.

【설화로 보는 주민의 삶과 공동체】

김창수, 「인천 해양설화의 콘텐츠화 방안연구」, 인천발전연구원 연구보고서, 201

남동걸, 「인천지역 설화를 통해 본 인천의 지역성 탐색」, 『인천학연구』 제25집,
　　인천학연구원, 2016.

옹진군지편찬위원회, 『옹진군지』, 옹진군, 1990,

이훈익, 『인천지방향토사담』, 인천지방향토사연구소, 1990.

인천광역시, 『인천의지명유래』, 인천광역시, 1998.

인천대 국어국문학과 편, 「서해도서 구비전승 자료조사 – 인천시 옹진군 덕적면·영
　　흥면 일원-」, 보고서, 2008.

조석래, 「떠내려 온 섬 전설 연구」, 『한국 이야기 문학 연구』, 학문사, 1993.

최래옥, 『한국구비전설의 연구』, 일조각, 1981.

옹진군청 홈페이지

【근대문학으로 찾아보는 덕적군도】

김영언, 『아무도 주워 가지 않는 세월』, 내일을여는책, 2002.

유민영 편, 『함세덕희곡선』, 새문사, 1989.

유홍렬, 「민족 해외활동의 요지이던 덕적도」, 『신천지』 제5권 제6호, 1950년 6월호.

이세기, 『먹염바다』, 실천문학사, 2005.

_____, 『서쪽이 빛난다』, 실천문학사, 2020.

_____, 『언손』, 창비, 2010.

이원규, 『깊고 긴 골짜기』, 고려원, 1991.

이원규, 『황해』, 한국예술사, 1990.

장석남, 『새떼들에게로의 망명』, 문학과지성사, 1991.

함세덕, 「무의도기행」, 『인문평론』 1941년 3월호.

『작고인천문인선집』 2-소설, 한국문인협회인천광역시지회, 2009.

김장호, 「서해도서지방 민요교」, 『기전문화연구』 2집, 경인교대 기전문화연구소, 1973.

오양호, 「인천의 현대사와 그 복원-이원규의 『황해』에 나타나는 해방전후기의 인천」, 『인천학연구』 4, 인천대 인천학연구원, 2005. 2.

오양호·양승모, 「한국 현대 서사문학에 나타나는 인천-이원규의 『황해』를 중심으로」, 『인천학연구』 25, 인천대 인천학연구원, 2016. 8.

이영태, 「팔경의 전통과 덕적팔경의 독법」, 『덕적도』 인천섬연구총서 2, 민속원, 2016.

이희환, 『만인의 섬 굴업도』, 도서출판 작가들, 2012.

『옹진군지』 상-역사와 민속, 옹진군지편찬위원회, 2010.

【덕적면과 자월면의 행정구역과 인구】

공간정보의 구축 및 관리 등에 관한 법률 시행령(대통령령 제33047호).

광역시·도간 관할구역변경 등에 관한 법률(법률 제4802호).

국가기록원 기록정보서비스, https://www.archives.go.kr/next/viewMain.do.

국가법령정보센터, http://www.law.go.kr.

국가통계포털, http://kosis.kr.

국토지리정보원, 『대한민국 국가지도집 1』, 2019, http://nationalatlas.ngii.go.kr/.

김대욱·금창호, 2019. 「읍면동 법적지위 전환문제 개선방안 연구」, 『지방행정연구』 제33권 제2호, 2019, 33~52쪽.

김병국·금창호·권오철, 「지방자치(행정)체제의 개편방안: 지방행정체층과 행정구역 개편대안을 중심으로」, 한국지방행정연구원 연구보고서, 1999.

김종표, 「지방행정구역개편의 과제와 전략」, 『지방행정연구』 제8권 제2호, 1993.

김찬동, 「서울시 행정구역 및 계층의 합리화 방안」, 『서울연구포커스』 56호, 2006, 10~23쪽.

나승만·신순호·조경란·이경엽·김준·홍순일, 『해양생태와 해양문화』, 서울: 경인문화사, 2007.

독도 등 도서지역의 생태계 보전에 관한 특별법.

무인도서통계, http://uii.mof.go.kr/UII/mn/mng_card/stat.do.

부천군 영흥면 자월출장소 설치조례(조례 제 137호).

시군구읍면의 관할구역변경 및 면설치 등에 관한 규정(대통령령 제11027호).

시설치와 군의 폐치분합에 관한 법률(법률 제2597호).

오희환·김익식, 「지방행정구역 개편방향에 관한 연구」, 한국지방행정연구원 연구보고서, 1994.

옹진군, 『옹진군지』 2편, 4편, https://www.ongjin.go.kr.

_____, 『기본통계연보』, 각년도, https://www.ongjin.go.kr/open_content/main/administration/data/statistic.jsp.

옹진군 홈페이지, https://www.ongjin.go.kr.

옹진군 리 명칭과 이장 정수 등에 관한 조례(인천광역시옹진군조례 제2255호).

우종덕, 「행정구역 확대 논의의 타당성 검토」, 『지방행정연구』 제21권 제2호, 2007, 179~197쪽.

월간 섬, 「[박상건 시인의 '섬을 걷다'] 인천시 옹진군 자월면 승봉도」, 2020년 1월 14일자, http://www.sumlove.co.kr/newsView/isl202001140001.

_____, 「인천 덕적도에 대규모 해상낚시공원 조성」, 2022년 12월 13일자, http://www.sumlove.co.kr/newsView/isl202212130001.

위키피디아, http://ko.wikipedia.org.

인천광역시, 『인천의 지명유래』, 인천광역시: 대동사, 1998.

_____, 「제4차 도서종합개발계획 각 년도 추진계획」, 각년도(인천광역시 정보공개포털, https://www.incheon.go.kr/open/OPEN020501/2076809).

인천광역시 보도자료, 「인천시(옹진군), PAV 특별자유화구역 최종 선정」, 2021년 2월 14일자, http://incheon.go.kr.

_____, 『인천시, 32개 유인도 섬 발전 기본계획 마련』, 2022년 4월

15일자, https://www.incheon.go.kr/IC010205/view?repSeq=DOM_000
　　0000004560809.

인천광역시·해양수산부, 「인천 해양공간관리계획」, 2021.

인천일보, 「섬 안나가도 등본 뗄수 있게... 옹진군, 소규모 행정지원센터 짓기로」,
　　2021년 3월 22일자, https://www.incheonilbo.com/news/articleView.
　　html?idxno=1085329.

_____, 「귀어인 느는 옹진군, 정착 지원책 절실」, 2022년 7월 3일자, http://
　　www.incheonilbo.com/news/articleView.html?idxno=1151132

인천투데이, 「모래와 함께 사라져버린 덕적도와 자월도의 꿈」, 2015년 4월 29일자,
　　https://www.incheontoday.com/news/articleView.html?idxno=30849.

_____, 「인천해수청, 옹진군 선미도등대 2022년 무인화」, 2022년 1월 17일자,
　　https://www.incheontoday.com/news/articleView.html?idxno=214566.

_____, 「인천~덕적도 외곽 섬 직항선 2024년 상반기 투입」, 2022년 8월 25일자,
　　https://www.incheontoday.com/news/articleView.html?idxno=220896.

정지호·최지현·김찬웅·이혜영, 「무인도서 해양주권 강화와 이용 활성화를 위한
　　제도 개선방안」, 한국해양수산개발원 연구보고서, 2020.

조영재·윤정미·유학열·박경철·이관률·엄성준·김정하, 「과소화·고령화에 대응
　　한 '한계마을정책' 도입을 위한 기초연구」, 충남발전연구원, 2013.

중부일보, 「옹진군민 10년전에 비해 증가」, 2020년 6월 15일자, http://www.
　　joongboo.com/news/articleView.html?idxno=36289

지방자치법(법률 제32호, 법률 제583호, 법률 제4004호, 법률 제17893호).

지방자치법 시행령(대통령령 제32294호).

한국학중앙연구원, 『한국민족문화대백과사전』, http://encykorea.aks.ac.kr/.

행정안전부 고시 제2021-66호, 인구감소지역 지정고시.

행정안전부, 「지역공동체의 이해와 활성화」, 연구기관: 한국정책학회, 2017.

행정자치부. 『지방자치 20년사』, 서울: 동진문화사, 2015.

황익주·정규호·신명호·양영균,『한국의 도시 지역공동체는 어떻게 형성되는가』,
　　서울대학교출판문화원, 2017.

Hillery, George A. Jr., "Definitions of community: areas of agreement", *Rural Sociology*, Vol. 20, 1995, pp.111~123.

Ross, Murray G., *Community Organization: Theory and Practice*, New York: Harper and Row Publishers, 1967.

越智唯七, 新舊對照朝鮮全道府郡面里洞名稱一覽, 1917.

【격랑의 섬 굴업도, 다시 찾은 평화】

권동희, 「한국의 해안지형 연구성과와 과제」, 『한국지형학회지』 13(2), 2006.

김천권 외, 「도서지역 관광개발을 둘러싼 문제와 쟁점사항들 : 인천 굴업도 Ocean Park 관광단지개발을 중심으로」, 『한국도서연구』 제24권 제3호, 2012.

박종관, 「굴업도의 지질, 해안경관 특성 및 그 활용방안」, 『한국지형학회지』 제16권 제1회, 2009.

_____, 「굴업도의 지질 및 해안지형 특성 고찰:굴업도 남부를 중심으로」, 2008년 전국지리학대회 발표집, 2008.

안성웅, 「굴업도 핵폐기장 부지선정 이후....」, 1995.

오현경 외, 「인천 옹진 굴업도의 식물상과 비교사례 연구」, 『환경영향평가』 Vol 25, No 2, 2016.

이상영·이민부, 「해식과 파식에 의한 굴업도 해안지형의 변화」, 2008년 한국지형학회 동계학술대회 발표집, 2008.

이승기 외, 「굴업도의 생태환경의 특징과 자연생태계 보존방안에 관한 고찰」, 한국자연보호학회지, 2009.

이익환, 「굴업도 프로젝트의 추진 경험과 교훈」, 한국원자력산업회의, 1996.

이현민, 「핵폐기장 추진정책의 문제점-지역사례연구」, 민주사회와 정책연구 하반기(통권 10호), 2006.

전진석, 「핵폐기물 처리장 건설사업 정책의 변화에 관한 연구」, 지방정부연구, 제7권 제4호(겨울), 2003.

정진원·김천권, 「굴업도 Ocean Park 관광단지 개발에 관한 설문조사 분석 -인천광역시 전문가 집단을 대상으로」, 『한국도서연구』 V.25 NO4, 2013.

최연홍, 「방사성 폐기물 처분장을 둘러싼 님비의 해석과 분석」, 원자력산업 1월
논단, 2000.

〈포탈사이트 검색〉

『굿모닝 인천』, 『기호일보』, 네이버 뉴스 라이버러리, 『인천in』, 『인천투데이』,
KNS뉴스통신 프레시안, 신문한국섬선교회 홈페이지

통계청, 공공데이터

ㄱ

각흘도 145

갈라파고스 266, 287, 292

개머리언덕 266

개발가능무인도서 229, 230, 235

개발대상섬 227

갯텃길 111, 112, 119

검은머리물떼새 266, 291

京畿道各府郡面東里町名調査書 222

경기도 수산회(水産會) 59, 67

경제공동체 126

경제적 존재 213

계층 211

고기잡이 부부의 한 161

고령화 214, 257

고령화 현상 243

고령화율 243, 256

고양이산 139

골재채취예정지 237

골프장 13, 204, 284~287, 291, 293

공간적 현황 215

공간환경계획 258

공깃돌 바위 170

공덕비 49, 129

공동체 209, 279, 283

공동체 정신 130

공립 소규모 노인요양원 126

관리유형 235

「광역시·도간 관할구역변경 등에 관한 법률」 219

괭이산 136, 139, 169

구당서 39, 42

구로읍도 173, 264, 265, 289

구역 210, 211

국가기록원 214

국수봉 108, 136, 137, 150

국수봉의 불사약 136, 168

국유지 230

굴도부흥 273

굴업도(堀業島) 57, 59, 66, 84, 93, 99, 101~103, 109, 130, 261~293

「굴업도」 204

굴업도전멸 269

굴업도 핵폐기장 130

굴업도 핵폐기장 반대운동 48

굴업리 218

귀넘이산 139

귀넘이산굴 136

「귀선가(歸船歌)」 178, 179

기능적 지역사회 209, 210

기록정보서비스 214

기후위기시대 130

김 양식장 93

김법민 31, 42

김영언 201

김옥경 51, 52

김인문 22, 24, 26, 36

김창흡(金昌洽) 189, 190

김춘추 25, 33, 34

ㄴ

나당군사동맹 21, 34, 35

나당동맹 26

나당연합군 20, 38, 39, 41, 44

나당전쟁 18, 44

낙화생(落花生) 275

남천정 20, 21, 28, 29, 31, 32

노인의 비중 116

노인인구 239

노인인구비율 244

노인인구수 244, 256

노치(Norch) 266

농가가구 247, 250, 251, 257

농가인구 247, 250, 251, 257

농업 247

누이바위 153, 154

ㄷ

닭우리 159

당 고종 21, 24, 26, 28, 34, 36

당 태종 26, 27, 28, 30, 31, 33, 34, 43

대·소이작도 134

대이작도 99, 101, 112, 118

덕물도(德勿島) 19~23, 26, 31~33, 35~
    38, 40~43, 261

덕우회(德友會) 49, 56, 58

『덕우회보』 49, 87

덕적 119, 125

덕적고 야구부 115

덕적고등학교 115

덕적군도 56, 59, 62, 78, 101, 110, 112,
    126, 129, 134, 135, 142, 148, 150, 151,
    155, 157, 218

덕적도 17, 20, 21, 25, 33, 35, 40~42,
    44, 45, 47~50, 54, 56, 58~60, 64, 66,
    71, 72, 75, 76, 80, 82, 83, 92, 95, 99,
    101, 102, 104, 105, 107, 109, 110, 112~
    117, 119, 121, 122, 125, 126, 128~130,
    225

『덕적도』 53, 59, 60

덕적도 공소 86

덕적도 본당 49, 53, 77, 88

「덕적도 시」 198, 199

덕적도 요양원 126

「덕적도의 코신부」 52

덕적도 전기조합 54, 93

덕적도 좌담회 53, 55, 97, 129

덕적도진(德積島鎭)조 263, 289

덕적도 충혼탑 104

덕적면 47, 62, 64~66, 77, 97, 101, 102, 105, 112, 113, 115, 117, 118, 121~124, 126, 127, 130

덕적면 공동체 48

덕적면 면사무소 123

덕적면 살림공동체 48

덕적면 서포리 77

德積面 西浦理 原圖 223

덕적면 섬마을 공동체 128

덕적면 어촌계 126

덕적 본당 94, 129

덕적 본도 104

덕적 삼보 120

「덕적아리랑」 179, 180

덕적 자월면 128

「덕적팔경」 175

덕적항 108

도서의 규모 여건 104

도의 위치·관할 구역변경 및 부·군의 명칭·위치·관할 구역 변경에 관한 규정 218, 219

독강 60

독도 등 도서지역의 생태계 보전에 관한 특별법 226

동림포구 155

동아시아대전 18, 20, 44

두류 276

등록어선 249, 250, 257

등주항로 150, 157

땅콩 266, 268, 275~279, 292

ㄹ

래주(성산) 22, 25, 36, 43

레저산업 285, 286, 287, 291

리(理) 215, 216

리아스식 266

ㅁ

마귀할멈의 공기돌 161

마을 217, 254, 257

마을(행정리) 251

마음안심버스 115

말 바위 142

말바위 설화 144

말바위 전설 156, 165

망구할매 설화 152

「먹염바다」 202, 203

면(面) 215

모래 채취 101

모래톱 265

목섬 108

목장용지 255

무열왕 31, 37, 42

무의 125

「무의도기행(舞衣島紀行)」 184, 187

무이자 96

무인고도 265, 269, 279, 292

무인도 225, 226, 230, 235, 255

무인도서 227, 229, 232

무인도서의 보전 및 관리에 관한 법률 226, 229

무인도서종합관리계획 229

문갑도 60, 76, 109, 120, 125, 126, 143, 145
문갑도의 팔선녀굴 159
문갑리(文甲里) 62, 142, 218
민어파시 59, 61, 268~272, 274, 275, 279, 289, 290, 293
「민족 해외활동의 요지이던 덕적도」 176

ㅂ

「바디소리」 194, 195
바다의 별 50, 54, 75~77, 113, 114
「바람과 섬」 192
바위 설화 152, 156, 157
밧지름해변 120
방사성 280
밭지름 해수욕장 107
「배치기노래」 177
백아도 56, 59, 76, 84, 109, 112, 145, 168
백아리(白牙里) 62, 218
백악기 265, 267, 292
벌안해변 119
법민 21, 22, 35, 36, 38, 39, 40, 43
법적·행정적 개념 210
법정리 215, 216, 255
벼락바위 155, 170
병원선 54
복자 병원 78
복자 유 베드로 병원 49, 53, 54, 77, 113
복자 유 베드로 종합병원 50
부군면 통폐합(府郡面 統廢合) 216, 218, 220
부사암(婦死岩) 155
부지선정 284, 285
부채바위 112
부천군 영흥면 자월출장소 설치조례 219, 220
북리(北里) 61, 67, 80, 107, 137, 218, 262, 270, 272~274, 279, 289, 290
북리항 67
분도유치원 54, 93, 94
뻐꾹산 전설 166

ㅅ

사망건수 239
사빈 267, 268
사유지 230
사회적 존재 213
「산야소리」 176, 177, 178, 179
산 이동 설화 145, 156, 157
「산허구리」 183, 184
살림공동체 92, 129, 130
『삼국사기』 35, 38, 39, 41, 151
『삼국유사』 35, 145
삼신샘 167
삼신우물 167
3·1독립운동 기념탑 120
3·1운동 기념비 104
새우잡이 60
생물적 존재 213
생태 환경보존 130
생활공간 214

생활권 216

「서낭당재」 180, 181

서울특별시 광진구 등 9개 자치구설치 및 특별시·광역시·도간 관할구역변경등에관한법률 221

서재송 52, 53, 60

서포2리 50

서포리(西浦里) 49, 53, 62, 65, 68, 69, 79, 80, 97, 104, 107, 137

서포리 간척지 56, 88

서포리 해수욕장 68, 101

서해 북부 연안항로 24, 25

서해 연안해로 19

서해 중부 횡단항로 23~26

석주명(石宙明) 176

석축 101

선감도 220, 255

선갑도 57, 145, 146, 150, 218, 229, 230

선단여 153, 154

선단여 바위 164

선대바위 169

선대암 164

선돌바위 전설 156, 163

선미도(善尾島) 66, 67, 229, 230

선주 82

설인귀 42

섬 261~269, 271, 275~277, 279, 282~285, 287~293

섬 개조 운동 54

섬 개혁운동 55

섬 공동체 55

「섬발전축진법」 226

섬마을 개혁공동체 129

섬마을 공동체 47

섬 홍보 119

성당마을 96

성별 256

성별구조 240

세대수 235, 236, 237, 251, 253

소멸고위험지역 244

「소상팔경도(瀟湘八景圖)」 174

소애포(小艾浦) 59, 66, 67

소야도 40, 41, 107, 122, 140~142, 144, 150, 151

소야리(蘇爺里) 62, 218

소이작도 112, 118, 119

소정방 17, 20~23, 31~44, 137, 147, 150, 151

소정방군 38

소정방님 40

소정방 해로 20, 32, 33

손인사 20, 32, 33, 41, 42

송정 해변 69

숙의경청회(熟議傾聽會) 125, 128

승봉도 64, 112, 118, 218, 255

승봉리(昇鳳里) 62, 68, 218, 220

시군구읍면의 관할구역변경 및 면설치 등에 관한 규정 219, 221, 255

시설치와 군의 폐치분합에 관한 법률 218, 219, 220

新舊對照朝鮮全道府郡面里洞名稱一覽 222

신당서 39
신라도 24~26
쓰레기 수거 작업 122
씨클린호(쓰레기수거 선박) 122

ㅇ

아기 장수 설화 139, 143, 144, 156, 157
「아버지의 바다 - 한리포 전설 19」 201
안목섬 108
애인병원(愛人病院) 사업 113
어가가구 247~250, 257
어가인구 247~249, 257
어로공동체 92
「어부가(漁父歌)」 178
「어부도(漁夫圖)」 189, 191
어업 247
어업장 269
어업조합(漁業組合) 67
어장 59, 269, 271~274, 289
어촌뉴딜 300사업 238
어촌지역 255
여성인구수 256
『여지승람』 137, 150
연령별 256
연령별 분포 241, 243
연안해로 19, 33, 34
연평도 113
열녀 설화 156
엽서 279
오빠바위 153, 154
오지섭(吳止燮) 175

오진섭(吳振燮) 175
옹진군 47, 102, 112, 115, 116, 121, 126
옹진군 이장정원 조례 개정조례 223
왕주물 전설 166
용담 전설 166
용유 125
우포리 218
울도 59, 60, 76, 109, 112, 145
울도리(蔚島里) 62, 218
옹진군 기본통계 214
유배지 264, 265, 289
유인궤 41
유인도 225, 226, 255
유홍렬(柳洪烈) 176
윤진현 60
의자왕 33, 39
이개 97
이세기 201~205
이용가능무인도서 229, 230
이원규(李元揆) 191, 194~197, 203
이작도 112
이작리(伊作里) 68, 220
이작출장소 220
익포리 218
인구 210, 213, 214, 216, 235~237, 251, 255, 256
인구감소형 244
인구구조 213, 214, 244, 256
인구변화 236, 238, 244, 252, 257
인구소멸 244, 257
인구소멸고위험지역 256

인구소멸위험지수 244
인구수 213, 252, 253
인구이동 236, 238
인구총조사 214, 236, 237
인구현상 213
인물 설화 147, 151, 156, 157
인천 갯벌 128
인천광역시 섬 발전 지원조례 227
인천섬 발전 기본계획 227
인천해역 17, 20, 33, 34, 42~46
일본서기 39
임경업 147~151
임야 255

ㅈ

자립적 생활공동체 126
자연감소 239
자연인구 238
자연재해 268, 270
자연촌락 216
자월 125
자월1리 149
자월도 47, 118, 120, 121, 134, 138, 155
자월리(紫月里) 68, 220
자월면 47, 64, 68, 102, 105, 109, 112~
  114, 116~119, 126, 127, 130, 139
자월출장소 218, 220, 255
자치계층 211
자치구역 211, 213
장고도 59
장군바위 144

장봉도 84
장사바위 전설 164
장석남 197, 199~201
「장기종합발전계획」 258
저출산 240
저출산율 214
전기 50
전답 255
절대보전무인도서 229, 230
점거 280, 282
접경성 18, 20, 33, 42~46
조선총독부령(朝鮮總督府令) 제111호
  217
조수일(趙守逸) 188, 189
좌담회 48, 51
주민간담회 123
주민등록인구수 235
주민등록인구통계 214
주민 편의시설 107
죽바위 169
준보전무인도서 229, 230
중의절굴 167
지관의 예언 162
지도 59, 109, 112, 145
지리적 개념 210
지리적 지역사회 209, 210
지목 224
지방자치법 212
지방행정구역 211
지방행정체계 213
지역공동체 209, 213

지역사회(community) 209, 210, 213
지역소멸 214
지역정체성 210
지오개 112
진1리 54
진리(鎭里) 61, 68, 77, 80, 107, 120, 218
진시왕 136

ㅊ

천연기념물 266~268, 292
천주교 128
초고령화 사회 243
최·박 두 장사의 힘겨루기 160
최분도 47~55, 65, 68, 73, 76, 77, 80,
  82, 83, 85~88, 90~95, 113, 114, 117,
  125, 126, 128~130
최분도 신부 공덕비 49
출생건수 239
칠산바다 60
「침묵의 섬」 193, 194, 203
침식지형 266, 267

ㅋ

캠핑족 266
커뮤니티 209
큰풀안 해수욕장 101

ㅌ

태종대왕 36
태풍 269, 270, 274, 279, 284, 289
토끼섬 266, 268

투구바위 유래 156
특산물 266, 271
특산물 직판장 105
특정도서 232, 233, 235

ㅍ

파락금산(波落金山) 66, 67
파시 59
팔선녀 뿌리 149, 162
페이퍼컴퍼니 291
「포구의 황혼」 194
「포촌 사람들」 189
풀등 99~101, 122, 130
풀치 100
풍도 56
풍랑 285
풍력발전 127
풍수 설화 135, 156, 157

ㅎ

하녀바위 169
한양 가다 만 선갑도 160
할명도 138
할미바위 153, 154
함세덕 182, 184, 187, 189
함세덕(咸世德) 182
항아리형 244
해상 풍력발전소 124
해상풍력 발전단지 125
해상풍력발전 128, 288
해식와(海蝕窪, notch) 266~268, 292

해안사구(海岸沙丘) 101

해안성당 52

해양 융성기 17, 19, 44

해양교류 19

해양문학 187, 205, 206

해태양식 53

핵폐기장 57, 268, 275, 279~285, 290,
  291, 293

행정계층 211

행정구역 210, 211, 213~216, 255

행정리 215, 216, 255

행정체계 255

협동조합 93, 125, 129

환경 283, 288

『황해』 196

황해 횡단해로 19, 20, 32, 34, 41

횡단해로 42

힐러리(Hillery) 209

원고 수록 순

조봉래(趙奉來)

인천대학교 중어중국학과 교수. 인하대학교 중국어중국학과 졸업, 북경대학에서 중국 현대철학 전공 박사. 주요 저서로『현대신유학과 중국특색의 사회주의』,『처음 읽는 중국 현대철학』,『동아시아 전통지식이론의 발전과 그 근대적 굴절』,『리질리언스: 도시의 새로운 패러다임』,『인천동구사 中』(이상 공저) 등이 있고, 역서로『역주 구한국외교문서〈청안〉』2, 4, 6권이 있음.

신진식(申鎭植)

인천대학교 인천학연구원 연구교수. 北京大學 철학과 중국철학 전공 석·박사. 주요 저서로『동아시아의 타자 인식』(공저),『포박자 연구』(공저),『환동해지역의 오래된 현재』(공저),『중국과 인도의 신선사상』(공저),『재난시대의 철학』(공저),『살림과 돌봄의 공동체』(공저) 등이 있으며, 역서로는『천년도인술』,『종려전도집』,『영보필법』(공역),『도교사전』(공역),『구한국외교문서〈청안〉』(공역) 등이 있음.

원재연(元載淵)

인천대학교 인천학연구원 연구교수(2023년 현재). 전주대학교, 덕성여자대학교 연구교수, 명지대학교, 중앙대학교, 서울대학교, 대구가톨릭대학교 강사. 주요 저서로『조선왕조의 법과 그리스도교』(한들, 2003),『서세동점과 조선왕조의 대응』(한들, 2003)이 있으며, 편저(역주)『병인박해와 승정원일기 1, 2, 3』(한국순교복자성직수도회, 2016), 공저『노동, 환경, 서민금융을 통한 살림공동체』(보고사, 2021),『리질리언스 : 도시의 새로운 페러다임』(보고사, 2022),『백령도』(황해섬네트워크, 2021) 등이 있음.

남동걸(南東杰)

인천대학교 인천학연구원 상임연구위원. 인천대학교 국어국문학과 졸업, 인하대학교 대학원 졸업, 문학박사. 주요 저서로『서해5도민의 삶과 문화』(공저),『(12가지 주제로 보는) 인천역사』(공저),『백령도』(공저),『인천 중구 도시마을 이야기(영종·용유)』(공저),『(지도로 만나는) 개항장 인천』(공저) 등이 있으며『구한국외교문서〈청안〉』(공역),『인천항관초』(공역) 등 역서 다수가 있음.

이희환(李羲煥)

인천대학교 인천학연구원 학술연구교수. 한국외국어대학교 정치외교학과 졸업, 인하대학교 대학원 한국현대문학 전공 박사. 주요 저서로『인천: 한국의 딸과 사람에 관한 이야기』,『청년 김구가 만난 인천, 사람들』,『이방인의 눈에 비친 제물포 : 인천개항사를 통해 본 식민근대』,『김동석과 해방기의 문학』,『인천의 도시공간과 커먼즈, 도시에 대한 권리』(공저) 등이 있음.

백정미(白貞美)

인천대학교 인천학연구원 연구교수. 연세대학교 행정학 박사. 저서로『리질리어스: 도시의 새로운 패러다임』(공저)가 있고, 주요 관심분야는 정책일반과 연구방법론, 지방자치와 지방행정, 공동체, 재난분야임.

남승균(南昇均)

인천대학교 지역동행플랫폼연구소 전문연구원, 인천대학교 산업공학과 졸업, 동대학원 경영학 석사·경제학 박사. 공동 저서로『골목상권에 힘 지역화폐』,『시민이 주도하는 지역순환경제』,『언론에 비친 인천 산업사 연구』,『협동과 포용의 살림공동체』,『노동·환경·서민금융을 통한 살림공동체』 등이 있음.

인천학연구총서 목록

번호	서명	발행 연도
1	인천학 현황과 과제 1	2003
2	인천학 현황과 과제 2	2003
3	인천인구사	2007
4	인천 섬 지역의 어업문화	2008
5	식민지기 인천의 기업 및 기업가	2009
6	인천노동운동사	2009
7	인천 토박이말 연구	2009
8	조선후기~대한제국기 인천지역 재정사 연구	2009
9	인천문학사연구	2009
10	인천 영종도의 고고학적 연구 -신석기시대~원삼국시대-	2011
11	江華 寺刹 文獻資料의 調査研究	2011
12	한국 어촌사회와 공유자원	2011
13	강화 토박이말 연구	2011
14	인천인구사 2	2011
15	인천시 자치구(군)간의 지역불균형 특성분석	2012
16	강화 고전문학사의 세계	2012
17	江華의 檀君傳承資料	2012
18	인천의 누정	2013
19	강화학파의 『노자』 주석에 관한 연구	2013
20	인천 영종도의 옛 유적입지와 환경 변화	2013
21	한국 서해 도서지역 사람들의 생산과 교역	2013
22	지역 경제학의 연구방법론	2013
23	인천 연안도서 토박이말 연구	2014
24	인천체육사 연구	2014
25	인천고전문학의 현재적 의미와 문화정체성	2014
26	霞谷의 大學 經說 研究	2014

27	식민지기 인천항의 통상구조에 관한 실증적 연구	2014
28	대학생의 라이프스타일, 주거만족도와 대미래주거선호도 분석	2014
29	개항장 인천과 재조일본인	2015
30	한국 현대시와 인천 심상지리(心象地理)	2015
31	해항도시 인천 문화의 종교성과 신화성	2015
32	인천 전통시장의 성장과 쇠퇴	2015
33	서해5도민의 삶과 문화	2015
34	조선신보, 제국과 식민의 교차로	2016
35	구술로 보는 인천 민간소극장사	2016
36	다중스케일 관점에서 본 인천의 공업단지	2017
37	식민지기 인천의 근대 제염업	2017
38	인천이 겪은 해방과 전쟁	2018
39	토층(土層)에 담긴 인천의 시간	2018
40	언론에 비친 인천 산업사 연구	2018
41	이주로 본 인천의 변화	2019
42	인천의 도시공간과 커먼즈, 도시에 대한 권리	2019
43	협동과 포용의 살림공동체	2019
44	인천 지역의 민족운동	2020
45	항만하역 고용형태의 변천	2020
46	인천의 전통신앙	2021
47	인천의 장소 특정성, 걷기의 모빌리티와 도시를 경험하는 예술	2021
48	골목상권의 힘, 지역화폐	2021
49	인천의 향토음식	2021
50	1867년 인천 영종도 주민들	2022
51	도시재생의 이해	2022
52	조선시대 경기 서해연안의 목장 연구	2023
53	인천 연안 도서지역 주민들의 삶과 공동체 −덕적면·자월면을 중심으로	2023

인천학연구총서 53

인천 연안 도서지역 주민들의 삶과 공동체
덕적면·자월면을 중심으로

2023년 2월 22일 초판 1쇄

기 획 인천대학교 인천학연구원
지은이 조봉래·신진식·원재연·남동걸
       이희환·백정미·남승균
펴낸이 김흥국
펴낸곳 보고사

등록 1990년 12월 13일 제6-0429호
주소 경기도 파주시 회동길 337-15
전화 031-955-9797(대표)
       02-922-5120~1(편집), 02-922-2246(영업)
팩스 02-922-6990
메일 kanapub3@naver.com / bogosabooks@naver.com
http://www.bogosabooks.co.kr

ISBN 979-11-6587-437-7 94300
       979-11-5516-336-8 (세트)
ⓒ 조봉래·신진식·원재연·남동걸
   이희환·백정미·남승균, 2023

정가 25,000원